COOK'S BIBLE
Kochschule

COOK'S BIBLE

Kochschule

FRISCH AUF DEN TISCH

Parragon

Bath • New York • Singapore • Hong Kong • Cologne • Delhi
Melbourne • Amsterdam • Johannesburg • Auckland • Shenzhen

Entwurf und Realisation: The Bridgewater Book Company Ltd.
Projektleiter: Emily Casey Bailey
Projektdesigner: Lisa McCormick
Fotos: Clive Bozzard-Hill
Rezepte: Philippa Vanstone

Parragon Books Ltd
Queen Street House
4 Queen Street
Bath BA1 1HE, UK

Realisation der deutschen Ausgabe: trans texas publishing, Köln
Übersetzung: Melanie Schirdewahn, Anke Wellner-Kempf u. a.
Lektorat: Şebnem Yavuz
Satz: Regine Ermert, Köln

HINWEISE

- Sofern die Schale von Zitrusfrüchten benötigt wird, verwenden Sie unbedingt unbehandelte Früchte.
- Sind Zutaten in Löffeln angegeben, ist immer ein gestrichener Löffel gemeint: Ein Teelöffel entspricht 5 ml, ein Esslöffel 15 ml.
- Sofern nicht anders angegeben, wird Vollmilch (3,5 % Fett) verwendet.
- Pfeffer sollte stets frisch gemahlener schwarzer Pfeffer sein.
- Bei Eiern und einzelnen Gemüsesorten, z.B. Kartoffeln, verwenden Sie mittelgroße Exemplare. Kinder, ältere Menschen, Schwangere, Kranke und Rekonvaleszenten sollten auf Gerichte mit rohen oder nur leicht gegarten Eiern verzichten.
- Die angegebenen Zeiten können von den tatsächlichen leicht abweichen, da je nach verwendeter Zubereitungsmethode und vorhandenem Herdtyp Schwankungen auftreten.

ISBN 978-1-4454-4310-2

Printed in China

Grundlagen

TEIL 1: GRUNDLAGEN 8
Gesunde Ernährung 10
Sicherheit und Sauberkeit 14
Grundausstattung 16
Zubereitungstechniken 24
Garmethoden 30
Vorräte 38

TEIL 2: WARENKUNDE UND REZEPTE 48

1. Eier und Milchprodukte 50
Einführung 52
Œufs Bénédict mit schneller Sauce hollandaise 56
Eier Florentiner Art 57
Crêpes 58
Quiche Lorraine 60
Würzige arme Ritter 62
Käse-Soufflé 63
Penne mit Champignons und Dolcelatte-Gorgonzola 64
Rucolasalat mit gratiniertem Ziegenkäse 66
Meringen 68
Zitronentarte mit Baiser 69
Cremiges Vanilleeis 70
Schoko-Karamell-Eis 71
Tiramisù 72

2. Fisch und Meeresfrüchte 74
Einführung 76
Fischfrikadellen 80
Pochierter Lachs 81
Gegrilltes Forellenfilet 82
Gegrillte Sardinen 84
Gegrillter Seebarsch mit Artischockenherzen 85
Seezunge à la Meunière 86
Paella 88
Mediterraner Fischtopf 90
Frittierte Strömlinge 92
Fish & Chips 93
Fisch-Garnelen-Auflauf 94
Gegrillter Thunfisch mit Chili-Salsa 96
Gebackener Fisch auf mediterrane Art 98
Meeresfrüchte-Gratin 99
Panierte Schollenfiletstreifen 100

3. Fleisch 102
Einführung 104
Rinderbraten mit Yorkshire-Pudding 108
Bœuf bourguignon 110
Bœuf Stroganoff 112
Rindfleisch-Fajitas 113
Grillsteaks mit Tomaten und Knoblauch 114
Shepherd's Pie 116
Moussaka 117
Lammrücken mit Minzsauce 118
Lammhaxen mit Röstzwiebeln 120
Rogan Josh 121
Klassischer Rollbraten 122
Koteletts mit Wacholderbeeren 124
Glasierte Schinkensteaks 125
Kalbsbraten in Rotwein 126
Ossobuco mit Zitrusschalen 128

4. Geflügel und Wild 130
Einführung 132
Brathähnchen auf englische Art 136
Hühnerfrikassee 138
Biryani-Hähnchen 140
Rotes Hühnchen-Curry 141
Coq au vin 142
Gebratene Stubenküken 144
Entenbrust mit Limette 146
Pekingente 147
Ente mit Äpfeln und Aprikosen 148
Truthahnbraten mit Brotsauce 150
Fasan mit Kräutern in Rotwein 152
Wachteln mit Weintrauben 153
Hirschsteaks vom Grill 154

5. Gemüse und Salate 156
Einführung 158
Kartoffel-Porree-Suppe 164
Französische Zwiebelsuppe 165
Ratatouille 166
Pikante Kartoffeln vom Blech 168
Knoblauch-Kartoffelpüree 169
Kartoffelgratin 170
Gefüllte Kartoffeln aus dem Backofen 171
Gebackenes Sommergemüse 172
Asiatische Gemüsepfanne mit Nudeln 174
Gemüsegratin 176
Gefüllte Paprika 177
Geschmorter Rotkohl 178
Überbackene Auberginen 180
Caesar Salad 182
Salat mit Hähnchenstreifen und Orangendressing 183
Griechischer Salat 184
Pikanter Tomatensalat 186

6. Kräuter und Gewürze 188
Einführung 190
Erbsensuppe mit Minze 194
Pasta mit Pesto 196
Estragonhühnchen 197
Kräuteromelett 198
Lachsfilet mit Dill 200
Lamm-Tagine 202

7. Reis, Nudeln, Hülsenfrüchte und Getreide 204
Einführung 206
Spaghetti bolognese 210
Gemüselasagne 212
Gnocchi mit Tomatensauce 214
Goldgelbe Polenta 215
Gebratener Reis 216
Risotto milanese 218
Pilaw mit braunem Reis 219
Gemüse-Couscous 220
Tabbouleh 221
Cassoulet 222
Chili con Carne 224
Nudeln nach Kantoneser Art 225

8. Obst 226
Einführung 228
Joghurt-Beeren-Eis 232
Orangensorbet 234
Exotischer Obstsalat 236
Apple Pie 238
Duftende Bratäpfel 239
Tarte au citron 240
Duftender Apfelauflauf 242
Tropisches Früchtedessert 244
Apfelstrudel mit warmer Cidresauce 246
Dattel-Aprikosen-Tarte 247

9. Backen 248
Einführung 250
Knuspriges Weißbrot 254
Weizenvollkornbrot 255
Mehrkornbrot 256
Brot mit Oliven und getrockneten Tomaten 258
Bananen-Orangen-Brot 259
Croissants 260
Blini 262
Porree-Zwiebel-Quiches 264
Fleischpastete mit Nierchen 265
Pilz-Spinat-Taschen 266
Gemüsestrudel 268
Gefüllte Pasteten 269
Profiteroles 270
Sirup-Sahne-Kuchen 272
Manhattan Cheesecake 274
Ingwerbrot 276
Schokoladen-Muffins 277
Erdnuss-Cookies 278
Mandel-Biscotti 279
Schokoladen-Brownies 280

Glossar 282
Register 286

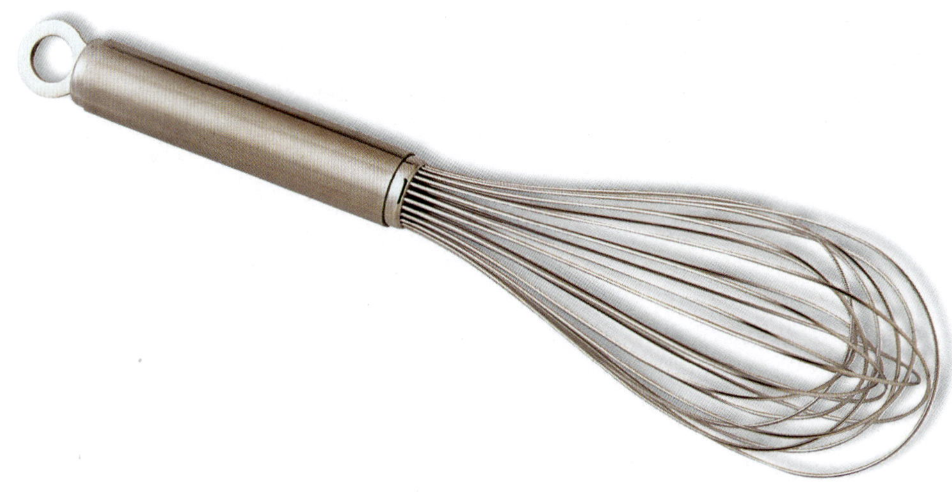

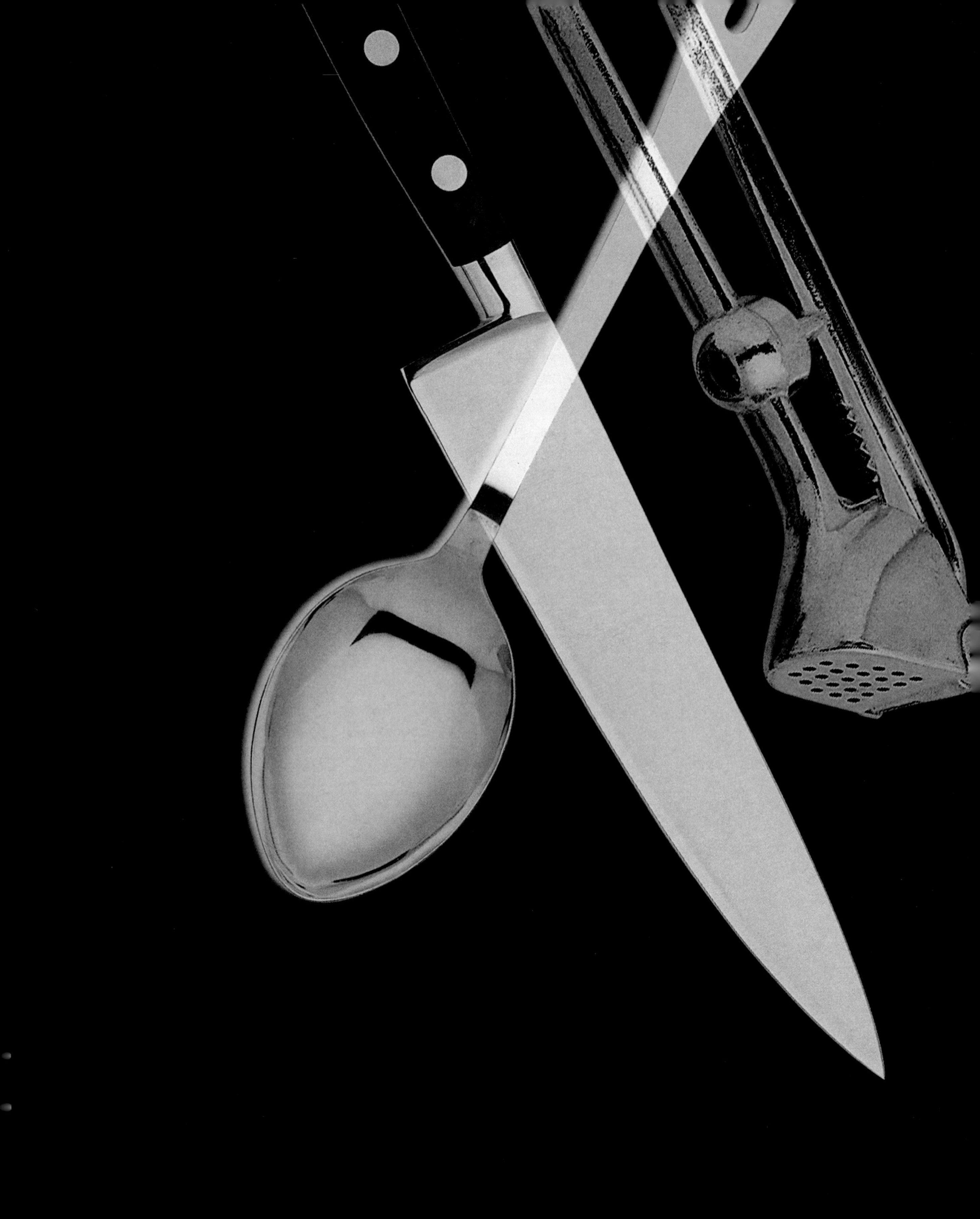

TEIL 1

GRUNDLAGEN

Gesunde Ernährung

Die amerikanische Schriftstellerin Marjorie Rawlings sagte einmal, dass mit Liebe und Fantasie zubereitete Speisen, die in guter Gesellschaft genossen werden, die Seele mit mehr als nur Kalorien wärmen. Das ist zwar zutreffend, man sollte aber wissen, dass der menschliche Körper regelmäßig über 70 Nährstoffe – Vitamine und Mineralstoffe – benötigt, um vital und gesund zu sein und zu bleiben.

■ Die fünf Nährstoffgruppen

Eine gesunde Ernährung muss die fünf großen Nährstoffgruppen in angemessener Weise enthalten: Eiweiße, Kohlenhydrate, Fette, Vitamine und Mineralstoffe.

Eiweiße

Eiweiße bzw. Proteine liefern die Bausteine für den Körper. Der Proteinbedarf ist je nach Gesundheitszustand, Alter und Größe verschieden. Als grobe Richtlinie benötigt jeder Mensch etwa 50 g täglich. Vollständige Eiweiße, die alle essenziellen Aminosäuren enthalten, die der Körper für Wachstum und Regeneration benötigt, sind in Nahrungsmitteln tierischen Ursprungs wie Fleisch, Geflügel, Fisch, Eiern, Milch und Käse enthalten. Unvollständige Eiweiße finden sich in Nahrungsmitteln pflanzlichen Ursprungs wie Nüssen, Kernen, Körnern, Bohnen und Hülsenfrüchten. Ihnen fehlt jeweils mindestens eine essenzielle Aminosäure. Daher sollten sie durch geringe Mengen vollständiger Eiweiße ergänzt werden.

Kohlenhydrate

Kohlenhydrate sind die wichtigsten Energielieferanten des Körpers. Es gibt keine allgemein gültige Mindestmenge, als Richtlinie wird aber eine tägliche Menge von 50 g empfohlen, um eine Ketosis zu vermeiden. Dies ist eine Stoffwechselstörung, bei der der Körper seinen Energiebedarf nicht mehr durch Kohlenhydrate, sondern durch Fette deckt. In der Folge bildet er vermehrt Acetonkörper, die zu Störungen des Zentralnervensystems führen können. Kohlenhydrate, die man in einfache und komplexe Kohlenhydrate unterteilt, sind in stärke- und zuckerhaltigen Nahrungsmitteln enthalten. Brot, Nudeln, Reis, Zerealien, Bohnen, Hülsenfrüchte, Obst und Gemüse haben komplexe Kohlenhydrate. Einfache Kohlenhydrate finden sich in Desserts, Puddingspeisen, Kuchen, Schokolade, Süßigkeiten und Limonaden. Komplexe Kohlenhydrate können vom Körper nur langsam verwertet werden. Bei ihnen handelt es sich um die gesündeste Form von Kohlenhydraten. Die süßen einfachen Kohlenhydrate verschaffen dem Körper einen schnellen Energieschub, der sich aber auch schnell verbraucht. Solche plötzlichen Schwankungen der Körperenergie sind der Gesundheit und Vitalität abträglich.

Fette

Es wird immer wieder darauf hingewiesen, dass wir uns möglichst fettarm ernähren sollen. Eine Ernährung ganz ohne Fett wäre jedoch sehr ungesund. Tatsächlich sollten wir die gesunden Fette zu uns nehmen und die ungesunden meiden. Gesättigte Fettsäuren in großen Mengen können unserer Gesundheit schaden: Sie gelten als mitverantwortlich für einen erhöhten Cholesterinspiegel und hohen Blutdruck. Ob Nahrungsmittel einen hohen Anteil an gesättigten Fettsäuren enthalten, kann man ganz einfach daran erkennen, dass sie bei Zimmertemperatur fest bleiben – wie Butter und Schmalz. Diese festen Fette können Klümpchen in unseren Arterien bilden und Herzkrankheiten verursachen. Gesünder sind die in Sonnenblumen- und Sojaöl vorkommenden mehrfach ungesättigten Fettsäuren und die einfach ungesättigten Fettsäuren im Oliven- oder Erdnussöl. Unser Körper benötigt auch regelmäßig essenzielle Fettsäuren. Diese helfen ihm, überschüssige Fette zu verbrennen. Wichtige Lieferanten sind ölige Fische, Kürbiskerne und Avocados. Die Aufnahme gesättigter Fettsäuren sollte man unbedingt reduzieren, nicht aber die der anderen Fettarten. Für Kinder unter fünf Jahren ist fettarme Kost ungeeignet.

Mineralstoffe

Um die Körperfunktionen gesund zu erhalten, benötigen wir etwa 18 Mineralstoffe. Die sechs bekanntesten sind: Kalzium (enthalten in Milch, Käse und Bohnen), Jod (enthalten in Fisch, Meeresfrüchten, Seetang und Zwiebeln), Eisen (enthalten in Fleisch, Eigelb, Austern, Nüssen und Bohnen), Magnesium (enthalten in Feigen, Zitronen, Nüssen, Kernen und Äpfeln), Phosphor (enthalten in Fleisch, Geflügel, Fisch, ganzen Körnern, Eiern, Nüssen und Kernen) sowie Zink (enthalten in Steak, Weizenkeimen, Bierhefe, Eiern und Kürbiskernen). Mineralstoffmangel kann zu ernsthaften Erkrankungen führen. So kann Kalziummangel Rachitis oder Osteoporose, Eisenmangel dagegen Anämie verursachen.

Vitamine

Vitamine kommen als organische Substanzen in unserer Nahrung vor. Wir benötigen sie zwar nur in geringen Mengen, ein Mangel nur eines einzigen Vitamins kann unsere Gesundheit jedoch schon stark beeinträchtigen. Man unterscheidet fettlösliche Vitamine wie A (enthalten in grünblättrigem Gemüse, Leber und Milchprodukten), D (enthalten in Fischtranen, Sardinen, Thunfisch und Milchprodukten) und E (enthalten in Sojabohnen, ganzem Weizen und Körnern sowie Eiern) und wasserlösliche Vitamine wie C (enthalten in Zitrusfrüchten, grünblättrigem Gemüse und Tomaten). Manche Menschen sind der Ansicht, man könne sich allein von Vitaminen ernähren. Diese bilden jedoch nur eine der fünf Nährstoffgruppen, die ein gesunder Körper benötigt. Die Aufnahme von Vitaminen sollte vorzugsweise über die Ernährung erfolgen und nicht künstlich durch Vitaminpräparate, da synthetische Vitamine toxische Reaktionen hervorrufen können. Natürliche Vitamine können der Gesundheit nicht schaden.

Die richtige Zusammenstellung

Das A und O einer gesunden Ernährung ist die richtige Zusammenstellung der Nahrungsmittel. Wussten Sie beispielsweise, dass viel Salz und gesättigte Fettsäuren das Herzinfarktrisiko erhöhen, während Bohnen den Cholesterinspiegel senken und dem Herzinfarkt vorbeugen können? Ihre Ernährung hat also wesentlichen Einfluss auf Ihre Gesundheit und Ihr allgemeines Wohlbefinden.

Welche Nahrungsmittel sollte man bevorzugen, welche besser meiden? Die Antwort ist nicht immer einfach. Zu viel Salz kann zum Beispiel den Blutdruck erhöhen und die Nebennieren belasten. Man kann es aber auch nicht einfach weglassen, denn eine tägliche Dosis Salz ist lebensnotwendig. Salz trägt zu einem ausgewogenen Flüssigkeitshaushalt und zur Funktionsfähigkeit unserer Muskeln bei. Die benötigte Menge ist jedoch sehr gering – sie liegt bei unter einem Teelöffel oder 5 g täglich. Da viele Nahrungsmittel bereits Salz enthalten – Käse oder Fertiggerichte wie Pizza zum Beispiel –, sollte man aufpassen, dass man die benötigte gesunde Salzmenge nicht durch zusätzliches Salzen überschreitet.

Eine ausgewogene Ernährung sollte im Wesentlichen aus viel Obst, Gemüse, ganzen Körnern und vollwertigen Getreideprodukten bestehen. Außerdem sollte sie Milchprodukte und kleinere Mengen tierischer Fette (wie in Fleisch, Fisch, Eiern oder Milchprodukten) sowie pflanzliche Fette (wie in Bohnen, Erbsen, Nüssen und Kernen) umfassen. Auch eine vegetarische Ernährung kann vollkommen ausgewogen und gesund sein, solange darauf geachtet wird, dass sie alle notwendigen Nährstoffe enthält.

DIE TOPS UND FLOPS DER GESUNDEN ERNÄHRUNG

Hier finden Sie ein paar Tipps, wie Sie sich gesund ernähren und Ihren Körper in Bestform halten.

TOP – Regelmäßige Mahlzeiten. Besonders das Frühstück sollten Sie niemals weglassen. Wenn eine Mahlzeit entfällt, stellt sich der Körper auf „Hungermodus" um und beginnt, Fett zu speichern.

TOP – Essen Sie mindestens fünf Portionen Obst und Gemüse täglich. Es kann frisch, tiefgefroren oder aus der Dose sein. Bringen Sie so viel Abwechslung wie möglich in Ihren Speiseplan. Nicht jedes Obst und Gemüse enthält gleichviele gesunde Nährstoffe. Als Daumenregel entspricht eine Portion etwa 85 g. Weitere Beispiele für eine Portion Obst oder Gemüse sind:

- ein kleines Glas Fruchtsaft (150 ml)
- eine Frucht wie Orange, Nektarine, Banane, Apfel oder Pfirsich
- eine halbe Grapefruit
- zwei Pflaumen
- eine Viertel Salatgurke
- eine Paprika oder eine Tomate
- 85 g Blumenkohl oder Brokkoli
- drei gehäufte Esslöffel Gemüse wie Erbsen, Karotten, Mais, Bohnen oder Hülsenfrüchte

TOP – Essen Sie Vollkornprodukte aus Weizen, Gerste, Roggen und Mais. Vollkornbrot und Vollkornnudeln sollten Weißbrot und Auszugsmehl-Nudeln, brauner Naturreis geschälten weißen Reis ersetzen.

TOP – Essen Sie regelmäßig Fisch, wenn möglich dreimal pro Woche.

TOP – Kaufen Sie bevorzugt biologische Produkte. Diese sind frei von künstlichen Zusätzen und Pestiziden.

TOP – Trinken Sie täglich acht Gläser Wasser. Ein Glas entspricht 225 ml. Sie sollten täglich mindestens 1,8 l Flüssigkeit zu sich nehmen. Der Körper benötigt die regelmäßige Zufuhr von Wasser, damit er Giftstoffe ausscheiden und den Flüssigkeitsverlust über Urin und Schweiß ausgleichen kann. Trinkt man zu wenig Wasser, dehydriert der Körper. Dies äußert sich in Symptomen wie Kopfschmerzen, Müdigkeit und Konzentrationsschwäche. Ein längerer Zustand der Dehydration kann zu Verstopfung und Nierensteinen führen.

FLOP – Nehmen Sie nicht zu große Mengen gesättigter Fettsäuren zu sich. Reduzieren Sie in Fett Gebratenes und fettreiches Fleisch.

FLOP – Vermeiden Sie zuckerreiche Nahrung wie Süßigkeiten, Schokolade, Pudding, Desserts und Limonaden.

FLOP – Vermeiden Sie Fertiggerichte. Diese enthalten oft zahlreiche Zusätze wie Konservierungs-, Farb- und Süßstoffe. Sogar verpackte Salate werden chemisch behandelt, bevor sie in den Handel gelangen. Kaufen Sie stattdessen frische, unbehandelte Lebensmittel. Der bessere Geschmack und der größere Nährwert wiegen die zusätzliche Mühe, die das frische Gemüse bereitet, mehrfach auf.

FLOP – Trinken Sie nicht zu viel Koffein. Das kräftige Stimulans mag Sie beleben, im Übermaß verursacht es jedoch gesundheitliche Probleme. Übermäßiger Koffeingenuss führt zu Reizbarkeit, Schlaflosigkeit und fiebrigen Symptomen. Sehr große Mengen können schwerwiegende gesundheitliche Folgen haben. Medizinische Untersuchungen deuten darauf hin, dass Menschen, die fünf oder mehr Tassen Kaffee täglich trinken, ein um 50 Prozent höheres Herzinfarktrisiko haben als Menschen, die keinen Kaffee trinken. Koffein ist vor allem in Kaffee, Tee, Cola-Getränken und Kakao enthalten. Vermeiden Sie diese Getränke möglichst. Trinken Sie stattdessen Kräutertees und Fruchtsäfte. Auch manche Medikamente enthalten Koffein. Studieren Sie den Beipackzettel, bevor Sie ein Medikament einnehmen, und wählen Sie notfalls ein alternatives Präparat.

FLOP – Trinken Sie nur geringe Mengen Alkohol. Frauen sollten nur eine Einheit täglich trinken, Männer nicht mehr als drei. Eine Einheit entspricht einem Glas Wein, einem Glas Bier oder 30 ml Spirituosen.

FLOP – Salzen Sie Ihr Essen so wenig wie möglich nach.

Sicherheit und Sauberkeit

Die Küche ist häufig der Mittelpunkt des Hauses. Sie ist aber auch der Ort, an dem die meisten Gefahren lauern: Feuer brechen viel häufiger in der Küche als in jedem anderen Teil des Hauses aus. Auch Vergiftungen, Schädlingsbefall oder bakterielle Infektionen nehmen oft hier ihren Anfang. Durch Hygiene- und Vorsichtsmaßnahmen kann man Unfällen und Krankheiten wirksam vorbeugen.

Sauberkeit

In der Küche ist Reinlichkeit oberstes Gebot. Halten Sie alle Arbeitsflächen peinlich rein, und waschen Sie Ihre Hände gründlich mit Wasser und Seife, bevor Sie Essen zubereiten. Trocknen Sie Ihre Hände mit einem speziellen Handtuch und nicht mit dem Geschirrtuch ab. Wenn Sie die Küche kurz verlassen oder einen vermeintlich sauberen Gegenstand wie eine Türklinke oder einen Vorhang berühren, übertragen sich die Bakterien im Nu auf Ihre Hände. Waschen Sie Ihre Hände erneut, bevor Sie weiterkochen.

Verwenden Sie für rohe und gekochte Speisen – insbesondere für Fleisch und Geflügel – immer verschiedene Schneidebretter und Kochutensilien, damit sich keine Bakterien übertragen. Empfehlenswert sind verschiedenfarbige Schneidebretter für verschiedene Zwecke. Verwenden Sie eines für rohes, ein anderes für gekochtes Fleisch, ein drittes für Haustierfutter und so weiter. Waschen Sie die Schneidebretter und die Utensilien vor und nach dem Gebrauch gründlich mit heißem Wasser und Spülmittel.

Wechseln und waschen Sie Tischdecken und Geschirrtücher regelmäßig. Verwenden Sie einen geschlossenen Abfalleimer, und desinfizieren Sie ihn regelmäßig.

Umgang mit Lebensmitteln

Putzen Sie das Gemüse und waschen Sie alle Lebensmittel gründlich. Tupfen Sie sie dann mit Küchenpapier trocken. Tiefgefrorene Speisen, vor allem Fleisch und Geflügel, sollten vor dem Kochen gründlich aufgetaut und kein zweites Mal tiefgefroren werden. Am besten taut man Tiefgefrorenes im Kühlschrank auf. Schneller geht es in einem kühlen Zimmer. Es muss jedoch unbedingt gut abgedeckt werden, damit es nicht mit Bakterien verunreinigt wird.

Gießen Sie die beim Auftauen von Fleisch und Gemüse entstehende Flüssigkeit weg. Verwenden Sie sie keinesfalls zum Kochen. Auch eine Marinade darf kein zweites Mal verwendet werden, vor allem wenn Fleisch oder Geflügel darin eingelegt wurden.

Gekochte Fleischgerichte sollten höchstens einmal bei mindestens 75 °C wieder aufgewärmt werden.

Lassen Sie gekochten Reis nicht länger bei Raumtemperatur offen stehen. Schädliche Bakterien vermehren sich darin sehr schnell. Um Reis aufzubewahren, bedecken Sie ihn so bald wie möglich mit Frischhaltefolie, und stellen Sie ihn in den Kühlschrank. Dasselbe gilt für jegliches gekochte Fleisch oder Geflügel.

Lagern von Kartoffeln
Damit Kartoffeln nicht ergrünen, sollten sie an einem dunklen Ort gelagert werden. Die grünen Stellen enthalten eine toxische Substanz namens Solanin, die Magenprobleme verursacht.

Das Lagern der Vorräte

Kaufen Sie Ihre Lebensmittel immer so frisch wie möglich, möglichst von einem Händler Ihres Vertrauens. Prüfen Sie das Mindesthaltbarkeitsdatum, denn manchmal werden versehentlich Lebensmittel angeboten, deren Haltbarkeitsdatum abgelaufen ist. Bedecken Sie offene Lebensmittel mit Frischhaltefolie, bevor Sie sie kühl stellen. Bei Geflügel entfernen Sie zunächst die Innereien, legen Sie diese in ein separates Gefäß, und bedecken Sie sie vor dem Kühlstellen mit Frischhaltefolie. Bewahren Sie rohes und gekochtes Fleisch und Geflügel in verschiedenen Fächern des Kühlschranks auf.

Lagern Sie Ihre Kartoffeln an einem dunklen Ort, denn unter dem Einfluss von Sonnenlicht oder fluoreszierendem Licht ergrünen sie und bilden eine toxische Substanz namens Solanin, die bitter schmeckt und in hohen Dosen Magenprobleme verursacht. Prüfen Sie die Kartoffeln bereits beim Kauf. Sollte trotzdem eine Kartoffel eine kleine grüne Stelle haben, können Sie sie ausschneiden und den Rest noch verwenden. Ist die grüne Stelle jedoch sehr groß, wirft man die Kartoffel besser weg.

Erste Hilfe in der Küche

In jeder Küche sollte eine Grundausstattung für den Notfall vorhanden sein. Dazu gehören Gummihandschuhe, antiseptische Tücher, Brandcreme, Augenpflaster, Sicherheitsnadeln, Verbandsmaterial in verschiedenen Größen und Materialien sowie Dreiecktücher.

Eine weitere sinnvolle Vorsichtsmaßnahme ist eine Feuerdecke in der Küche. Sollte ein Feuer ausbrechen, ist es vorteilhaft, sie gleich zur Hand zu haben. Auch kann man eine Person, die einen Schock erlitten hat, darauf bequem betten, bis Hilfe kommt.

FEUERSICHERHEIT

Als Mindestmaßnahme sollten Sie einen batteriebetriebenen Feuermelder außerhalb Ihrer Küche anbringen. Prüfen Sie die Batterie regelmäßig. Um Fehlalarm zu vermeiden, sollte der Feuermelder nicht in der Küche selbst oder direkt über einer Rauch- oder Hitzequelle angebracht werden. Besser ist es, wenn Sie einen qualifizierten Elektriker damit beauftragen, Rauch- und Feuermelder in Ihrem ganzen Heim zu installieren. Aus Gründen der Verlässlichkeit sollten sie an die Hauptstromversorgung angeschlossen sein. Auch empfiehlt sich ein Feuerlöscher in der Küche. Hier ein paar weitere Tipps zur Feuersicherheit:

- Halten Sie elektrische Leitungen, Topflappen und Geschirrtücher weg vom Herd.
- Reinigen Sie Ihren Herd regelmäßig, insbesondere Grill und Backofen. Eine Fettschicht kann Feuer fangen.
- Vermeiden Sie, dass beim Kochen ein Ärmel oder ein anderer Teil Ihrer Kleidung über dem Herd hängt.
- Lassen Sie niemals Pfannen unbeaufsichtigt auf dem Herd. Wenn Sie auch nur kurz die Küche verlassen müssen, etwa um das Telefon zu beantworten, nehmen Sie sie vom Herd.
- Prüfen Sie nach dem Kochen, ob Herd und Ofen ausgeschaltet sind.
- Wenn eine Pfanne Feuer fängt und Sie das Feuer nicht schnell löschen können, müssen Sie sich selbst außer Gefahr begeben. Verlassen Sie sofort das Haus, schließen Sie alle Türen fest hinter sich, und rufen Sie die Feuerwehr. Ein kleines Feuer können Sie eventuell ersticken, indem Sie die Pfanne mit einer Feuerdecke oder einem sehr feuchten, aber ausgewrungenen Tuch zudecken. Gießen Sie niemals Wasser in die Pfanne, das könnte eine Stichflamme verursachen. Schalten Sie den Herd aus, sobald dies gefahrlos möglich ist.

Grundausstattung

Eine gute Küche verfügt über sorgfältig ausgewählte Küchenhelfer. Anfänger kommen zunächst mit ein paar wenigen, vielseitigen Utensilien aus, die mit der Zeit ergänzt werden können. Wenn Sie mehr Erfahrung haben, möchten Sie sich vielleicht auch raffiniertere Geräte wie eine Nudelmaschine anschaffen.

■ Messhilfen

Mithilfe von Waage, Messbecher und Messlöffel lassen sich flüssige und feste Zutaten exakt abmessen, was vor allem beim Backen unerlässlich ist.

Küchenwaagen

Es gibt eine große Auswahl an manuellen oder elektrischen Küchenwaagen. Die elektrischen verfügen meist über eine digitale Anzeige und wiegen die Zutaten grammgenau, sind aber teurer als die manuellen Waagen.

Messbecher

Messbecher gibt es in verschiedenen Größen von 3 cl bis 1,5 l und sind besonders zum Abmessen von Flüssigkeiten geeignet.

Messlöffel

Diese Löffel sind praktisch zum genauen Abmessen flüssiger oder trockener Zutaten.

Messtassen

Spezielle Messtassen benötigen Sie nur, wenn Sie nach amerikanischen Rezepten kochen, denn amerikanische Köche verwenden Messtassen anstelle einer Küchenwaage. Die Tassen gibt es in vier ineinander verschachtelten Größen: ¼, ⅓, ½ und 1 Tasse. Sie sind in rostfreiem Stahl oder Plastik erhältlich.

Messbecher

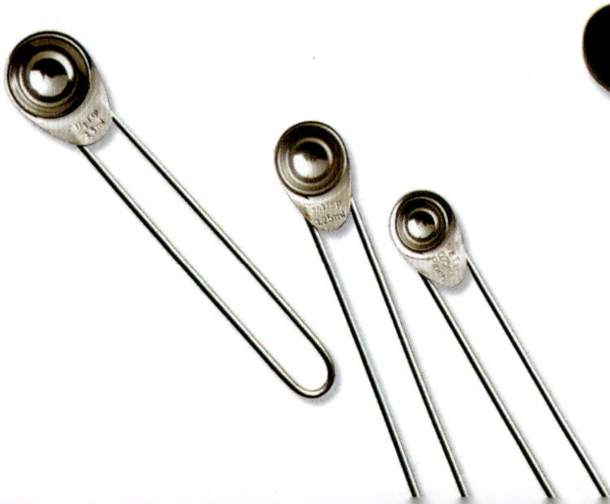

Messlöffel

■ Messer

Je besser die Qualität der Messer, desto länger haben Sie Freude daran. Messer sollten immer gut geschärft sein. Die ersten drei Messer gehören zur Grundausstattung.

Kleines Gemüsemesser

Das 5–10 cm lange Gemüsemesser ist unverzichtbar für das Schneiden von Gemüse, Obst, Fleisch und Käse.

Kochmesser

Dieses unverzichtbare Vielzweckmesser von 15–30 cm Länge wird zum Schneiden und Hacken benutzt.

Brotmesser

Ideal zum Schneiden von Brot ist dieses lange Messer mit Wellenschliff.

Kleines Messer mit Wellenschliff

Dieses Messer wird zum Schneiden von Gemüse und Obst verwendet. Es ist gewöhnlich etwa 13 cm lang.

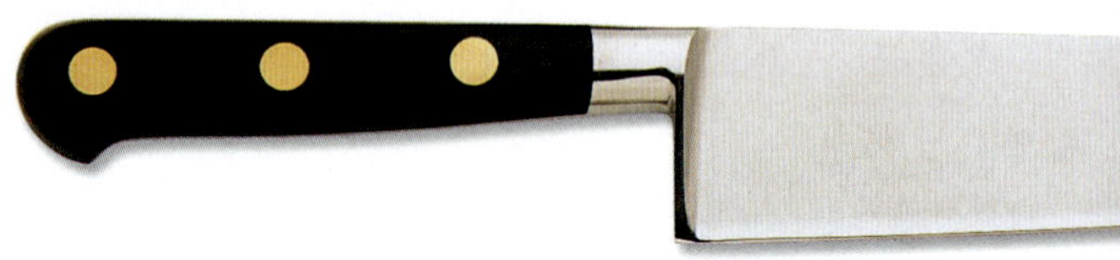

Brotmesser

Tranchiermesser

Palettenmesser

Hackmesser
Mit seiner flachen, rechteckigen Schneide lässt sich Fleisch leicht in Scheiben zerlegen.

Filetiermesser
Dieses Messer mit einer biegsamen Klinge von etwa 20 cm Länge wird für Gemüse, Obst und rohen Fisch verwendet.

Tranchiermesser
Ein Tranchiermesser hat eine etwa 30 cm lange Klinge mit einer Spitze, die das Trennen von Knochen und Fleisch erleichtert. Man bekommt es gewöhnlich im Set mit einer langen Tranchiergabel.

Wiegemesser
Das Wiegemesser, mit dem sich Kräuter und Gemüse rasch zerkleinern lassen, besteht aus einer gebogenen Schneide mit zwei Griffen.

Palettenmesser
Meistens wird dieses vielseitige Messer verwendet, um Speisen aus Formen oder Tellern zu heben bzw. zu wenden und um Kuchen mit einer Glasur oder Creme zu bestreichen.

Wetzstahl
Der Wetzstahl hat anstelle einer Messerklinge einen langen Stab mit diamantbeschichtetem Stahl. Zum Schärfen zieht man die Messerklinge in einem 45°-Winkel über den Stab.

■ Weitere Schneidewerkzeuge und Küchenhelfer

Neben Messern benötigen Sie noch einige weitere Schneidewerkzeuge. Manche davon sind sehr speziell, wie der Zestenschneider, andere dagegen sehr vielseitig.

Dosenöffner
Dieses unentbehrliche Gerät gibt es in manuellen sowie in elektrischen Ausführungen.

Zestenschneider
Mit den Löchern an der Oberkante des rechteckigen Metallkopfs wird die Schale von Zitrusfrüchten fein abgeschält, ohne dass die weiße Unterschale abgeschabt wird.

Sparschäler
Sparschäler gibt es mit beweglichem Schneideblatt oder einer festen Klinge mit scharfer Spitze zum Auskernen.

Kastenreibe
Es gibt verschiedene Reiben für unterschiedliche Zwecke. Die Kastenreibe, die auf jeder Seite Reibflächen mit unterschiedlichen Feinheitsgraden besitzt, ist vielseitig einsetzbar.

Entkerner, Kernausstecher
Mit der hohlen, zylinderförmigen Klinge dieses Utensils sind Kerngehäuse von Äpfeln und Birnen schnell entfernt.

Ausstechformen
Diese Formen aus Metall oder Plastik dienen zum Ausstechen runder Teigformen. Sie sind auch ideal zum Formen von Gebäck.

Küchenschere
Kaufen Sie eine Vielzweckschere aus rostfreiem Stahl, und verwenden Sie sie ausschließlich für Küchenarbeiten.

kleines Gemüsemesser

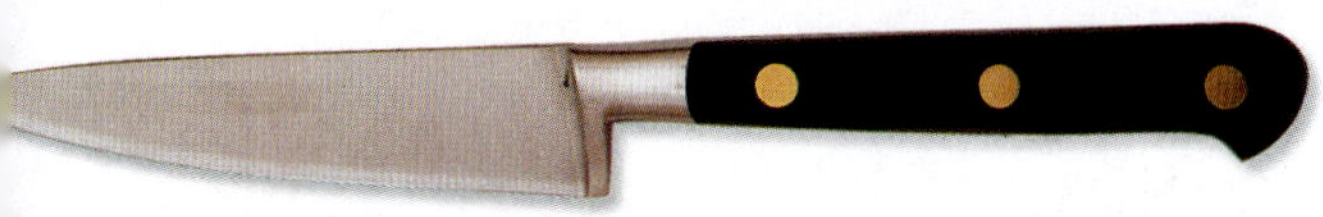

Kochmesser

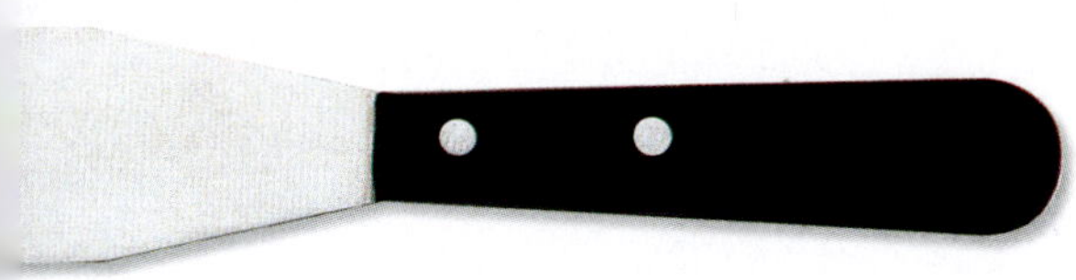

Zestenschneider

Sparschäler

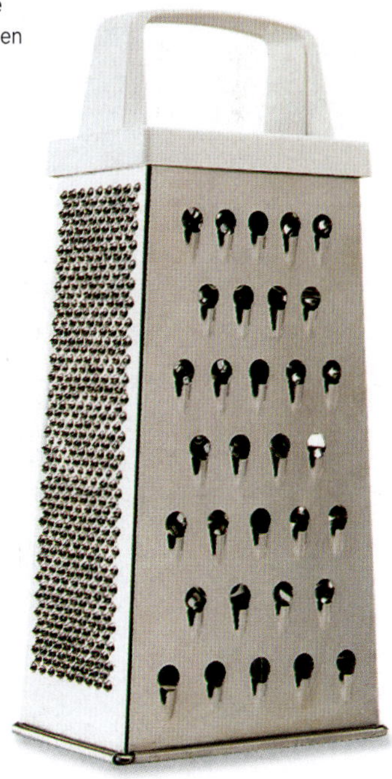

Reibe

■ Töpfe und Pfannen

Es lohnt sich, für Töpfe und Pfannen etwas mehr auszugeben. Bei sorgfältiger Pflege halten die Töpfe über Jahre, und die Extrakosten machen sich auf Dauer mehr als bezahlt.

Stielkasserollen

Für Saucen und Rühreier benötigen Sie einen kleinen Milchtopf, außerdem mindestens drei Stielkasserollen – klein, mittel und groß – mit fest sitzendem Deckel. In einer großen Stielkasserolle mit Deckel werden Aufläufe, Eintöpfe und ganzes Geflügel zubereitet.

Pfannen

Sie benötigen eine kleine Omelettpfanne und eine größere Pfanne für größeres Gargut. Antihaftbeschichtete Pfannen sind ideal für die Zubereitung fettarmer Speisen. Eine Grillpfanne mit geriffeltem Boden ist für Rinder- und Thunfischsteaks geeignet und verleiht dem Gargut ein schönes Streifenmuster.

Dampfeinsätze

Es gibt flexible Dampfeinsätze aus Edelstahl, die sich der Größe des Topfes anpassen. Feste Dampfeinsätze aus Edelstahl oder Bambus werden einfach auf einen Topf gesetzt – manche bestehen aus mehreren Einsätzen übereinander, sodass mehrere Zutaten gleichzeitig gegart werden können. Mit elektrischen Dampfkochtöpfen lässt sich die Garzeit erheblich abkürzen.

Wok

Ein Wok ist eine tiefe, runde, schalenförmige Pfanne mit Griffen. Er ist ideal für die Zubereitung von Pfannengerührtem.

Stielkasserolle

große Stielkasserolle mit Deckel

Pfanne

■ Auflauf- und Backformen

Antihaftbeschichtete Backformen sind von Vorteil, weil sich das Backgut leicht herauslösen lässt. Die Oberfläche darf nicht gescheuert werden, damit die Beschichtung nicht zerkratzt.

Backbleche

Backbleche gibt es in rechteckigen und quadratischen Ausführungen, mit abgeflachter Kante oder hohen Seitenwänden. Für die Zubereitung von ofengeröstetem Gemüse und Pizza bis zum Backen von Schaumgebäck und Plätzchen sind sie unverzichtbar.

Kuchenformen

Backformen für Kuchen gibt es in verschiedenen Größen. Für den Anfang sind zwei Backformen von 20 bzw. 24 cm Durchmesser für Rührkuchen und eine tiefere Springform von 26 cm Durchmesser für höhere Kuchen und Torten ausreichend.

Muffin-Formen

In diesen rechteckigen Blechen mit meist zwölf großen, runden Vertiefungen kann man pikante Pastetchen, süße Muffins oder Fruchttörtchen zubereiten.

Tarte-Formen

Diese Bleche sind gewöhnlich rund mit gewelltem Rand und in verschiedenen Größen erhältlich. Quiches, Obstkuchen und Tartes werden darin zubereitet. Praktisch sind Tarte-Formen aus rostfreiem Stahl mit herausnehmbarem Boden. Sie leiten die Hitze besser als Keramikformen, und man kann nach dem Backen die Tarte leicht von der Form abheben.

Auflaufformen

In verschiedenen Formen und Größen erhältlich, sind Auflaufformen gewöhnlich recht tief, damit das Gargut im Ofen nicht überkocht.

Bräter

Bräter sind tiefer als Backbleche und werden zum Braten von Fleisch und Geflügel im Backofen benötigt.

Kastenbackformen

Diese tiefen, rechteckigen Formen gibt es in verschiedenen Größen. Sie eignen sich zum Backen von Brot und Rührkuchen.

Ramequin-Formen

Diese vielseitigen, runden Formen werden für die Zubereitung von kleinen Soufflés und Crème Caramel verwendet. Hübsch sind sie auch paarweise als Servierschalen für Butter, Oliven oder Nüsse.

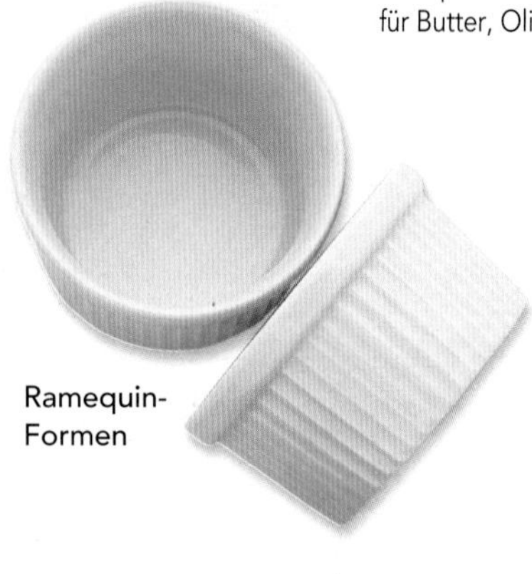

Ramequin-Formen

■ Abtropf- und Küchensiebe

Diese nützlichen Helfer gehören in jede Küche. Wählen Sie Siebe aus hochwertigen Materialien, die robust sind und sich einfach reinigen lassen.

Küchensieb
Küchensiebe gibt es aus Metall und Kunststoff. Sie werden zum Durchsieben von trockenen Zutaten wie Mehl und zum Passieren von Saucen verwendet.

Abtropfsieb
Abtropfsiebe benötigt man zum Abgießen von in Wasser gegarten Lebensmitteln wie Gemüse und Nudeln. Sie sollten eine solide Standfläche haben, damit man sie beim Abgießen nicht festhalten muss und nachher auf der Arbeitsfläche abstellen kann.

Eiertrenner
Dieses Utensil ist zwar entbehrlich, erleichtert aber besonders Anfängern das Trennen von Eigelb und Eiweiß.

Streuer
Um Torten und Desserts mit Puderzucker oder Kakaopulver zu bestreuen, sind diese kleinen Behälter mit perforiertem Deckel praktische Helfer.

Küchensieb

Abtropfsieb

■ Schüsseln und Schalen

Diese Gefäße gibt es in allen erdenklichen Materialien und Größen. Da Metall mit sauren Zutaten reagieren kann, sollten Marinaden nicht in Metallschüsseln angerührt werden.

Rührschüsseln
Rührschüsseln sind aus Keramik, Glas, Kunststoff und Edelstahl erhältlich. Sie benötigen mindestens eine große Rührschüssel. Es empfiehlt sich jedoch die Anschaffung mehrerer Schüsseln in unterschiedlichen Größen. Zum Sahneschlagen benötigt man etwa eine kleinere Schüssel. Dekorative Rührschüsseln lassen sich auch als hübsche Servierschalen verwenden.

Puddingformen
Sie können Puddingformen in den verschiedensten Größen, Farben und Materialien aus Metall, Keramik, Kunststoff und Glas kaufen. In einer großen Puddingschüssel lässt sich ein Sommerpudding oder ein Christmas-Pudding für viele Gäste zubereiten. In kleineren Schalen wird gekühlter oder warmer Pudding in Einzelportionen zubereitet und serviert.

große Rührschüssel

Puddingschale

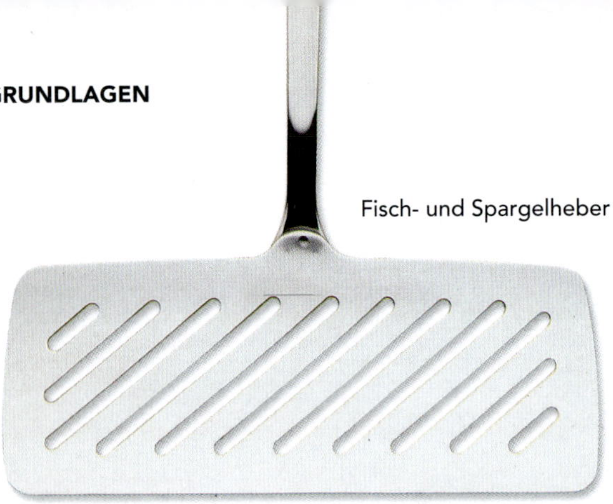

Fisch- und Spargelheber

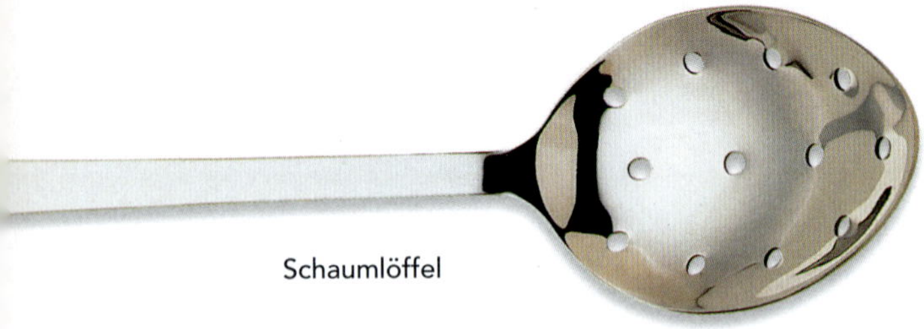

Schaumlöffel

Servier- bzw. Gießlöffel

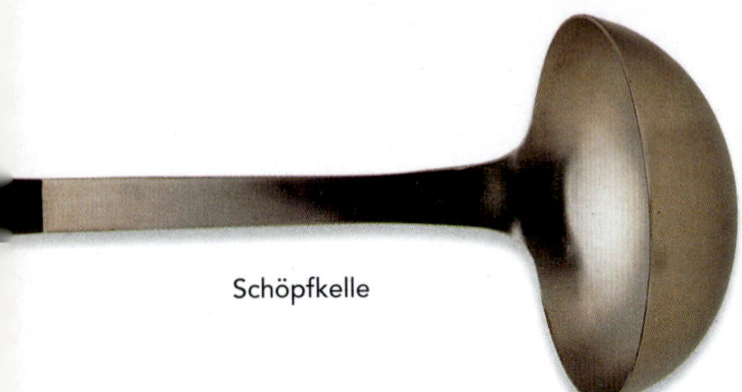

Schöpfkelle

■ Löffel und Spatel

Mit Löffeln und Spateln lassen sich die Lebensmittel heben, wenden, formen, abtropfen und servieren. Hier finden Sie eine Auswahl der wichtigsten Utensilien.

Fisch- und Spargelheber
Omelettes, Spiegeleier und Fischfilets lassen sich mit diesem Küchenhelfer problemlos aus der Pfanne heben.

Schaumlöffel
Mit diesem großen, perforierten Löffel hebt man das Gargut aus dem Topf, während die Flüssigkeit abtropft. Auch schöpft man damit Schaum von der Oberfläche kochender Brühen und Fonds oder Marmeladen ab.

Servier- bzw. Gießlöffel
Dieser große Löffel wird zum Servieren verwendet. Oft hat er eine Kerbe auf einer Seite zum Gießen von Flüssigkeiten und Saucen.

Schöpfkelle
Mit der Kelle werden Suppen in Schüsseln und Teller oder Punsch in Gläser gegeben.

Grillzange
Das heiße Gargut in einer Grillpfanne oder auf dem Grill lässt sich mit der Grillzange einfach wenden.

Holzlöffel
Klassische Kochlöffel aus Holz gibt es in verschiedenen Größen. Mit ihrer Hilfe lassen sich Zutaten gleichmäßig verrühren, ohne dass die empfindliche Oberfläche des Kochgeschirrs zerkratzt.

Spatel
Spatel sind in Holz und Kunststoff erhältlich. Man verwendet sie vor allem bei der Teigbereitung zum Mischen und Unterheben der Zutaten sowie zum Auskratzen der Rührschlüssel.

Holzlöffel

Spatel

HEISSE GRIFFE

Lassen Sie Löffel und Spatel mit Metallgriffen nicht während des Kochens im Topf stehen. Metallgriffe können sehr heiß werden und Verbrennungen verursachen.

Schneebesen

Kartoffelstampfer

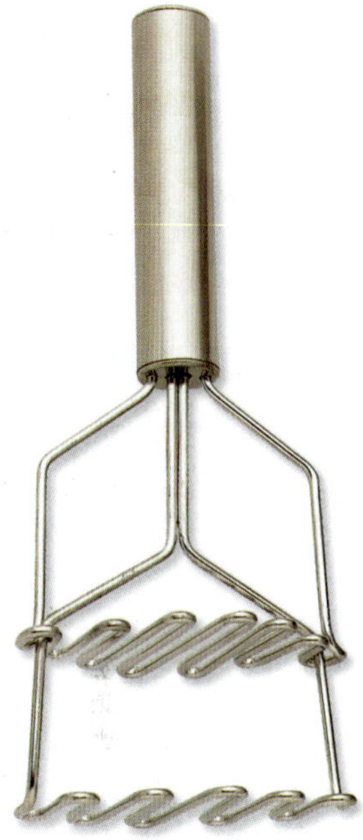

■ Weitere nützliche Küchenhelfer

Ergänzen Sie Ihre Küchenutensilien mit der Zeit je nach Bedarf. Hier finden Sie einige nützliche Helfer, die Sie sich so bald wie möglich anschaffen sollten.

Zitruspresse
Zitruspressen bestehen aus einem durchlässigen Aufsatz, der die Kerne ausfiltert, und einer Schale, die den Saft auffängt.

Knoblauchpresse
Eine Knoblauchpresse ist nicht unentbehrlich, aber recht praktisch. Sie sollte leicht zu reinigen sein.

Backpinsel
Mit einem Backpinsel werden Kuchen vor dem Backen mit Wasser oder nach dem Backen mit einer Glasur bestrichen.

Schneebesen
Schneebesen gibt es in vielen Formen und Größen. Mit einem Schneebesen mit tropfenförmig gebogenen Drähten lassen sich Eiweiß und Sahne luftig aufschlagen.

Zitruspresse

Backpinsel

Korkenzieher und Flaschenöffner
Diese Utensilien gibt es einzeln oder in einem Gerät kombiniert. Mit dem Flügelkorkenzieher ist das Öffnen von Flaschen am einfachsten.

Teigrolle
Zum Ausrollen von Teig ist eine schwere Teigrolle mit glatter Oberfläche ideal. Teigrollen gibt es aus Holz, Kunststoff und Edelstahl.

Kartoffelstampfer
Kartoffeln und anderes Gemüse wie Kohl werden mit dem Kartoffelstampfer zu Püree verarbeitet.

Mörser und Stößel
Zum Zerstoßen von Kräutern und Gewürzen dienen Mörser und Stößel, die als Set in verschiedenen Größen und Materialien wie Marmor und Porzellan angeboten werden. Es empfiehlt sich, gleich eine große Ausführung zu kaufen.

Knoblauchpresse

Schneidebretter
Kaufen Sie möglichst mehrere verschiedenfarbige Bretter, sodass Sie eines für rohes Fleisch und Geflügel, eines für gekochte Speisen und so weiter verwenden können.

Kuchengitter
Auf diesem runden oder eckigen Metallgitter lässt man Kuchen, Torten und Brot nach dem Backen abkühlen. Für größere Mengen von Backwaren benötigt man zwei Stück.

Bratspieße
Bratspieße sollten am besten aus rostfreiem Stahl bestehen, sind aber auch aus anderen Materialien wie Holz erhältlich. Man kann mit ihrer Hilfe auch prüfen, ob Kuchen oder Fleisch fertig gegart ist.

Eierschneider
Hart gekochte Eier lassen sich mit diesem kleinen Gerät problemlos in gleichmäßig breite Scheiben schneiden, die man dekorativ verarbeiten kann.

Dekorative Förmchen
Förmchen gibt es in vielen Größen und Formen, aus Kunststoff und Metall. Mousse, Eiscreme, Götterspeisen und Cremedesserts erhalten durch sie hübsche Formen.

Spritztüten
Mit Spritztüten in verschiedenen Formen und Größen lassen sich Creme- oder Sahnedekorationen auf Kuchen und Desserts gestalten.

Thermometer
Zur Überwachung von Kühlschrank- und Backofentemperatur sowie für die Zubereitung von Fleisch, Süßspeisen und Frittiertem gibt es spezielle Thermometer.

Eieruhr
Eieruhren helfen bei der Überwachung der Kochzeiten. Es gibt sie in verschiedenen Ausführungen und Größen. In vielen Herden ist bereits eine entsprechende Uhr eingebaut.

■ Elektrogeräte und Küchenhelfer

Zahlreiche elektrische Küchengeräte können die Zubereitung von Speisen erheblich vereinfachen – ganz besonders Köche, die eine große Familie bekochen, werden sie schätzen.

Küchenmaschine
Diese Multifunktionsmaschine besitzt Metallklingen zum Zerstoßen, Mahlen und Raspeln. Weiteres Zubehör wie Schneebesen und Knethaken ermöglicht das Mischen und Kneten von Teigen.

Küchenmaschine mit Rührschüsselaufsatz
Dieses Gerät besteht aus einer großen Schüssel und verschiedenen Rührstäben, wie Schneebesen und Knethaken. Es knetet und schlägt Zutaten viel schneller schaumig, als es von Hand möglich ist.

Standmixer
Der Standmixer wird sowohl zum Pürieren von Suppen und Saucen als auch zur Zubereitung von Milchshakes und anderen Mixgetränken genutzt.

Handrührgerät
Das Handrührgerät wird einfach in ein Gefäß gehalten und ist daher sehr flexibel zu handhaben. Es ist besonders zum Verquirlen bzw. Aufschlagen von Eiern und Sahne geeignet. Für schwerere Mischungen verwendet man besser eine Küchenmaschine mit Rührschüsselaufsatz.

Pürierstab
Mit diesem transportablen Handmixer kann man Gargut wie Suppen und Saucen im Topf pürieren, während es auf dem Herd kocht.

Mühle
Nicht nur Nüsse und Kaffeebohnen lassen sich hiermit mahlen, eine Mühle ist – wie die Küchenmaschine und der Pürierstab – auch zur Herstellung von frischem Paniermehl geeignet.

Nudelmaschine
Man bekommt zwar exzellente Nudeln im Handel, wenn Sie aber gern selbst Nudeln herstellen möchten, ist diese Maschine ein guter Helfer beim Ausrollen des Teigs und dem Schneiden verschieden geformter Nudeln.

Fritteuse
Dieses Gerät besitzt einen schweren Unterbau und einen Drahtkorb, der an der Seite eingehakt werden kann, damit das Frittierfett abtropft.

Schnellkochtopf
Wenn Sie Zeit sparen wollen, empfiehlt sich die Anschaffung eines Schnellkochtopfs. Er reduziert die Garzeit von Lebensmitteln.

Slow Cooker
Auch bei uns gewinnen Slow Cooker, die aus den USA stammen, allmählich an Bekanntheit. In dem Gerät werden Eintöpfe und Aufläufe über mehrere Stunden langsam gegart. Man füllt das Gargut hinein, steckt den Stecker in die Dose – und wartet, bis die köstlichen Düfte der fertigen Speise aufsteigen.

Küchenmaschine mit Rührschüsselaufsatz

Nudelmaschine

HERDARTEN UND BACKOFENTEMPERATUREN

Gas- und Elektroherd

Köche schwören immer noch auf das Kochen und Backen mit Gas, da die gewünschte Hitze sofort verfügbar ist und ebenso schnell wieder ausgeschaltet werden kann. Zudem ist die höhere Luftfeuchtigkeit, die im Gasbackofen entsteht, für viele Gerichte und Backwaren außerordentlich vorteilhaft. Der Nachteil einer Gaskochstelle liegt allerdings in der höheren Verbrennungsgefahr durch die offene Flamme.
Beim Elektroherd liefert ein Heizdraht, der spiralförmig in einer Keramikmasse liegt, die Hitze fürs Kochen und Backen. Durch die Kochfelder wird die Hitze auf das Metall des Kochtopfs übertragen. Nach dem gleichen Prinzip funktioniert auch der Elektrobackofen. Bei herkömmlichen Backöfen wird das Innere des Backofens von oben (Oberhitze) und unten (Unterhitze) beheizt. Beim Backofen nach dem Heißluftprinzip verteilt ein Gebläse die heiße Luft gleichmäßig über den ganzen Innenraum.
Elektroherde haben den Nachteil, dass die Kochplatten sehr viel Wärmeenergie zwischenspeichern. Der Herd reagiert somit, anders als der Gasherd, sehr langsam auf eine gewünschte Temperaturänderung. Allerdings geht bei beiden Techniken viel Wärmeenergie verloren, da diese auch an die Umgebung abgegeben wird.

Induktionsherd

Seit Anfang der 1990er-Jahre ist der Induktionsherd auf dem Markt. Das Funktionsprinzip dieses Herdtyps ist gänzlich verschieden von dem der Elektro- oder Gasherde. In einem Induktionsherd wandelt ein Generator den Strom mit einer Frequenz von 50 Hertz in Hochfrequenzstrom von etwa 25 000 Hertz um. Dieser Hochfrequenzstrom erzeugt in einer Kupferdrahtspule unter dem Kochfeld ein magnetisches Wechselfeld, das in den Topfboden eindringt. Dieses Wechselfeld erzeugt Wirbelströme, die dann wiederum für die Wärmeerzeugung im Topfboden verantwortlich sind.
Da die Wärme solchermaßen direkt im Topfboden erzeugt wird, entfällt die Vorheizphase, was eine Verringerung der Wärmeabstrahlung an die Umgebung bedeutet. Dadurch spart man Energie. Zudem ist die Verbrennungsgefahr deutlich niedriger, da die Kochfläche selbst nicht heiß wird.
Für das Garen mit dem Induktionsherd benötigen Sie allerdings auch spezielles Kochgeschirr mit einem magnetisierbaren Boden. Die aufwändige Elektronik des Herds hat leider auch einen hohen Anschaffungspreis.

Mikrowellenherd

Dieses Gerät wird vor allem zum schnellen Auftauen oder Erhitzen von Speisen verwendet. Mikrowellenherde erzeugen mithilfe eines Magnetrons elektomagnetische Strahlung von rund 2455 Megahertz. Bei dieser Frequenz werden die in den Lebensmitteln enthaltenen Wassermoleküle zur Rotation angeregt. Diese Rotationswärme überträgt sich dann auf die Speisen.
Im Gegensatz zum traditionellen Garverfahren, bei dem Wärme von außen nach innen dringt, findet dieser Vorgang bei der Mikrowelle umgekehrt von innen nach außen statt. Damit verrät sich auch Aufgewärmtes aus der Mikrowelle, denn es ist im Innern immer heißer als außen.
Der Zeitgewinn beim Garen mit der Mikrowelle ist zwar enorm, aber ein Nachteil ist die nicht homogene Wärmeverteilung in den Speisen, die durch den unterschiedlichen Wassergehalt, den die Lebensmittel haben können, bedingt ist. Zum Garen in der Mikrowelle benötigen Sie metallfreies Spezialgeschirr.

Backofentemperaturen

Temperatur	Gasstufen	relative Temperaturentwicklung
110 °C	¼	lauwarm
120 °C	½	lauwarm
140 °C	1	mäßig warm
150 °C	2	mäßig warm
160 °C	3	warm
180 °C	4	warm
190 °C	5	mäßig heiß
200 °C	6	mäßig heiß
220 °C	7	heiß
230 °C	8	sehr heiß

Zubereitungstechniken

In diesem Kapitel finden Sie alle Zubereitungsmethoden, die Sie für das tägliche Kochen benötigen. Auch fortgeschrittene Techniken werden hier vorgestellt für diejenigen, die bereits Erfahrung im Kochen haben.

Mahlen
Zum Mahlen kann man für ein gröberes Resultat Mörser und Stößel verwenden, mit einer Kaffeemühle oder einer Küchenmaschine erhält man geschrotetes bis zu Pulvergröße gemahlenes Mahlgut.

Aufgießen
Geschmacklich kräftige Kräuter oder Gewürze werden mit einer Flüssigkeit übergossen, an die sie ihr Aroma abgeben.

Bardieren
Magere Fleisch- und Geflügelstücke werden mit Speckscheiben eingehüllt. So bleibt das Fleisch saftig und wird geschmacklich verfeinert. Diese Zubereitungsart eignet sich für Hühnchen- oder Truthahnbrust, aber auch für andere Braten.

Zerstoßen
Um den Geschmack von Knoblauch und Kräutern besser zur Geltung zu bringe, kann man sie mit der flachen Seite einer Messerschneide zerstoßen. Benötigt man Kekskrümel für einen Tortenboden, gibt man die Kekse in einen Gefrierbeutel, verschließt ihn gut und zerstößt sie mit einer Teigrolle.

Unterheben
Eine luftig aufgeschlagene Masse wird mit einem Löffel oder Spatel durch langsame Rührbewegungen in Form einer Acht unter eine festere Mischung gehoben. So fällt sie nicht zusammen.

Marinieren
Beim Marinieren werden Fleisch, Geflügel, Fisch oder Gemüse über mehrere Stunden oder Tage in eine würzige Marinade eingelegt, damit sie zarter und geschmacklich intensiver werden. Marinaden enthalten in der Regel Öl, etwas Wein, Sherry oder Essig und verschiedene Gewürze oder Kräutermischungen.

Ablöschen
Dies wird nach dem Braten, normalerweise von Fleisch, angewandt. Nachdem der Pfanne das Gargut und das flüssige Fett entnommen wurden, wird Brühe oder Wein eingerührt, um die Röststoffe vom Pfannenboden zu lösen. Diese Mischung bildet in der Regel die Grundlage für eine Sauce.

Mahlen

Zerstoßen

Unterheben

Aufschlagen

Einkneten

Raspeln, Hobeln

Aufschlagen
Bei dieser Technik werden Saucen mit einem Löffel oder einem elektrischen Rührgerät kräftig gerührt, um Klümpchen zu entfernen oder Luft unter Omelette- oder Kuchenteige zu rühren.

Abschlagen
Der Begriff bezeichnet das Ausschlagen der Luft aus aufgegangenem Hefeteig.

Einkneten
Diese Technik wird vor allem für die Herstellung von Teig verwendet. Mit den Fingerspitzen wird Butter oder Margarine in das Mehl eingearbeitet. Dabei lässt man die Mischung immer wieder von oben in die Schüssel rieseln, um so viel Luft wie möglich einzuarbeiten. So geht der Teig beim Backen leicht auf.

Klären
Man kann Butter oder eine Flüssigkeit klären. Um Butter zu klären, wird diese langsam erwärmt. Die festen Milchbestandteile sinken nach unten, der sich darüber bildende Schaum wird abgeschöpft. Geklärte Butter wie das indische Ghee hat einen höheren Rauchpunkt als gewöhnliche Butter und eignet sich zum Kochen bei höheren Temperaturen. Zum Klären einer Brühe gibt man Eiweiß und bzw. oder Eierschalen zum Binden der Unreinheiten hinzu, köchelt sie 10 Minuten und seiht sie nach dem Abkühlen durch ein Sieb ab.

Raspeln, Hobeln
Lebensmittel werden mit einem kleinen, scharfen Messer oder einer Küchenreibe in sehr dünne, lange Stücke zerteilt.

Einfetten
Brat- oder Backformen werden eingefettet, damit das Gargut nicht anhaftet. Üblich ist, ein Blech mit Butter oder Öl einzureiben, bevor das Koch- bzw. Backgut zugefügt wird. Fleischgerichte erhalten durch ein mit Speck eingefettetes Blech zusätzliche Würze.

Marmorieren
Bei dieser Technik werden zwei verschiedenfarbige Zutaten so miteinander kombiniert, dass ein Marmoreffekt entsteht. So lässt sich weiße und dunkle Schokoladenkuvertüre zu einem Marmormuster kombinieren.

Übergießen
Während des Garens im Backofen wird das Gargut mit Kochsud oder Fett begossen, damit es saftig bleibt und einen kräftigen Geschmack annimmt.

Pikieren
Die Oberseite insbesondere von Fleisch, Geflügel und Fisch wird ganz leicht eingeschnitten. Diese Methode beschleunigt den Garprozess, lässt das Fett austreten und erzeugt einen dekorativen Effekt.

Schmetterlingsfilet
Um eine Lammkeule als Schmetterlingsfilet zuzubereiten, führen Sie das Messer in den Hohlraum des Keulenknochens, und schneiden Sie das Fleisch in eine Richtung auf. Dann wird das Fleisch in der Mitte leicht eingeschnitten und aufgeklappt. Auch Hühnerbrustfilets oder große Garnelen eignen sich dafür.

Kneten
Beim Kneten wird Teig mit dem Handballen bearbeitet, um das Gluten im Mehl zu aktivieren. Vor allem Brot behält so nach dem Aufgehen seine Form. Man kann Teig auch in einer Küchenmaschine mit dem Knethaken kneten.

Abschöpfen
Mit einem großen Schaumlöffel bzw. Löffel wird Schaum oder Fett von der Oberfläche einer köchelnden Flüssigkeit abgeschöpft.

Verquirlen
Beim Verquirlen wird eine leichte Masse wie Sahne oder Ei kräftig verrührt, um Luft unterzuheben. Man kann dazu einen Schneebesen verwenden (was sehr mühevoll ist), ein elektrisches Handrührgerät, einen Standmixer oder eine Küchenmaschine mit Schneebesenaufsatz.

Zesten schneiden
Damit ist das Abschälen der äußeren Schicht einer Zitrusfrucht gemeint. Ein Zestenschneider schneidet sie in feine Streifen. Die bittere weiße Unterhaut wird nicht verwendet.

Chiffonade
Der französische Begriff bezeichnet fein in Streifen geschnittene Gemüseblätter. Dazu werden Gemüseblätter aufgerollt und mit einem scharfen Messer entlang der Kante geschnitten.

Schmetterlingsfilet

Verquirlen

Chiffonade

Unterrühren

Plattieren

Zerstampfen

Anreichern
Beim Anreichern erhalten Speisen durch eine fettreiche Zutat eine vollere Textur oder einen volleren Geschmack. So kann Teig durch Butter oder eine Sauce durch Sahne angereichert werden.

Glasieren
Gebäck wird vor dem Backen mit Wasser, Eiweiß oder einer Mischung aus Zucker und Wasser bestrichen, damit es eine glänzende Oberfläche erhält (der Zucker macht es knusprig). Fertig gegarte Backwaren werden mit geschmolzener Marmelade oder Schokolade glasiert.

Spicken
Bei dieser Technik werden Speckstücke in mageres Fleisch gesteckt, um es zu würzen und saftig zu halten.

Unterrühren
Hier wird eine Flüssigkeit durch langsames Zugießen und unter ständigem Rühren unter eine andere Masse gemischt. So wird bei der Herstellung von Mayonnaise Öl ganz langsam unter eine Eimasse gerührt.

Plattieren
Fleischscheiben werden mit einem Fleischklopfer flach geklopft, um die festen Fasern zu zerstören. So wird das Gewebe locker und zart.

Hacken, Wiegen
Mit einem scharfen Messer werden Zutaten zerkleinert. Um Kräuter zu hacken, hält man die Messerspitze mit einer Hand nach unten, sodass sie stets auf dem Schneidebrett aufliegt, mit der anderen Hand bewegt man den Messergriff auf und ab. Je nach Rezept kann man Zutaten sehr grob oder ganz fein hacken.

Zerstampfen
Lebensmittel, in der Regel Kartoffeln oder anderes Wurzelgemüse, werden mit einem Kartoffelstampfer oder einem Standmixer zu Brei verarbeitet.

Einweichen
Bei dieser Methode werden Zutaten in eine meist heiße Flüssigkeit gelegt, damit sie die Flüssigkeit aufnehmen und quellen können.

Julienne
Lebensmittel wie Karotten und Sellerie werden meistens zu Dekorationszwecken in sehr feine Stäbchen oder Streifen geschnitten.

Bridieren
Geflügel oder Wild wird in die gewünschte Form gebracht und vor dem Garen mit Metallspießen festgesteckt oder mit Küchengarn gebunden. So wird auch verhindert, dass eine Füllung herausfällt.

Geflügel entbeinen
Wenn man die Wirbelsäule aus Geflügel auslöst, wird es flacher und gart schneller. Dazu das Geflügel auf den Rücken drehen, die Flügel nach unten legen und das Schlüsselbein entfernen. Dann den Rücken nach oben drehen und beidseits neben der Wirbelsäule mit einem scharfen Messer einen Schnitt anbringen, um sie auszulösen. Mit der Hand die Brust flach pressen. Einen Bratspieß durch die Schenkel und einen zweiten durch Flügel und Brust stecken, um das Geflügel in Form zu halten.

Cremig bzw. schaumig rühren
Ähnlich wie beim Aufschlagen werden hierbei vor allem fetthaltige Zutaten wie Butter und Eier mit einer Gabel, einem Schneebesen oder einem elektrischen Handrührgerät kräftig gerührt, bis sie dickflüssig und schaumig sind.

Mazerieren
Backwerk oder Obst wird mit Likör oder Saft getränkt, damit es weich und saftig wird.

Pürieren
Gekochte Zutaten werden zu einem geschmeidigen Brei verarbeitet. Dazu werden sie entweder durch ein Sieb passiert oder mit dem Pürierstab oder im Mixer püriert.

Einkerben
Mit dem Zeigefinger und Daumen der einen und dem Zeigefinger der anderen Hand werden die Kanten von Teigtaschen aufeinander gefalzt. Gleichzeitig entsteht so ein hübscher dekorativer Effekt.

Vorgefrieren
Insbesondere Beerenobst wird zunächst einzeln ausgebreitet und vorgefroren. Auch Scheiben größerer Früchte wie Mangos legt man auf einem großen Teller aus und gefriert sie einzeln vor, bevor sie in einen Gefrierbeutel kommen.

Räuchern
Vor allem Fleisch, Geflügel und Fisch werden durch Räuchern, meist über Buchenholz, haltbar gemacht.

Bridieren

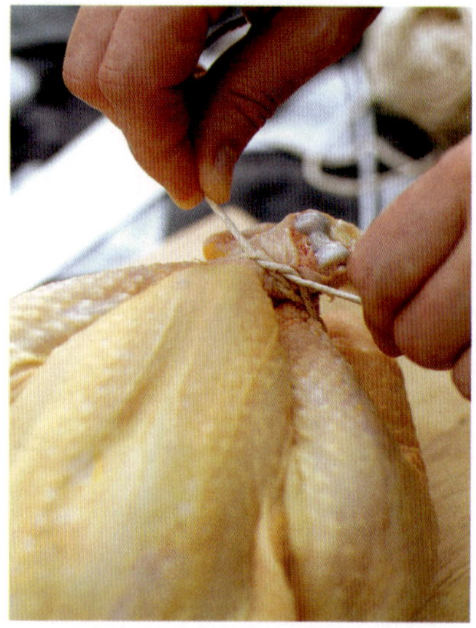

Pürieren

Einkerben

Sieben

Rautenförmig einschneiden

Passieren

In Salzwasser legen
Fleisch, Geflügel oder Fisch werden vor der Zubereitung in kaltes Salzwasser gelegt, um Unreinheiten zu entfernen. Auberginen werden auf diese Weise die Bitterstoffe entzogen.

Bestäuben
Zum Ausrollen von Teig bestäubt man eine Arbeitsfläche mit Mehl. Man kann auch Desserts mit Puderzucker oder Kakaopulver bestäuben.

Sieben
Trockene Zutaten wie Mehl werden durch ein Sieb geschüttelt, um Klümpchen aufzulösen und gleichzeitig etwas Luft unter die trockene Mischung zu heben.

Würfeln
Lebensmittel werden in kleine, regelmäßige Rechtecke geschnitten. Man kann hierzu ein scharfes Messer oder einen speziellen Würfler verwenden.

Reiben
Lebensmittel werden mit einer Kastenreibe oder einer Küchenmaschine in kleine Stücke gerieben.

Enthülsen
Das Herauslösen von Hülsenfrüchten wie Erbsen und Bohnen aus ihren Fruchthülsen bezeichnet man als Enthülsen.

Schälen
Die Schale von Lebensmitteln wie Orangen, Avocados oder Kartoffeln wird durch Schälen entfernt. Je nach Lebensmittel geschieht dies mit den Fingern, einem scharfen Messer oder mit einem Gemüseschäler.

Rautenförmig einschneiden
In die oberste Schicht eines Bratens wird ein dekoratives Rautenmuster eingeschnitten, damit er eine Marinade aufnehmen kann. Ein Schweinebraten wird so eingeschnitten, damit das Fett austritt und sich eine knusprige Kruste bildet.

Schnippeln
Mit einer Küchenschere werden frische Kräuter in sehr kleine Stücke geschnitten.

Passieren
Gekochte Speisen werden durch ein Sieb gestrichen, um ein Püree zu erhalten.

Garmethoden

In diesem Kapitel werden alle gängigen Garmethoden erklärt – vom Kochen über das Braten bis zu schonenden Garmethoden wie dem Dämpfen und dem Pfannenrühren, die sich großer Beliebtheit erfreuen.

Braten

Die Speisen werden mit heißem Fett, in der Regel Öl, in einer Pfanne oder einem Topf gebraten. Dadurch erhalten sie einen köstlichen Geschmack. Das Gargut kann entweder mit wenig Fett oder im Fett schwimmend gegart werden. Für letztere, weitaus weniger gesunde Methode benötigt man sehr viel Öl. Manche Speisen wie japanisches Tempura (Fisch und Gemüse im Rührteigmantel) oder Schottische Eier lassen sich nur so zubereiten. Gesünder ist es, mit nur wenig Fett zu braten – wie bei Pfannengerührtem, das unter ständigem Rühren kurz gart.

Frittieren

Beim Frittieren wird das Gargut vollständig in sehr heißes Öl getaucht und bei sehr heißer Temperatur ausgebacken. Wichtig ist die Wahl des richtigen Öls: Erdnuss- und Sojaöl haben den heißesten Rauchpunkt (die Temperatur, bei der Öl zu rauchen beginnt) und sind deshalb zum Frittieren am besten geeignet. Raps- und Maiskeimöl haben einen etwas niedrigeren Rauchpunkt, sind aber ebenfalls geeignet. Sonnenblumenöl sollte nicht verwendet werden. Beim Frittieren muss man sehr achtsam sein, denn es besteht die Gefahr, dass das heiße Öl verschüttet wird oder spritzt oder dass die Frittierpfanne Feuer fängt. Keinesfalls darf man die Pfanne unbeaufsichtigt lassen. Eine elektrische Fritteuse mit eingebautem Thermostat ist sicherer und einfacher zu bedienen, aber auch sie erfordert große Sorgfalt. Da das Öl sehr heiß ist, verschließen sich die Poren des Garguts sofort, es nimmt kein Fett auf und wird schnell gar. Wenn es fertig ausgebacken ist, hebt man es mit einem Schaumlöffel oder dem Drahtgeflecht der Fritteuse heraus und lässt es vor dem Servieren auf Küchenpapier sehr gut abtropfen.

Fettfrei braten

Gargut oder Gewürze werden in einer beschichteten Pfanne ohne Fett oder Öl gebraten. Indische Gewürze, Fladenbrot oder mexikanische Tortillas werden so zubereitet. Auch Kürbis- oder Pinienkerne werden fettfrei angeröstet, bis sie eine goldene Farbe haben.

Braten

Frittieren

fettfrei braten

Kurzbraten

in Fett anbraten

Pfannenrühren

Kurzbraten

Das Gargut wird kurz in einer Pfanne angebraten, entweder ganz ohne Fett (wie beim fettfreien Braten) oder mit nur sehr wenig Fett. Manches Gargut wie Speckstreifen enthält selbst schon ausreichend Fett. Es tritt beim Braten aus und kann dazu verwendet werden, noch weitere Speisen zu garen. So bekommen die Speisen mit einem Minimum an Fett ein Maximum an Geschmack.

In Fett anbraten

Diese Zubereitungsmethode eignet sich für Gargut, das schnell anbrennt – zum Beispiel Speisen, die mit Mehl, Paniermehl oder Teig ummantelt sind. Man benötigt ausreichend Öl, damit das Gargut an der Pfanne nicht anhaftet oder anbrennt. Das Öl muss sehr stark erhitzt werden, sodass sich die Poren des Garguts sofort verschließen, wenn es in die Pfanne gelegt wird. Ansonsten wird es fettig. (Wenn die Temperatur des Öls zu niedrig ist, saugt sich das Gargut voller Öl und wird triefend feucht.) Das Gargut wird während der angegebenen Zeit von der einen Seite gebraten, anschließend gewendet und von der anderen Seite gebraten. Dann hebt man es aus der Pfanne und lässt es auf Küchenpapier abtropfen. Im Unterschied zum Sautieren wird das Gargut in der Pfanne nicht bewegt, und im Allgemeinen wird auch etwas mehr Öl verwendet.

Pfannenrühren

Bei dieser aus Asien stammenden, schonenden Garmethode wird mit nur wenig Öl gebraten. Die Zutaten – Fleisch, Geflügel und Gemüse – werden in kleine, gleichmäßige Stücke geschnitten und kurz unter ständigem Rühren im Wok oder einer großen Pfanne gebraten. Ein Wok ist vorzuziehen, weil die Speisen schneller durchbraten, da sie mit den heißen Seitenwänden des Woks in Kontakt kommen. Die chinesische Küche kennt vier oder fünf verschiedene Methoden des Pfannenrührens. Zwei davon sind am verbreitetsten: Bei der ersten wird das Gargut in etwas Öl beim höchsten Siedepunkt unter ständigem Rühren schnell gebraten. Speisen, die so zubereitet werden, werden oft vorher mariniert. Die andere Technik ist etwas langwieriger: Das Gargut wird in etwas Flüssigkeit, zum Beispiel Brühe, gekocht und dabei ständig in der Pfanne gewendet. Nudeln und Saucen werden kurz vor Ende der Garzeit zugegeben. Der Wok darf dabei nicht überfüllt werden, sonst wird das Gargut gedämpft und nicht mehr gebraten.

Kochen

Beim Kochen werden Speisen in einer siedenden Flüssigkeit (meist Wasser, Milch oder Brühe) gegart. Nicht alle Speisen werden dabei durchgehend stark gekocht: Manche werden zum Kochen gebracht und dann bei reduzierter Temperatur geköchelt (die Flüssigkeit blubbert sanft). So kann man zum Beispiel Gemüse, Reis, Nudeln, Fleisch und Eier garen. Man kann eine Flüssigkeit auch stark kochen, um den Flüssigkeitsanteil zu reduzieren (siehe Reduzieren).

Köcheln

Beim Köcheln wird eine Speise knapp unter dem Siedepunkt gegart. Hierbei steigen kleine Bläschen an die Oberfläche der Flüssigkeit. Diese Zubereitungsart wird oft mit dem Kochen kombiniert, wobei das Gargut erst gekocht wird und anschließend bei reduzierter Hitze eine bestimmte Zeit weiterköchelt.

Blanchieren

Beim Blanchieren werden Lebensmittel kurz in kochendes Wasser getaucht und anschließend unter kaltem Wasser abgeschreckt. Dadurch lässt sich von Gemüse und Obst wie Tomaten und Pfirsichen die Haut leichter abschälen. Lebensmittel werden durch Blanchieren zum Tiefkühlen vorbereitet, und Bitterstoffe werden reduziert. Auch behält das Gemüse so seine Farbe.

Reduzieren

Dies bezeichnet keine Zubereitungsmethode, sondern lediglich eine nützliche Technik, vor allem um Saucen ohne Zusatzstoffe anzudicken. Um eine Flüssigkeit zu reduzieren, kocht man sie bei großer Hitze in einem offenen Topf. Die Flüssigkeit verdampft, und die Sauce wird dicker.

Kochen

Köcheln

Reduzieren

Dämpfen

Sautieren

Karamellisieren

Dämpfen
Dämpfen ist eine sehr gesunde Zubereitungsart. Das Gargut kommt hierbei nicht in direkten Kontakt mit der Garflüssigkeit, deshalb bleiben mehr Nährstoffe erhalten. Dämpfen eignet sich für Geflügel, Fisch, Gemüse bis hin zum Pudding. Dazu bringt man etwas Wasser in einem Topf zum Kochen, setzt den Dampfaufsatz aus Bambus oder Edelstahl darauf, in den man das Gargut hineinlegt, und verschließt den Topf mit einem Deckel. Zum Dämpfen von Pudding füllt man so viel Wasser in den Topf, dass das kochende Wasser bis zur halben Höhe der Puddingschüssel reicht. Anschließend wird die Schüssel mit dem Pudding zum Garen in den Topf gestellt. Eventuell muss etwas kochendes Wasser nachgegossen werden.

Sautieren
Diese Methode ähnelt dem Braten, das Gargut wird jedoch in der Pfanne regelmäßig gerührt oder geschwenkt, damit es nicht zu schnell anbräunt. In der Regel wird etwas Öl oder Butter zugefügt, sodass das Gargut nicht anbrennt.

Karamellisieren
Um Zucker zu karamellisieren, wird dieser erhitzt, bis er zu Sirup schmilzt. Seine Farbe variiert dann von Hellgold bis Dunkelbraun, je nach Kochzeit. Mit einem Zuckerthermometer kann man prüfen, ob er die erforderliche Temperatur erreicht hat. Kühlt der Zucker ab, wird er schnell fest und brüchig, behält aber sein karamellisiertes Aussehen. Man kann auch Zucker auf Speisen streuen und diese im vorgeheizten Ofen karamellisieren. Um Zwiebeln zu karamellisieren, dünstet man sie etwa 30 Minuten in Butter und Zucker oder bis sie eine goldbraune Farbe haben.

Anbraten
Fleisch, Geflügel oder Fisch wird sehr schnell bei großer Hitze in heißem Fett gebraten. So werden die Poren verschlossen, und das Fleisch bleibt innen saftig.

Pochieren
Bei dieser sanften Zubereitungsmethode wird das Gargut knapp unter dem Siedepunkt in einer Flüssigkeit – in der Regel Wasser – gegart. Man kann Geflügel, Fisch, Eier (solange sie sehr frisch sind) und Früchte pochieren.

Anschwitzen
Lebensmittel, vor allem Mehl und Gemüse wie Zwiebeln, werden leicht in Fett angeröstet, bis sie weich, aber nicht braun sind.

FRÜCHTE POCHIEREN

Geben Sie ausreichend Wein oder Zuckersirup in eine Pfanne, um die Früchte zu bedecken. Zum Köcheln bringen, das Kernobst hinzugeben und etwa 15 Minuten weich köcheln. Früchte herausheben, Flüssigkeit reduzieren und über die Früchte gießen.

Flambieren
Flambieren ist weniger eine Zubereitungsmethode als vielmehr eine Art, die Speisen festlich zu präsentieren. Das französische Wort „flamber" bedeutet „brennen". Dabei wird eine Speise – beispielsweise Fleisch-, Geflügel- und Eierspeisen sowie Backwerk – kurz vor dem Servieren mit hochprozentigem Branntwein begossen und entzündet. Bei dem spektakulären Schauspiel verbrennt der Alkohol.

Rösten
Zutaten – zum Beispiel Nüsse oder Brot – werden trocken ohne Fett entweder in einer heißen Pfanne oder unter dem vorgeheizten Grill des Backofens erhitzt. Beim Rösten werden die Aromastoffe intensiviert.

Backen
Beim Backen werden Speisen im Ofen gegart. Geeignet ist diese Garmethode zum Beispiel für Kartoffeln, Kuchen, Torten, Brot und Pudding.

Anbraten

Pochieren

Anschwitzen

Flambieren

Blindbacken

Im Backofen braten

Blindbacken

Ein Teigboden oder eine Teighülle wird ohne Füllung vorgebacken. Der Teig wird dazu in der Backform ausgelegt und mit einer Gabel perforiert. Damit der Rand beim Vorbacken nicht einstürzt und der Boden nicht aufgeht, legt man eine Schicht Backpapier auf den Teig und füllt die Form mit trockenen Erbsen oder Bohnen oder mit speziellen Backbohnen. Anschließend wird der Teig vorgebacken. Durch das Blindbacken bleibt der Teig knusprig, nachdem die Füllung zugegeben wurde. Diese Technik ist besonders dann sinnvoll, wenn die Füllung nicht oder nur sehr kurz gebacken werden muss.

Im Backofen braten

Ähnlich dem Backen wird auch beim Braten das Gargut im Ofen gegart. Vor allem Fleisch, Geflügel und Gemüse können so zubereitet werden. Gewöhnlich wird den Speisen etwas Fett beigegeben, um sie saftig zu halten. Das Braten intensiviert den Eigengeschmack der Speisen, so sind gebratene Paprika besonders süß und geschmackvoll. Auch anderes Gemüse eignet sich bestens für diese Garmethode: Außer Kartoffeln und Pastinaken können Knoblauch, Zwiebeln, Karotten, Fenchel, süße Kartoffeln, Auberginen und Kohlrüben im Backofen gebraten werden.

Braisieren

Diese recht langwierige Zubereitungsart ist besonders für größere Fleischstücke, aber auch für Geflügel und Gemüse geeignet. Beim Braisieren werden die Speisen zunächst in Öl angebraten und dann sehr langsam mit wenig Flüssigkeit wie Brühe oder Wein in einem Topf mit fest verschließbarem Deckel auf dem Herd oder im Backofen gegart.

Schmoren
Diese Methode ähnelt dem Braisieren. Man verwendet einen großen, schweren Schmortopf mit einem fest verschließbaren Deckel. Zunächst wird das Kochgut in Öl angebraten, anschließend wird würzige Flüssigkeit zugegeben, der Topf mit einem Deckel verschlossen und dann das Gargut sehr langsam im Ofen gegart. Ähnlich wie beim Eintopf wird auch beim Schmorfleisch das Fleisch in grobe Stücke geschnitten, angebraten, abgelöscht und ganz mit der Kochflüssigkeit bedeckt. Nach dem Kochen kann die Speise direkt aus dem Schmortopf serviert werden.

Eintopf
Ein Eintopf wird ähnlich wie ein Schmorbraten zubereitet, nur werden die Zutaten in kleinere Stücke geschnitten und mit mehr Flüssigkeit gekocht. Eintöpfe können Fleisch (vor allem zähere Stücke, da die lange Kochzeit das Fleisch zarter macht), Geflügel, Fisch, Gemüse, Getreide wie Gerste, aber auch Früchte wie Äpfel, Birnen, Pfirsiche und Nektarinen enthalten.

Poëlieren
Dies ist eine Zubereitungsart zwischen Braten und Dünsten: Zartes Fleisch wird auf Schinken- und Gemüsestücke gesetzt, gewürzt, mit Butter begossen, zugedeckt und bei mittlerer Hitze im Backofen gegart.

Grillpfanne
Eine Grillpfanne ist eine flache, fast randlose Pfanne mit langem Griff, die aus schwerem Metall wie Gusseisen besteht. Mit ihr kann man Pfannkuchen sowie süßes und herzhaftes Gebäck mit einem Minimum an Fett zubereiten. Es gibt auch spezielle Grillpfannen mit geriffeltem Boden.

In der Pfanne grillen
Speisen wie Fleisch, Geflügel, Fisch und Gemüse lassen sich mit sehr wenig Fett in der Pfanne grillen; durch den geriffelten Pfannenboden bekommt das Grillgut ein ansprechendes Muster. Man erhitzt eine geriffelte Grillpfanne auf dem Herd, reibt das Gargut mit etwas Öl ein (niemals das Öl direkt in die Grillpfanne geben) und legt es in die erhitzte Pfanne. Nach der angegebenen Garzeit wird das Grillgut einmal gewendet. Eine ähnliche Technik ist das Grillen über einem Holzkohlenfeuer.

GEGRILLTES GEMÜSE

Bereiten Sie gegrilltes Gemüse einmal anders zu: 1 TL Olivenöl, 1 TL Zitronensaft, je 1 TL frisch gehackten Rosmarin und Thymian mischen und mit Salz und Pfeffer abschmecken. Das Gemüse mit dem Dressing bestreichen und bis zur gewünschten Garstufe grillen.

Eintopf

Poëlieren

Grillpfanne

In der Pfanne grillen

Über Holzkohle grillen

Im Backofen grillen

Über Holzkohle grillen

Das Grillgut wird auf einem Grillrost über heiße Holzkohle gegart. Grillgeräte gibt es in den verschiedensten Ausführungen, vom einfachen Drahtgitter über einer Feuerstelle bis zum elektrischen Grill. Wird das Grillgut vor dem Garen mariniert, ist es geschmacklich intensiver und zarter. Einen Holzkohlengrill darf man nur im Freien anzünden, weil in der frischen Luft die durch die brennende Holzkohle entstehenden Kohlenmonoxiddämpfe abziehen können. Um Verbrennungen zu vermeiden, sollte man langstieliges Grillgerät zum Hochheben und Wenden des Grillguts verwenden.

Im Backofen grillen

Dies ist eine schnelle und gesunde Art der Zubereitung. Moderne Öfen besitzen oft einen integrierten Grill, manche auch eine Grillpfanne mit Drahtgeflecht, sodass austretendes Fett abtropfen kann. Ein elektrischer Grill muss immer vorgeheizt werden. Grillen ist eine vielseitige Zubereitungsart: Fleisch, Geflügel, Fisch und Gemüse können unter einem Grill gegart, andere Zutaten wie Brot und Käse geröstet werden. Beim Grillen werden die Speisen direkt unter der Hitzequelle gegart. So wird das Grillgut außen schnell gebräunt und bleibt innen saftig.

Küchen-Bunsenbrenner

Eines der bestgehüteten Geheimnisse der Köche ist das Erhitzen von Lebensmitteln mit einem Küchen-Bunsenbrenner. Die Methode ist einfach, schnell und effizient. Man erhält die praktischen Geräte zu einem moderaten Preis in jedem gut sortierten Haushaltswarengeschäft. Die Geräte kann man zur Herstellung der knusprigen Karamellschicht der Crème brûlée verwenden. Dazu bestreut man die Crème mit Zucker und erhitzt den Bunsenbrenner, sodass sich die Flamme blau färbt. Nun wird der Zucker mit der Flamme erhitzt, bis er karamellisiert und sich goldbraun färbt. Auch zum Häuten von Paprika kann man den Bunsenbrenner nehmen. Diese Methode empfiehlt sich besonders, wenn man nur wenige Stücke häuten möchte. Dazu spießt man eine Paprika auf eine Gabel und dreht sie über der Flamme, bis die Schale verschmort ist. Die Paprika wird dann 15 Minuten lang in einen Gefrierbeutel gelegt. Danach lässt sich die Schale ablösen.

Vorräte

Über eine gewisse Grundausstattung nicht verderblicher Lebensmittel sollte jede Küche verfügen. Mit einem gut gefüllten Vorratsschrank oder einer Speisekammer mit den wichtigsten Grundnahrungsmitteln ist man für viele Gelegenheiten gerüstet. Die Haltbarkeitsdaten der Vorräte sollten regelmäßig überprüft und veraltete Lebensmittel weggeworfen werden.

■ Öle

Heutzutage sind im Handel viele verschiedene Öle erhältlich. Zur Grundausstattung gehören vor allem ein gutes Salatöl und ein Öl, das sich zum Garen bei großer Hitze eignet.

Olivenöl

Dieses mild-fruchtige Öl ist ideal für Salatdressings. Seine Farbe kann von Champagner bis Hellgrün variieren. Die besten Öle sind kaltgepresst. Bei diesem rein mechanischen Verfahren werden die Oliven gepresst, wobei nur wenige Säuren freigesetzt werden. Olivenöl kann durch die Zugabe von Kräutern oder Gewürzen wie Basilikum oder Knoblauch verfeinert werden. Bereits nach ein bis zwei Tagen hat das Öl den Geschmack angenommen. Sein Rauchpunkt (die Temperatur, bei der es zu rauchen beginnt) liegt bei 210 °C.

Natives Olivenöl extra

Dieses Öl, das aus der ersten Kaltpressung der Oliven stammt, hat einen sehr geringen Säureanteil und einen fruchtig-pikanten Geschmack. Es ist das teuerste Olivenöl. Es eignet sich für Salatdressings und warme Gerichte wie Pizza.

Sonnenblumenöl

Das vielseitige Sonnenblumenöl ist für die meisten Kochvorgänge geeignet. Es wird jedoch nicht als Frittieröl empfohlen, da es nicht heiß genug wird. Der Rauchpunkt von Sonnenblumenöl liegt etwas über 200 °C. Mit seinem sehr leichten Geschmack eignet es sich sehr gut für Dressings.

Sesamöl

Sesamöl gibt es in zwei Sorten: Die eine ist heller und schmeckt leicht nussig, die andere ist dunkler mit kräftigerem Geschmack. Das dunklere Sesamöl wird meist in der asiatischen Küche verwendet. Es ist exzellent zum Braten und Pfannenrühren geeignet. Sein Rauchpunkt liegt bei 210 °C.

Pflanzenöl

Diese Mischung von Ölen verschiedener Pflanzen wie Raps, Soja, Kokosnuss und Palmöl ist sehr fetthaltig und daher eher zum Braten als für Salate geeignet.

Erdnussöl

Mit seinem milden Geschmack und dem sehr hohen Rauchpunkt von 220–230 °C ist dieses Öl extrem vielseitig in der Küche verwendbar. Es kann sowohl für Salatdressings und Mayonnaise als auch zum Beträufeln von Speisen sowie für alle Arten des Kochens einschließlich des Frittierens verwendet werden.

Maiskeimöl

Dieses Öl ist sehr preisgünstig. Es hat jedoch einen starken Eigengeschmack, der es für Salatdressings und zum Beträufeln von Speisen unbrauchbar macht. Sein Rauchpunkt liegt bei ca. 200 °C.

Rapsöl

Rapsöl gewinnt zunehmend an Popularität, da es mehr ungesättigte

Olivenöl

natives Olivenöl extra

Sonnenblumenöl

Fettsäuren besitzt als die anderen Speiseöle. Außerdem enthält es die essenziellen Omega-3-Fettsäuren, die vermutlich den Cholesterinspiegel senken. Es hat einen milden Geschmack und ist für Salatdressings sowie zum Kochen geeignet. Sein Rauchpunkt liegt bei ca. 220 °C.

Sojaöl

Dieses preisgünstige hellgelbe Öl der Sojabohnen mit seinem hohen Anteil ungesättigter Fettsäuren erfreut sich ebenfalls zunehmender Beliebtheit. Sein hoher Rauchpunkt von 234 °C macht es für alle Zubereitungsarten einschließlich des Frittierens geeignet. Es hat jedoch einen kräftigen Eigengeschmack und ist deswegen für Salatdressings oder zum Beträufeln fertiger Speisen ungeeignet.

Nussöl

Maiskeimöl

■ Essig

Essig verleiht Saladressings, Marinaden, Saucen und einer Vielzahl von Speisen eine angenehme, milde Säure. Wir haben für Sie aus den zahlreichen Essigsorten die beliebtesten ausgewählt.

Echter Weinessig

Echter Weinessig entsteht ausschließlich aus Traubenwein. Er kann unter Salatdressings, Marinaden und Saucen gerührt oder auf fertige Speisen geträufelt werden.

Apfelessig

Charakteristisch für diesen aus Äpfeln hergestellten Essig ist sein kräftiger, scharfer Geschmack, der gut zu Fleisch, Essiggemüse und Chutneys passt.

Balsamico-Essig

Dieser köstliche Essig ist dickflüssig, dunkel und leicht süßlich. Er wird aus Traubensaft hergestellt, der mehrere Jahre lang in Fässern reift.

Reisessig

Reisessig ist ein milder Essig, der aus Reisweindestillat hergestellt wird. Reisessig ist nicht nur ein unverzichtbarer Bestandteil bei der Sushi-Herstellung, sondern schmeckt auch vorzüglich in Salatdressings.

Aromaessig

Aromaessig gibt es in zahlreichen Geschmackssorten. Für die Herstellung werden einem Basisessig Fruchtextrakte, Kräuterauszüge oder Gewürzessenzen zugefügt.

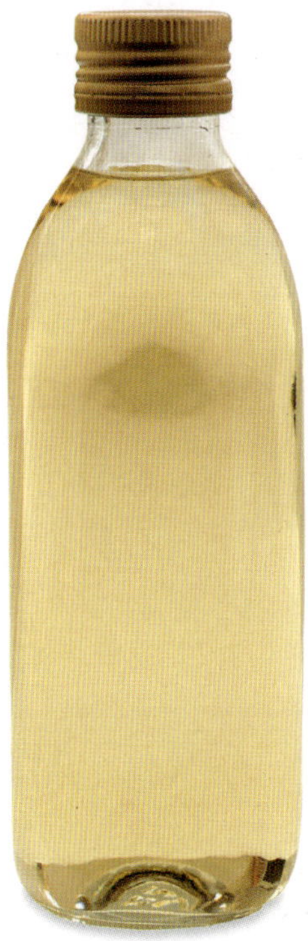

Pflanzenöl

Olivenöl mit Basilikumgeschmack

Aromaessig

Rotweinessig

Balsamico-Essig

■ Mehl

Mehl sollte in einem luftdichten Behälter an einem kühlen, trockenen Ort gelagert werden. Auszugsmehl kann man sechs bis acht, Vollkornmehl bis zu zwei Monate aufbewahren.

Speisestärke
Aus Mais oder Kartoffeln hergestellt, wird Speisestärke zum Andicken von Saucen, Suppen und Desserts verwendet. Es wird in der Regel mit einer geringen Menge einer kalten Flüssigkeit zu einer weichen Paste angerührt, bevor es unter das heiße Gargut gerührt wird.

Weizenmehl Type 405
Dieses Auszugsmehl dient zum Andicken von Saucen sowie zur Zubereitung von Teigen und Feingebäck.

Weizenmehl Type 550
Viele bevorzugen zum Backen von Brot statt Auszugsmehl dieses Mehl, denn sein hoher Anteil an Gluten verleiht dem Brotteig eine hohe Elastizität.

Weizenmehl Type 812–1050
Dieses mittelstark ausgemahlene Mehl ist dunkler und kräftiger. Es wird gern für Mischbrote und zum Binden von Saucen genutzt.

Roggenmehl Type 1370–1700
Für Mischbrote mit kräftigem Geschmack ist Roggenmehl mit einem höheren Ausmahlgrad besonders gut geeignet. Je höher die Typennummer desto mehr Vitamine und Mineralstoffe sind enthalten.

Vollkornmehl
Dieses Mehl ist geschmacksintensiver als Auszugsmehl. Es enthält das volle Weizenkorn mit dem Weizenkeim und somit einen höheren Anteil an Ballaststoffen, Proteinen und Nährwerten. Aufgrund des höheren Proteingehalts sollte es in einem luftdichten Behälter im Kühlschrank gelagert werden, damit es nicht ranzig wird.

Reismehl
Das pulverige Reismehl wird vorwiegend für gebackene Speisen und zur Herstellung von asiatischen Reisnudeln verwendet.

Spaghetti

asiatische Eiernudeln

Natur-Langkornreis

verschiedene Nudelsorten

■ Nudeln und Getreide

Eine ideale Grundlage für eine schnelle vollständige Mahlzeit liefern Reis und Nudeln bzw. Pasta, die es in den verschiedensten Formen gibt.

Lange Nudeln

Es gibt verschiedene Sorten langer Nudeln bzw. Pasta wie Spaghetti, Fettuccine (schmale Bandnudeln), Tagliatelle (etwas breitere Bandnudeln) und Vermicelli (feine Haarnudeln). Diese Nudeln werden in der Regel aus Hartweizen- oder Vollkornmehl hergestellt. Farbvariationen entstehen durch die Zugabe von Spinat (grün), Rote-Bete-Saft (rot), Tomaten (orangerot) und sogar Tintenfischtinte (schwarz).

Kurze Nudeln

Zu den kurzen Nudelformen zählen die Conchiglie (Muscheln), Fusilli (Spiralen), Farfalle (Schmetterlinge) und Röhrennudeln wie Penne und Makkaroni. Diese Formen nehmen besonders gut schwere Saucen auf.

Andere Nudelformen

Empfehlenswert für den Vorratsschrank sind auch die beliebten Lasagne-Nudeln (rechteckige Blätter) sowie Cannelloni (große Röhrennudeln).

Asiatische Nudeln

Im Unterschied zu Hartweizennudeln enthalten viele asiatische Nudelsorten Ei. Andere werden aus Reismehl hergestellt. Beide Sorten sind eine beliebte Zutat in Pfannengerührtem und Suppen. Viele dieser Nudeln müssen nicht gekocht werden, sondern lediglich mehrere Minuten lang in heißem Wasser eingeweicht werden, bevor man sie den Speisen zufügt.

Langkornreis

Es gibt braunen (Natur-) und weißen Langkornreis. Nach dem Kochen sollten die Reiskörner trocken sein und nicht miteinander verkleben. Dieser Reis wird gerne als Beilage für pikante Gerichte verwendet.

Klebereis

Hierbei handelt es sich um einen Mittelkornreis mit hohem Stärkeanteil. Dadurch klebt der Reis nach dem Kochen zusammen und eignet sich gut für pikante Gerichte wie spanische Paella und japanische Sushi.

Rundkornreis

Die Körner des Rundkornreises sind kürzer und breiter und enthalten mehr Stärke als der Langkornreis. Es gibt verschiedene Sorten, darunter den japanischen Mochireis und den italienischen Arborioreis, der vor allem für Risottos verwendet wird.

Schnellkochreis

Die Körner des Schnellkochreises sind poliert und vorgekocht. Er lässt sich schnell und einfach garen und bleibt luftig und körnig. Diese praktische Alternative hat jedoch weniger Geschmack.

Wildreis

Trotz seines Namens handelt es sich bei Wildreis nicht eigentlich um Reis, sondern um ein Wassergras, das in den USA und in Kanada angebaut wird. Seine langen, schwarzen Körner haben einen nussigen Geschmack.
Da Wildreis sehr teuer ist, wird er häufig mit Langkornreis gemischt.

Bulgur

Die goldbraunen Bulgur-Körner haben einen nussigen Geschmack. Sie werden aus Weizenkörnern hergestellt, deren Kleie entfernt wurde. Anschließend werden die Körner gedämpft, getrocknet und in verschiedene Größen zerkleinert. Wie Reis kann Bulgur kalt für Salate verwendet werden.

Couscous

Die nordafrikanische Spezialität Couscous ist aus Hartweizen gewonnener Grieß, der gerollt, gedämpft und dünn mit Weizenmehl überzogen wurde. Couscous ist eine feine Beilage für Fleisch-, Fisch- und Gemüsegerichte.

Polenta (Maismehl)

Aus dem gelben Maismehl wird Polenta gekocht, die in der italienischen Küche sehr beliebt ist und heiß oder kalt verzehrt wird. Auf einem Backblech zubereitet, kann sie in Stücke geschnitten und kurz gegrillt oder gebraten werden.

■ Hülsenfrüchte

Hülsenfrüchte (außer Erbsen und Linsen) werden mindestens 8 Stunden eingeweicht, bevor sie 10 Minuten gekocht und 45 Minuten bei kleiner Hitze gegart werden.

Cannellinibohnen
Diese langen, cremigen weißen Bohnensamen eignen sich exzellent für Suppen und Salate.

Rote Kidneybohnen
Diese roten, nierenförmigen Bohnen werden für herzhafte Suppen, Salate, Eintöpfe und Chili con Carne verwendet.

Azukibohnen
Besonders beliebt sind diese kleinen, roten Bohnen in der japanischen Küche, wo sie mit Zucker bedeckt werden. Auch in Suppen und Salaten finden sie Verwendung.

Limabohnen
Diese weißen, nierenförmigen Bohnen sind hervorragend für Suppen und Salate geeignet.

Augenbohnen
Kennzeichnend für diese kleinen, runden Bohnen ist das kleine schwarze „Auge" in der Mitte. In der chinesischen Küche werden sie besonders für Saucen, Pfannengerührtes und Suppen verwendet.

Borlottibohnen
Diese ovalen Bohnen haben eine rosa bis braun gefärbte Schale. Beim Kochen werden sie sehr cremig und eignen sich ausgezeichnet in Suppen, Dips und anderen pikanten Speisen.

Sojabohnen
Sojabohnen sind meist gelb, können aber auch schwarz, braun oder grün sein. Sie enthalten weitaus mehr Nährstoffe als die anderen Hülsenfrüchte, insbesondere Protein, Eisen und Kalzium. Aus Sojabohnen wird außer Speiseöl Margarine und Mehl, Sojamilch und Käse, Sojasauce, Tofu, Miso und Sojafleisch hergestellt. Besonders für Suppen und andere pikante Gerichte wie Currys eignen sich Sojaprodukte. Manche Produkte sollten bis zu 12 Stunden eingeweicht, dann abgetropft und abgespült werden. Anschließend werden sie in frischem Wasser 1 Stunde gekocht und weitere 2–3 Stunden geköchelt, bis sie gar sind.

Kichererbsen
Diese runden, beigefarbenen Hülsenfrüchte besitzen einen nussigen Geschmack und sind ausgezeichnet für Suppen, Eintöpfe und Salate geeignet. Püriert werden sie für Dips wie Hummus verwendet. Wie Sojabohnen haben sie eine lange Einweich- und Kochzeit. Für eine schnelle Mahlzeit sollte man Kichererbsen in Dosen vorrätig haben.

Linsen
Die kleinen, scheibenförmigen Linsen gibt es in verschiedenen Sorten und Farben. Rote Linsen werden beim Kochen sehr breiig und sind deshalb ideal zum Pürieren sowie für Suppen und Saucen. Die grünen und braunen Sorten wie Puy-Linsen behalten beim Kochen ihre Form und sind eine köstliche Zutat in warmen Wintersalaten, Saucen, Eintöpfen und anderen pikanten Gerichten.

Schälerbsen
Diese kleinen, gespaltenen Erbsen können gelb oder grün sein und schmecken gekocht und püriert in Suppen, Aufläufen und anderen pikanten Gerichten.

rote Kidneybohnen

rote Linsen

Azukibohnen

Kichererbsen

Cannellinibohnen

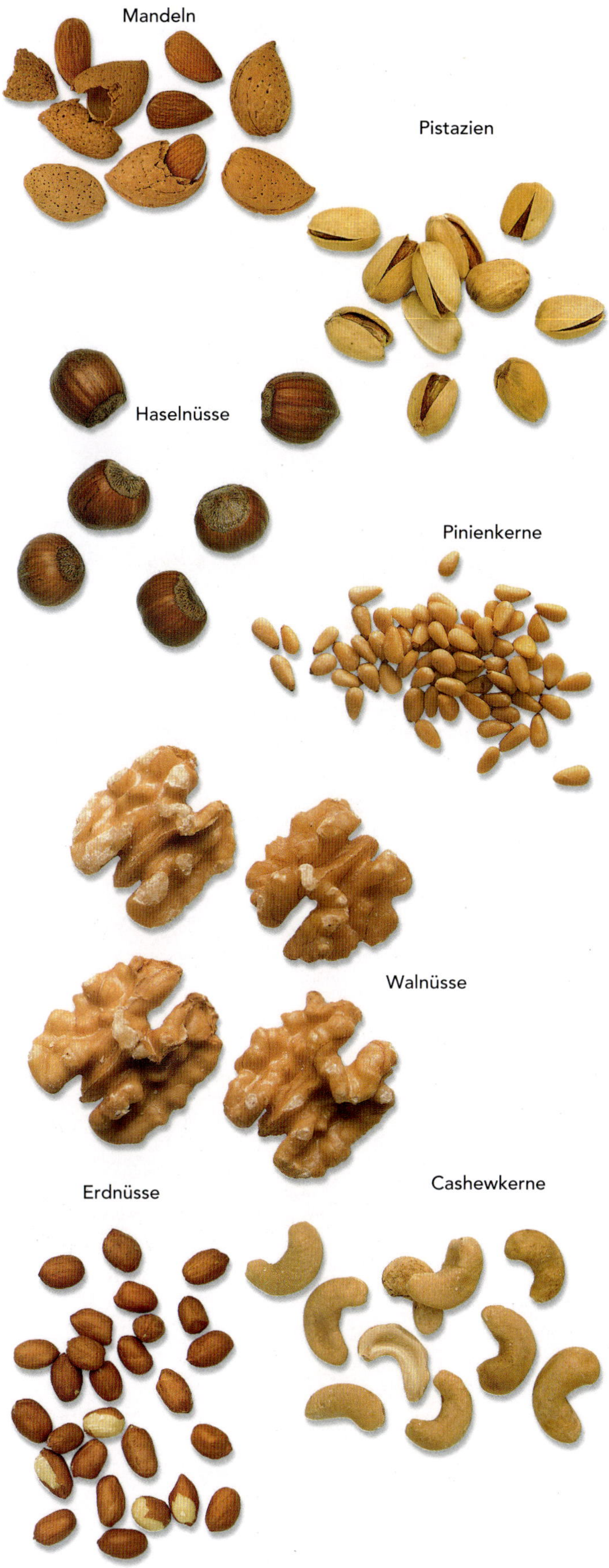

■ Nüsse, Kerne und Samen

Nüsse, Kerne und Samen sind sehr ölhaltig und werden schnell ranzig. Sie sollten an einem kühlen, trockenen Platz gelagert und bald verbraucht werden.

Mandeln

Die länglichen, spitz zulaufenden Mandeln besitzen eine dünne braune Fruchtschale und einen weichen Kern. Es gibt süße und bittere Mandeln. Nur die süßen sind roh genießbar. Ganz, gebleicht, gehackt und kandiert eignen sie sich für herzhafte wie auch für süße Gerichte – von Salaten und herzhaften Torten bis zu Kuchen, Gebäck und Marzipan.

Haselnüsse

Diese Nüsse besitzen eine braune Fruchtschale und einen weichen Kern mit einem vollen, süßlichen Geschmack. Sie sind eine beliebte Zutat für Müslis und Zerealien, herzhafte Gerichte und Gratins sowie Gebäck.

Walnüsse

Charakteristisch für diese Nüsse sind die gefurchte Schale und die zwei gleichen Nusshälften. Mit ihrem cremigen Geschmack veredeln Walnüsse Salate und Aufläufe. Beliebt sind sie aber auch in Süßspeisen und Kuchen sowie als Lieferant des Walnussöls.

Pekannüsse

Außen goldbraun, innen cremeweiß, besitzen diese Nüsse einen hohen Fettanteil. Sie werden für herzhafte Gerichte, aber auch für Desserts wie Pekannuss-Torte verwendet.

Cashewkerne

Diese weichen, nierenförmigen Nüsse mit Butteraroma sind sehr fetthaltig. Köstlich sind sie geröstet als Zutat in pfannengerührten und gebackenen Speisen.

Pistazien

Die delikaten hellgrünen Pistazien werden gern für Füllungen und zur Dekoration von Desserts verwendet.

Pinienkerne

Diese kleinen, ovalen Nüsse sind cremig in Farbe und Geschmack. Geröstet schmecken sie ausgezeichnet. Sie werden für Salate und Reisgerichte, Saucen wie Pesto sowie für pikante und süße Speisen verwendet.

Erdnüsse

Trotz ihres Namens sind Erdnüsse botanisch keine Nüsse, sondern Hülsenfrüchte und als solche sehr vielseitig. Erdnusscreme ist die Basis für die köstliche Satay-Sauce; Erdnussöl eignet sich für Salate, Beilagen sowie für Pfannengerührtes.

Kerne und Samen

Ein kleiner Vorrat an Kernen und Samen sollte ebenfalls immer vorhanden sein. Sonnenblumenkerne sind reich an essenziellen Fettsäuren und köstlich in Müslis und Salaten. Die nährstoffreichen Kürbiskerne sind ein beliebter Snack. Sesamsaat wird gern in der asiatischen Küche verwendet und entfaltet geröstet oder in Pfannengerührtem einen köstlichen Geschmack. Der anisähnliche Geschmack von Dillsamen passt ausgezeichnet zu Fisch und Gemüse. Die scharfen Kümmelkörner würzen Suppen, Eintöpfe, Gemüsegerichte und Brot. Der leicht süßliche Mohn ergibt auf Salaten oder Brötchen eine hübsche Dekoration.

Getrocknete Kräuter

Eine Auswahl getrockneter Kräuter sollte in keiner Küche fehlen. Sie sind besonders für langsam garende Schmorgerichte und deftige Eintöpfe geeignet.

Oregano
Der kräftige Oregano ist ein beliebtes Gewürz für Pizza und Pastasaucen.

Basilikum
Dieses beliebte Kraut ist köstlich in Saucen und wird besonders gern mit Tomaten kombiniert.

Salbei
Der Salbei mit seinem ausgeprägten Aroma dient zum Würzen von Eier-, Käse-, Geflügel- und Fleischgerichten.

Dill
Dill ist ein exzellentes Kraut für Gemüse und Fisch.

Rosmarin
Ein Kraut mit scharfem, herbem Geschmack, das hervorragend zu Geflügel und Fleisch, aber auch zu Wurzelgemüse wie Kartoffeln passt.

Kräutermischungen
Eine fertige Kräutermischung enthält in der Regel Oregano, Rosmarin und Thymian sowie ein oder zwei weitere Kräuter. Sie kann für herzhafte Gerichte und Saucen verwendet werden.

Gewürze

Die richtigen Gewürze können Ihren Speisen den letzten Schliff geben. Manche Gewürze wie Ingwer und Kurkuma haben auch eine verdauungsfördernde Wirkung.

Ingwer
Dieses scharfe Gewürz hat als frische Wurzel ein zitronenartiges Aroma. Getrockneter Ingwer ist eher süßlich. Besonders in der indischen Küche ist Ingwer beliebt, ebenso in Chutneys, Süßspeisen und Backwaren.

Kurkuma
Kurkuma, ein scharfes Gewürz von kräftig gelber Farbe, wird oft anstelle des teureren Safran verwendet. Er ist besonders für Currys und für Reisgerichte wie Paella geeignet.

Safran
Dieses gelbe Gewürz hat einen leicht bitteren Geschmack und ein scharfes Aroma. Es ist in Form von Safranfäden und -pulver erhältlich und dient zum Färben und Würzen von Speisen.

Koriander
Der aromatische Geschmack des Korianders passt ausgezeichnet zu Fleisch, Geflügel und Gemüse.

Kreuzkümmelsamen
Die kräftigen, leicht bitteren Kreuzkümmelsamen verfeinern Geflügel und Gemüse.

Gewürznelken
Ein kräftiges, süßes Gewürz, das in Form ganzer Gewürznelken zum Spicken von Schinken und Früchten verwendet wird, gemahlen zum Würzen von Süßspeisen.

Muskatnuss
Süßlich schmeckende, gemahlene Muskatnuss wird sowohl für pikante wie für süße Gerichte verwendet.

Muskatblüte
Das süßliche Aroma der Muskatblüte dient zum Verfeinern von Suppen und Saucen.

Zimt
Ein sehr beliebtes Gewürz. Zimt ist süß und duftend und wird für Süßspeisen und Backwaren wie Kuchen, Torten und Gebäck verwendet.

Currypulver
Curry ist eine Gewürzmischung, deren Geschmack von mild bis scharf variiert. Saucen und herzhaften Gerichten verleiht er eine charakteristische Note.

Chilipulver
Eine Mischung getrockneter und gemahlener Chillies, die Saucen und herzhaften Gerichten Schärfe verleiht.

Kurkuma

Ingwerpulver

Fünf-Gewürz-Pulver
Diese intensive Mischung enthält Zimt, Nelken, Fenchelsamen, Szechuan-Pfeffer und Sternanis. Sie ist besonders in der chinesischen Küche beliebt. Pfannengerührtem verleiht sie einen ausgezeichneten Geschmack.

Paprikapulver
Das scharfe bis milde Paprikagewürz eignet sich aufgrund seiner schönen roten Farbe wunderbar als Garnierung.

Pfeffer
Erhältlich sind weiße, grüne, rote und schwarze Pfefferkörner. Gemahlener schwarzer oder weißer Pfeffer ist ein beliebtes Gewürz für herzhafte Gerichte, eignet sich aber auch für süße Speisen wie Balsamico-Erdbeeren.

Salz
Als Gewürz äußerst beliebt, muss es dennoch mit Bedacht verwendet werden. Zu viel Salz verdirbt die Speisen und ist auf Dauer gesundheitsschädlich.

Pfefferkörner

■ Zucker, Honig und Sirup

Bewahren Sie Zucker an einem trockenen Ort bei Raumtemperatur auf. Sirup sollte fest verschlossen bei Raumtemperatur oder im Kühlschrank aufbewahrt werden.

Haushaltszucker
Dieser Standardzucker darf in keinem Speiseschrank fehlen. Mixgetränke und Zerealien können damit gesüßt, Süßspeisen bestreut werden.

Feinzucker
Feiner Zucker löst sich schnell auf und ist deshalb ideal für Meringen und Kuchen geeignet.

Puderzucker
Zur Herstellung von Glasuren und zum Verzieren von Kuchen und Süßspeisen wird Puderzucker verwendet.

Brauner Zucker
Unraffinierter brauner Zucker hat einen kräftigen Geschmack und verschiedene Färbungen, die von sehr hell bis dunkelbraun reichen.

Demerara-Zucker
Ein brauner Rohrzucker, mit dem Süßspeisen und Kuchen vor dem Backen bestreut werden.

Honig
Honig gibt es in verschiedenen Geschmacksrichtungen und Farben. Er ist vielseitig verwendbar, vom Glasieren von Schinken und Verfeinern von Gemüse bis zum Süßen von Nachspeisen und Mixgetränken.

Heller Zuckerrübensirup
Der klare goldene Sirup wird aus Zuckerrübensaft hergestellt. Er dient zum Süßen beispielsweise von Pfannkuchen und Eiscreme.

Ahornsirup
Dieser Sirup verfeinert herzhafte und süße Gerichte. Besonders auf Pfannkuchen ist er beliebt.

■ Würzsaucen und Pasten

Mit einer guten Auswahl von Würzsaucen und Pasten sind Sie gut vorbereitet, um Ihre Speisen abwechslungsreich und anregend zu würzen.

Sojasauce
Besonders Pfannengerührtes und andere asiatische Gerichte werden mit dieser beliebten Sauce verfeinert. Die chinesische Version ist salzig, die japanische etwas süßer.

Worcestersauce
Eine kräftige Sauce aus Zwiebeln, Melasse und Anchovis, die Fleisch, Bratensaucen und Suppen, gelegentlich auch Cocktails einen feurigen Geschmack verleiht.

Pesto
Frisches Basilikum, Knoblauch, Pinienkerne, Parmesankäse und Olivenöl sind die Zutaten von Pesto, der sich ideal für ein schnelles Pastagericht eignet.

Tabasco
Eine sehr scharfe Chilisauce, die Speisen wie mexikanischen Salsas die nötige Schärfe verleiht.

Hoisin-Sauce
Diese dickflüssige, süße Sauce auf Sojabasis ist besonders in der chinesischen Küche sehr beliebt. Sie ist auch unter dem Namen Peking-Sauce bekannt.

Thailändische Fischsauce
Nam Pla, eine salzige Sauce aus fermentiertem Fisch, ist sehr kräftig in Geruch und Geschmack. Sie dient in der thailändischen Küche zum Verfeinern der Speisen und als Tischgewürz.

Meerrettichsauce
Meerrettich ist eine sehr scharfe Wurzel. Er ist die Grundlage für eine ausgezeichnete cremige weiße Sauce und exzellent für Fleisch, Geflügel, Fisch und Eiergerichte geeignet.

Pflaumensauce
Diese fruchtige Sauce ist besonders in der chinesischen Küche beliebt und wird mit Frühlingsrollen und Pekingente serviert.

Harissa
Aus Nordafrika stammend, besteht diese feurige Würze aus Öl, Knoblauch, verschiedenen Kräutern und Gewürzen. Sie wird mit Suppen und Couscous serviert.

Tahini
Eine dicke Paste aus gemahlener Sesamsaat, die in der Küche des Nahen Ostens Verwendung findet.

Thailändische Currypaste
Diese Paste gibt es in verschiedenen Varianten: Die schärfste ist die grüne, die mildeste die gelbe Paste. Die roten Pasten sind unterschiedlich scharf.

Miso
In der japanischen Küche wird diese Paste aus fermentierten Sojabohnen zum Andicken und Verfeinern von Suppen und anderen Gerichten verwendet.

Tomatenmark
Diese Tomatenpaste eignet sich aufgrund ihres intensiven Aromas zum Verfeinern von Saucen und Suppen.

Passata di Pomodori
Hierbei handelt es sich um passierte Tomaten. Suppen, Saucen und Pizzas werden damit mild gewürzt.

Senf
Es lohnt sich, verschiedene Sorten Senf bereitzuhalten. Dijon-Senf hat einen kräftigen Geschmack und wird für Dips und Dressings verwendet. Auch scharfer Senf kann für Dips und Dressings verwendet werden. Der mildere grobkörnige Senf passt gut zu herzhaften Gerichten, insbesondere zu Fleischgerichten.

■ Konserven

Eine sinnvolle Auswahl von Konserven ermöglicht die schnelle Zubereitung köstlicher Mahlzeiten. Empfehlenswert sind Hülsenfrüchte, Fisch, Gemüse und Essiggemüse.

Konservierte Hülsenfrüchte
Kaufen Sie verschiedene Bohnensorten wie rote Kidneybohnen und Kichererbsen in der Dose. Da man sie nicht kochen muss, spart man enorm viel Zeit. Gebackene Bohnen in Tomatensauce sind für die schnelle Küche ebenfalls unentbehrlich.

Fischkonserven
Thunfisch, Lachs, Krabben, Anchovis und Sardinen können für viele Gerichte verwendet werden, insbesondere für Pastagerichte und Salate.

Dosentomaten
Zahlreiche Gerichte, von Saucen und Suppen über Eintöpfe und Schmorgerichte, lassen sich durch Tomaten aus der Dose verfeinern.

Kokosnussmilch
Thailändische Gerichte kommen kaum ohne Kokosnussmilch aus, sie verleiht cremigen Currys und Desserts einen exquisiten Geschmack.

Mais
Maiskörner aus der Dose sind köstlich süß und ideal für Salate, Suppen und Schmorgerichte.

Wasserkastanien
Diese sind in der chinesischen Küche beliebt und besonders lecker in Pfannengerührtem.

Oliven
Ein Glas mit eingelegten Oliven ist vielseitig verwendbar. Sie sind ein leckerer Imbiss für unerwartete Gäste und eine köstliche Zutat für Salate, Pasta und Pizza.

Getrocknete Tomaten
Besonders italienische Speisen wie Salate, Pastagerichte und Brot lassen sich mit getrockneten Tomaten verfeinern.

Essiggemüse
Zwiebeln, Gewürzgurken und Kapern sind perfekte Begleiter für Fleisch und Gemüsegerichte.

Vanillestangen

■ Trockenfrüchte und Beeren

Getrocknete Früchte und Beeren sind nicht nur köstliche Snacks, sondern können für eine Reihe von herzhaften und süßen Gerichten verwendet werden – angefangen beim Müsli über Gemüsecurrys und Fleischgerichten bis zu Süßspeisen und Kuchen. Die beliebtesten Trockenfrüchte sind Korinthen, Sultaninen, Aprikosen, Pflaumen, Feigen und Datteln.

■ Weitere Vorräte

Diese Auswahl weiterer Zutaten ist eine nützliche Ergänzung Ihrer Vorräte.

Brühwürfel
Diese sind sehr praktisch zum Würzen von Suppen, Aufläufen und anderen Gerichten, insbesondere, wenn man keine Zeit hat, Brühe selbst herzustellen.

Gelatine
Gelatine dient zum Verfestigen von Mousse und Gelees. Agar-Agar ist ein pflanzliches Äquivalent.

Kakaopulver
Süßspeisen und Backwaren lassen sich hiermit verfeinern.

Vanille
Vanille, das besonders in Süßspeisen köstlich ist, kann man als ganze Frucht oder als synthetisches Vanillearoma kaufen.

Alkohol
Weißwein, Rotwein und Sherry verfeinern eine Vielzahl von herzhaften und süßen Speisen. Gelegentlich sind auch mit Orange, Kaffee oder Mandel aromatisierte Liköre unentbehrlich.

■ Vorräte in Kühlschrank und Gefrierfach

Zur Grundausstattung im Kühlschrank gehören Eier, Milch, Joghurt, Sahne und Crème fraîche. Auch sollte man immer etwas Butter vorrätig haben. Brot dient nicht nur als Beilage, sondern auch zur Herstellung von Paniermehl und Crostini. Ein vielseitiger Hartkäse wie Emmentaler sowie ein Stück Parmesan und ein Frischkäse sollten immer vorhanden sein, ebenso auch Speckstreifen. Der proteinhaltige Tofu ist eine köstliche Ergänzung von Pfannengerührtem und vegetarischen Gerichten. An Tiefkühlkost empfehlen sich Garnelen, Fischfilets, verschiedene Gemüse und Speiseeis.

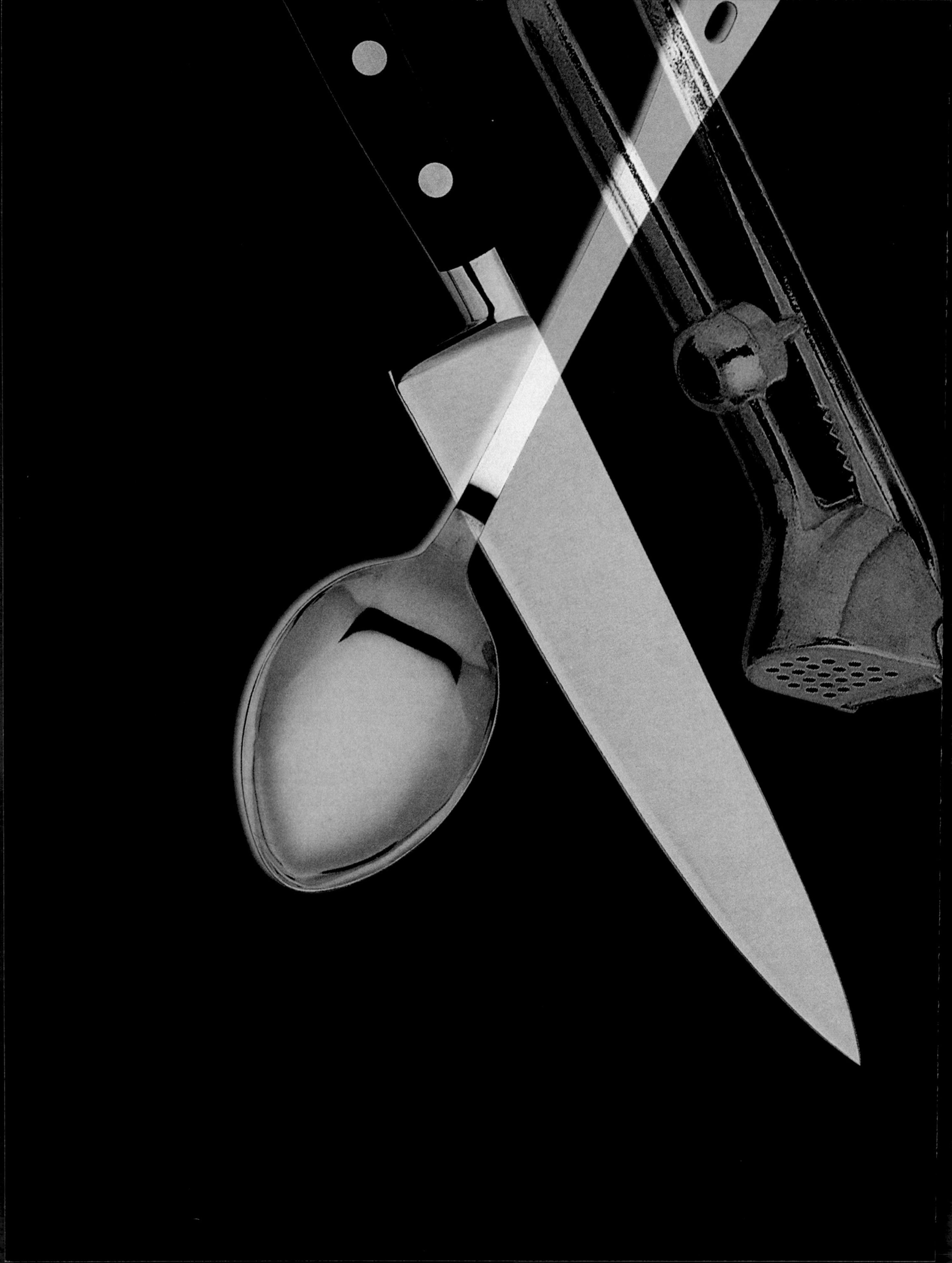

TEIL 2

WARENKUNDE UND REZEPTE

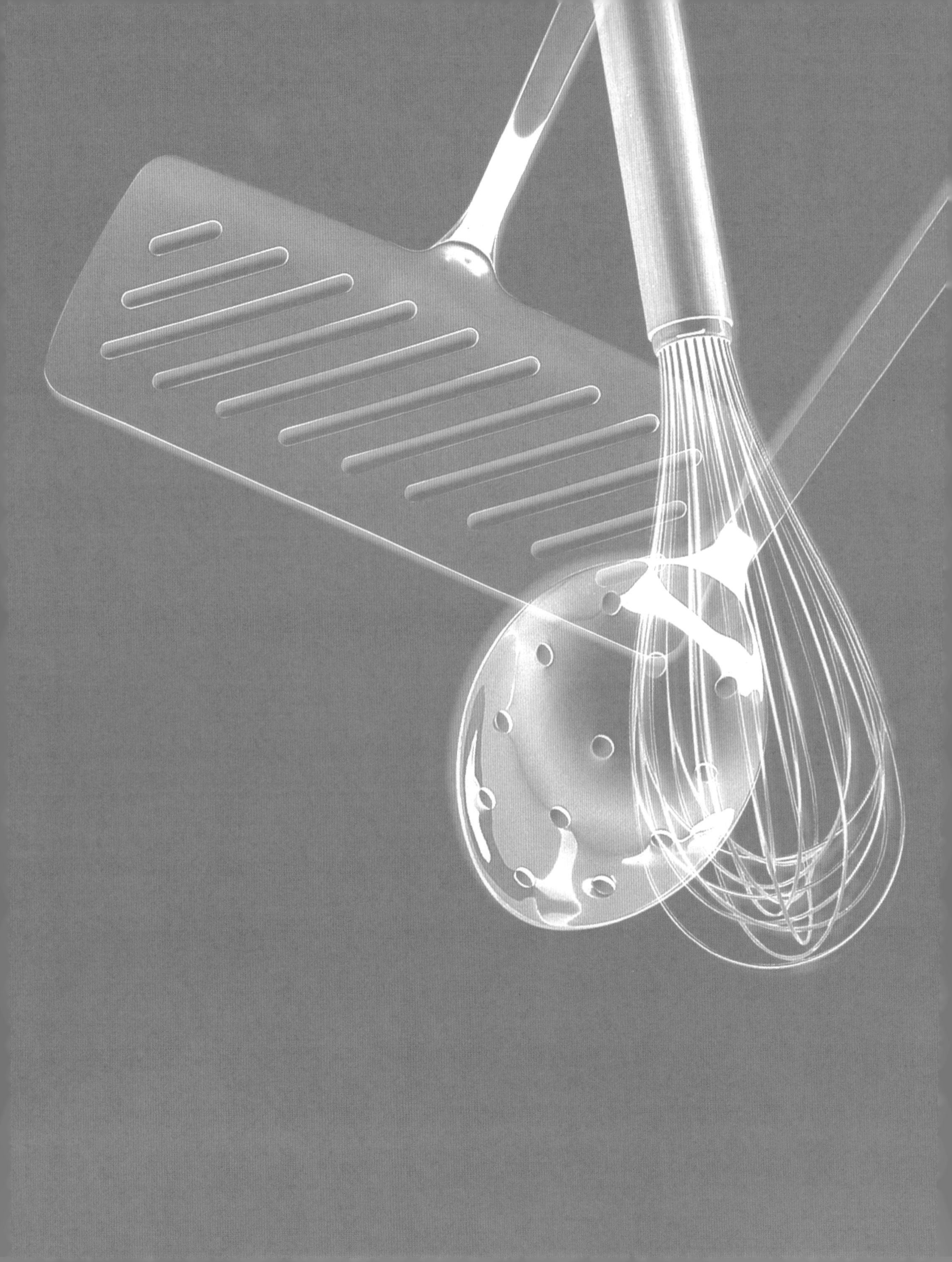

Kapitel 1

Eier und Milchprodukte

Eier, Milch und Milchprodukte wie Butter und Käse sind ausgezeichnete Proteinquellen. Als äußerst vielseitige Speisen können sie zahlreiche süße und herzhafte Gerichte verfeinern. In diesem Kapitel finden Sie eine Auswahl köstlicher Rezepte mit Eiern und Milchprodukten, mit denen man Familie und Freunden immer eine Freude bereiten kann.

Einführung

Heutzutage sind Eier unterschiedlicher Herkunft und Farbe, weiß oder braun, aus Öko- oder Freilandhaltung bis zu exotischeren Sorten wie Wachtel-, Gänse- oder Enteneiern im Handel erhältlich. Auch die Auswahl an Milchprodukten ist so groß wie nie zuvor. All diese Produkte sind sehr proteinhaltig und einfach zu verarbeiten.

■ Kauf und Lagerung von Eiern

Kaufen Sie Eier immer von einem verlässlichen Händler. Achten Sie darauf, dass die Schale intakt ist und die Eier so frisch wie möglich sind. Das Lege- und Haltbarkeitsdatum ist auf dem Karton und oft auch auf den Eiern selbst ausgewiesen. Um die Frische eines Eis zu ermitteln, kann man es auch einfach in ein Glas Wasser legen: Ein sehr frisches Ei sinkt horizontal auf den Boden; ist es einige Tage alt, stellt es sich auf die Spitze – ein solches Ei sollte gut durchgekocht werden. Ein verdorbenes Ei schwimmt oben und kann nur noch weggeworfen werden.

Lagern Sie Eier immer mit dem spitzen Ende nach unten im Eierkarton, am besten in der Kühlschranktür. Getrenntes Eiweiß bleibt im Kühlschrank in einem verschlossenen Behälter eine Woche lang frisch, tiefgefroren dann weitere 3 Monate. Eigelb oder ganze verquirlte Eier halten gekühlt bis zu 2 Tage, tiefgefroren bis zu 3 Monate (fügen Sie vor dem Einfrieren etwas Salz hinzu). Wenn Sie Eier einfrieren, notieren Sie auf dem Behälter das Einfrierdatum und die Art des Gefrierguts.

LEBENSMITTELSICHERHEIT

Eier können schädliche Bakterien wie Salmonellen enthalten und eine Lebensmittelvergiftung verursachen. Besonders empfindliche Personen wie Schwangere oder Stillende, Babys, Kleinkinder, Ältere, Kranke und Rekonvaleszenten sollten Speisen, die rohe oder nur leicht gekochte Eier enthalten, meiden.

Eier bereitet man am besten bei Raumtemperatur zu. Nehmen Sie sie also möglichst 2–3 Stunden vor der Zubereitung aus dem Kühlschrank.

■ Eischnee

3–5 Tage alte Eier eignen sich am besten für Eischnee. Alle Arbeitsgeräte müssen sauber und frei von Fettrückständen sein. Geben Sie das Eiweiß in eine große Schüssel. Wenn Sie das Eiweiß von Hand verquirlen, ist ein großer, ballonförmiger Schneebesen am besten geeignet. Verquirlen Sie mit einer kreisförmigen Aufwärtsbewegung. Einfacher ist es mit einem elektrischen Handrührgerät oder einem Standmixer. „Weiche Spitzen" bildet das Eiweiß, wenn nach dem Durchziehen des Schneebesens die Spitzen wieder zusammenfallen. „Feste Spitzen" entstehen, wenn man das Eiweiß noch länger verquirlt.

■ Rühreier

Pro Person rechnet man 2 Eier und 1 Esslöffel Milch. Eier und Milch in einer Schüssel verrühren und mit Salz und Pfeffer abschmecken. 1 Esslöffel Butter in einer beschichteten Pfanne erhitzen, dann die Mischung hineingeben. 5–7 Minuten bei geringer Hitze stetig rühren, bis das Ei gegart, aber noch cremig ist, dann vom Herd nehmen. Eine Minute weiterrühren, dann servieren.

■ Eier kochen

Wasser zum Kochen bringen, dann die Hitze reduzieren, sodass das Wasser köchelt. Eine Prise Salz zugeben und die Eier vorsichtig hineinlegen (die Eier etwa 1 Stunde

Flugentenei | Gänseei | Wachtelei | Hühnerei aus Freilandhaltung | mittelgroßes Entenei | großes Entenei

zuvor aus dem Kühlschrank nehmen, damit sie Raumtemperatur annehmen können). Weiche Eier sind nach 4–5 Minuten, harte nach 9–10 Minuten fertig (bei längerer Kochzeit bildet sich ein dunkler Ring ums Eigelb). Die Eier herausheben und unter kaltem Wasser abschrecken, um den Kochvorgang zu unterbrechen. Wie gewünscht servieren.

Spiegeleier

1–2 Teelöffel Öl in einer Pfanne erhitzen (jedoch nicht bis zum Rauchpunkt). Die Eier vorsichtig in die Pfanne aufschlagen, das Eigelb sollte intakt bleiben. Bei mittlerer Hitze 3–4 Minuten garen und gelegentlich mit heißem Öl beträufeln, damit sich das Eigelb festigt. Die Eier mit einem Pfannenheber herausheben und das Öl abtropfen lassen. Sofort servieren.

Eier pochieren

Eier müssen zum Pochieren sehr frisch sein, andernfalls zerfallen sie im Wasser. Einen kleinen Topf mit ausreichend Wasser füllen, um ein Ei mit Wasser zu bedecken. Das Wasser zum Kochen bringen, dann auf mittlerer Stufe köcheln. Eine Prise Salz zufügen. Das Ei in eine Tasse aufschlagen, dann vorsichtig in das kochende Wasser gleiten lassen. 3–4 Minuten kochen, je nachdem, wie fest Sie die Eier mögen. Mit einem Schaumlöffel herausheben und servieren.

Eier trennen

Im Handel findet man Eiertrenner, die eine perforierte Vertiefung besitzen, in der das Eigelb aufgefangen wird, während das Eiweiß durch die Löcher abfließt. Man kann Eigelb und Eiweiß auch mithilfe der Eierschale trennen: **1** Die Eier vorsichtig am Rand einer Schüssel aufschlagen. **2** Die Schale öffnen und das Eiweiß in die Schüssel abfließen lassen. **3** Das Eigelb von einer Schalenhälfte in die andere gleiten lassen und Acht geben, dass es nicht verletzt wird. **4** Den Vorgang wiederholen, bis Eigelb und Eiweiß vollständig getrennt sind.

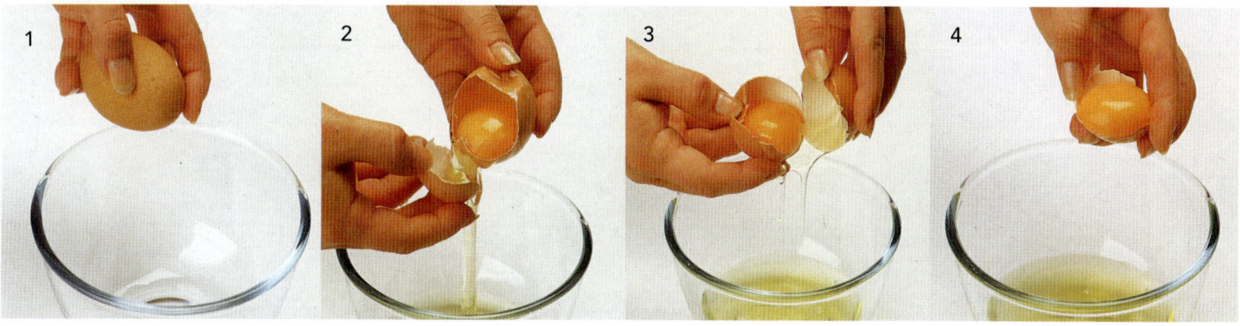

■ Kauf und Lagerung von Milch

Milch ist ein hervorragender Protein- und Kalziumlieferant. Die verbreitetsten Sorten sind Vollmilch (3,5–4 % Fettgehalt), teilentrahmte Milch (1,5–1,8 % Fettgehalt) und entrahmte Milch (höchstens 0,3 % Fettgehalt). Meistens handelt es sich um homogenisierte Milch, bei der die größeren Fettkügelchen mechanisch zerkleinert sind, damit sich keine Rahmschicht auf der Milch bildet. Weitere Milchsorten bzw. -produkte sind: ultrahocherhitzte bzw. H-Milch, die kurz auf 149 °C erhitzt, abgekühlt und vakuumdicht verpackt wurde, um ihr eine Haltbarkeit von 6 Monaten bei Raumtemperatur zu verleihen; die süße, dickflüssige Kondensmilch; und Milchpulver, das mit Wasser angerührt wird und als Vollmilchersatz dient. Wer eine Kuhmilch-Allergie hat, kann Stuten-, Schafs-, Soja- oder Reismilch kaufen.

Um schädliche Bakterien abzutöten, wird Frischmilch pasteurisiert (erhitzt und schnell wieder abgekühlt). Unpasteurisierte Milch kann man meist direkt vom Milchbauern kaufen (siehe Kasten „Lebensmittelsicherheit" gegenüber).

Prüfen Sie beim Kauf von Milch immer das Haltbarkeitsdatum, und lagern Sie Frischmilch im Kühlschrank. Verschließen Sie sie stets sorgfältig, um Verunreinigungen zu vermeiden.

■ Kauf und Lagerung von Joghurt

Joghurt entsteht durch das Vergären von Milch mithilfe gesunder Bakterien. Naturjoghurt schmeckt leicht säuerlich und ist sehr gesund, weil er gehaltvoll und cremig und dennoch fettarm ist. Griechischer Joghurt ist der dickste und der mit der cremigsten Konsistenz. Joghurt lässt sich auch als gesunde, fettarme Alternative zu Eiscreme tiefkühlen. Prüfen Sie beim Kauf das Haltbarkeitsdatum, und lagern Sie ihn immer verschlossen im Kühlschrank.

■ Kauf und Lagerung von Butter

Zur Herstellung von Butter wird Sahne so lange geschlagen, bis sich Fett- und Wasseranteil in Butter und Buttermilch trennen. Der Fettanteil beträgt etwa 80 %, die restlichen 20 % bestehen aus Milch- und Wasseranteilen. Manchmal wird Butter mit Provitamin A gefärbt. Neben den typischen ungesalzenen Sorten gibt es auch gesalzene, zum Backen ungeeignete Butter. Streichzarte Butter wurde mit Öl vermischt, damit sie im Kühlschrank nicht verhärtet. Butter sollte immer gut verschlossen aufbewahrt werden, damit sie keine fremden Gerüche annimmt. Prüfen Sie beim Kauf das Haltbarkeitsdatum. Tiefgefroren bleibt Butter bis zu 6 Monate frisch.

Frischmilch

Mascarpone

Naturjoghurt

Butter

■ Kauf und Lagerung von Sahne

Sahne wird aus dem fettreichen Rahm der Milch hergestellt, hat also einen höheren Fettanteil als Milch und einen milderen Geschmack. Einen sehr niedrigen Fettgehalt haben Kaffeesahne und Crème légère; Erstere wird zum Verfeinern von Kaffee, Letztere für Saucen und Suppen verwendet. Saure Sahne mit einem Fettanteil von 10–15 % ist ideal zum Verfeinern von herzhaften Gerichten, ähnlich wie die fettreichere Crème fraîche (30–40 % Fett). Schlagsahne lässt sich aufgrund eines Fettgehalts von 30–35 % leicht steif schlagen und mittels einer Spritztüte in dekorative Formen bringen. Crème double besitzt einen Fettgehalt von über 40 % und sollte sparsam verwendet werden. Zu besonderen Gelegenheiten ist sie ein köstlicher Luxus, zum Beispiel als Anreicherung für eine Sauce oder als Beigabe zu einem Dessert.

Sahne sollte immer verschlossen im Kühlschrank gelagert und vor Ablauf des Haltbarkeitsdatums verbraucht werden.

■ Kauf und Lagerung von Käse

Zur Herstellung von Käse wird verdickte Milch in Gallerte (eine halbfeste Masse) und Molke (eine Flüssigkeit) getrennt. Frischkäse – dazu zählen auch Hüttenkäse und Mascarpone – besitzt keine Rinde und kann von unterschiedlicher Konsistenz sein. Weichkäse und halbfeste Schnittkäse sind etwas fester. Ihre Konsistenz kann von sehr cremig – wie Brie – bis zu schnittfesten Käsen – wie Port Salut – reichen. Im Allgemeinen gilt: je härter der Käse, desto höher der Fettgehalt. Hartkäse haben also den höchsten Fettanteil. Sie lassen sich meist einfach reiben – Emmentaler und Parmesan gehören in diese Kategorie. Blauschimmelkäse sind blau geädert und besitzen einen kräftigen Geschmack und ein ausgeprägtes Aroma (die blauen Schimmeladern entstehen durch gesunde Bakterien). Beispiele hierfür sind Gorgonzola und Stilton. Außerdem sind im Handel Ziegen- und Schafskäse erhältlich.

Käse sollte immer gut verpackt und vor Ablauf des Haltbarkeitsdatums verzehrt werden. Frischkäse lagert man im kältesten Teil des Kühlschranks, Hartkäse dagegen im weniger kalten Bereich. Letztere können gerieben im Kühlschrank bis zu einer Woche aufbewahrt werden. Sie lassen sich auch einfrieren, sind nach dem Auftauen jedoch brüchiger. Geriebener Käse lässt sich ebenfalls einfrieren, eignet sich dann aber nur zum Kochen, nicht als Zutat für Salate.

LEBENSMITTELSICHERHEIT

Unpasteurisierte Milch kann man direkt vom Milchbauern beziehen. Es besteht jedoch ein gewisses Infektionsrisiko, weswegen empfindliche Personen – Schwangere, Stillende, Babys und Kleinkinder, Ältere, Kranke und Rekonvaleszenten – sie meiden sollten.

Bergkäse

Stilton

Parmesan

Frischkäse

Œufs Bénédict mit schneller Sauce hollandaise

Für 4 Personen

Vorbereitung
30 Minuten
Garzeit
12–15 Minuten

Dieses köstliche Gericht ist schnell und einfach zubereitet. Als herzhaftes Frühstück ist es ebenso geeignet wie als Mittag- und Abendessen oder aber als kleiner Snack für zwischendurch. Vegetarier können den Schinken durch Spinat ersetzen.

Zutaten
- 1 EL Weißweinessig
- 4 Eier
- 4 Toastbrötchen
- 4 Scheiben Kochschinken

Schnelle Sauce hollandaise
- 3 Eigelb
- 200 g Butter
- 1 EL Zitronensaft
- Pfeffer

1 Einen Topf zu drei Vierteln mit Wasser füllen und zum Kochen bringen. Die Hitze so regeln, dass das Wasser leicht köchelt, dann den Essig hinzufügen. Die Eier vorsichtig aufschlagen, ins Wasser gleiten und 4 Minuten ziehen lassen, bis das Eiweiß gestockt, das Eigelb aber noch weich ist. Die Eier mehrmals mit einem Löffel vorsichtig kurz unter Wasser drücken.

2 In der Zwischenzeit das Eigelb für die Sauce hollandaise mit dem Pürierstab oder im Mixer verquirlen. Die Butter zerlassen, bis sie schäumt, und bei laufendem Motor in einem dünnen Strahl zum Eigelb geben, bis die Sauce cremig ist. Den Zitronensaft und, falls die Sauce zu dick ist, etwas warmes Wasser unterrühren. Die Sauce mit Pfeffer würzen und in eine Sauciere füllen. Warm halten.

3 Die Toasthälften halbieren und toasten. Eine Hälfte mit einer Scheibe Schinken und einem pochierten Ei anrichten und einem großzügigen Esslöffel Sauce hollandaise überziehen. Die andere Toasthälfte dazureichen.

TIPP

Am einfachsten ist das Pochieren, wenn Sie die Eier erst in eine Schöpfkelle aufschlagen und dann ins Wasser gleiten lassen. Pochieren Sie die Eier etwas länger, wenn Sie sie fester bevorzugen.

Eier Florentiner Art

Für 2–4 Personen
(Für 2 als kleinen Snack und für 4 als Teil eines Brunchs)
Vorbereitung
50 Minuten
Garzeit
45–50 Minuten

Zutaten
- 450 g frischer Spinat, gewaschen
- Salz und Pfeffer
- 60 g Butter
- 60 g kleine Champignons, in Scheiben
- 50 g Pinienkerne, geröstet
- 6 Frühlingszwiebeln, gehackt
- 4 Eier
- 30 g Vollkornmehl
- 300 ml Milch, erwärmt
- 1 TL englischer Senf
- 90 g frisch geriebener alter Gouda

Dieses schmackhafte Gericht enthält eine Fülle verschiedener Proteine und Mineralstoffe wie Eisen, Kalzium und Zink. Wenn Ihnen das Vollkornmehl zu schwer ist, können Sie es durch normales Weizenmehl ersetzen.

1 Den Backofen auf 190 °C vorheizen. Den Spinat sehr gut abtropfen lassen und in einen großen Topf geben. Mit etwas Salz bestreuen, zudecken und auf mittlerer Stufe 2–3 Minuten zusammenfallen lassen. Abgießen, die Flüssigkeit herauspressen, hacken und in eine Auflaufform füllen.

2 20 g Butter in einem kleinen Topf auf mittlerer Stufe erhitzen. Die Pilze zugeben und 2 Minuten unter häufigem Rühren andünsten. Die Pinienkerne und Frühlingszwiebeln zufügen und weitere 2 Minuten dünsten. Vom Herd nehmen, mit Salz und Pfeffer abschmecken und den Spinat darüberstreuen. Beiseite stellen.

3 Eine Pfanne mit kaltem Wasser füllen und zum Kochen bringen, dann die Hitze reduzieren, bis es nur noch leicht köchelt. 1 Ei vorsichtig in eine Tasse aufschlagen und ins Wasser gleiten lassen und 4–5 Minuten pochieren. Ebenso mit den restlichen Eiern verfahren. Vorsichtig mit einem Schaumlöffel aus dem Wasser nehmen und auf der Spinatmischung verteilen.

4 Die restliche Butter in einem Topf zerlassen und das Mehl einrühren. 2 Minuten anschwitzen, dann vom Herd nehmen und langsam die Milch einrühren. Wieder auf den Herd stellen und unter ständigem Rühren aufkochen, bis die Sauce andickt. Den Senf und 50 g vom Käse zugeben und unter Rühren schmelzen lassen. Mit Salz und Pfeffer abschmecken und über die Eier gießen – sie sollten ganz bedeckt sein. Mit dem restlichen Käse bestreuen.

5 Im vorgeheizten Backofen 20–25 Minuten goldbraun überbacken. Sofort servieren.

VARIATION
Ersetzen Sie den Gouda durch einen geräucherten Käse. Er bringt das Aroma der Pinienkerne schön zur Geltung.

Crêpes

Aus Crêpes lassen sich viele köstliche Speisen zaubern, ganz gleich, ob herzhaft oder süß. So verfeinern auch zahlreiche Straßenhändler in Paris dieses typisch französische Fastfood mit den verschiedensten Zutaten.

Ergibt 10 Stück

Vorbereitung
10 Minuten, plus
30 Minuten Ruhezeit
Garzeit
15 Minuten

Zutaten
- 100 g Mehl
- 1 Prise Salz
- 1 Ei, verquirlt
- 300 ml Milch
- 10 TL Butter (für süße) oder Öl (für herzhafte Crêpes)

Zum Servieren
- Zucker
- Honig oder Marmelade, erwärmt

1 Mehl und Salz in einer Schüssel mischen. In die Mitte eine Vertiefung drücken und das Ei und die Hälfte der Milch hineingeben. Ei und Milch mit einem Schneebesen verquirlen und nach und nach das Mehl einarbeiten. Weiterrühren, bis der Teig geschmeidig und ohne Klumpen ist. Nach und nach die restliche Milch einarbeiten und 30 Minuten ruhen lassen.

2 Eine Pfanne (18 cm Ø) auf mittlerer Stufe erhitzen. 1 Teelöffel Butter (für süße) oder Öl (für herzhafte Crêpes) hineingeben.

3 Eine kleine Menge Teig, die gerade ausreichend ist, um den Boden der Pfanne zu bedecken, in die Pfanne geben. Die Pfanne hin und her schwenken, bis der Teig gleichmäßig dünn verteilt ist. Etwa 30 Sekunden backen, dann die Crêpe am Rand anheben, um zu sehen, ob sie schon braun ist. Die Crêpe am Rand lösen und mit einem Pfannenheber wenden. Alternativ können Sie die Crêpe auch mit Schwung aus dem Handgelenk hochwerfen, wenden und vorsichtig wieder auffangen.

4 Die andere Seite anbräunen, dann auf eine vorgewärmte Platte geben, mit Alufolie abdecken und warm halten, bis alle Crêpes gebacken sind. Die Crêpes mit Backpapier voneinander trennen, damit sie nicht aneinander kleben.

5 Mit Zucker, Honig oder Marmelade oder einer Füllung Ihrer Wahl servieren.

Quiche Lorraine

Diese raffinierte Version der klassisch französischen Ei-Speck-Tarte kann als Grundlage für viele weitere Quichevarianten Ihrer Wahl dienen. Wie wär's mit gekochten Spargelspitzen oder gebratenen Pilzen als Beilage?

Ergibt 1 Quiche

Vorbereitung
30 Minuten, plus 30 Minuten Ruhe- und Kühlzeit
Garzeit
40–50 Minuten

Zutaten

Mürbeteig
- 175 g Mehl, plus etwas mehr zum Bestäuben
- 1 Prise Salz
- 120 g Butter, in Würfeln
- 25 g frisch geriebener Pecorino
- 4–6 EL eiskaltes Wasser

Belag
- 120 g Gruyère, in dünnen Scheiben
- 50 g Roquefort, zerkrümelt
- 180 g magere Speckwürfel ohne Schwarte, unter dem Grill knusprig gebraten
- 3 Eier
- 150 g Crème double oder Schlagsahne
- Salz und Pfeffer

1 Für den Teig das Mehl mit dem Salz in eine Schüssel sieben. Die Butter zugeben und mit den Fingerspitzen in das Mehl reiben, bis eine krümelige Masse entsteht. Den geriebenen Käse untermischen und die Zutaten mit dem Wasser rasch zu einem weichen Teig kneten. Zu einer Kugel formen, in Frischhaltefolie einschlagen und 15 Minuten im Kühlschrank ruhen lassen.

2 Den Backofen auf 190 °C vorheizen. Den Teig auf einer mit etwas Mehl bestäubten Arbeitsfläche ausrollen. Eine gefettete Quiche-Form (24 cm Ø) mit dem Teig auslegen. Die Form auf ein Backblech stellen, den Teigboden mit einer Gabel überall einstechen, mit Backpapier bedecken und mit Backbohnen füllen. Im vorgeheizten Ofen 15 Minuten blindbacken. Herausnehmen, Backbohnen und Papier entfernen und den Teig weitere 5–7 Minuten goldgelb backen. Etwas abkühlen lassen.

3 Für den Belag den Käse auf den Quicheboden streuen und die Speckwürfel darüber verteilen. Eier und Crème double verquirlen, mit Salz und Pfeffer würzen und über den Speck gießen. Die Quiche 20 Minuten backen, bis sie fest und goldbraun ist.

4 Aus dem Backofen nehmen und 10 Minuten in der Form abkühlen lassen. Sofort servieren oder auf ein Kuchengitter geben, abkühlen lassen und im Kühlschrank aufbewahren. Zimmerwarm servieren.

VARIATION

Für eine fleischlose Version ersetzen Sie die Speckwürfel durch 2 mittelgrosse, in dünne Scheiben geschnittene Tomaten. Sie können noch eine rote Zwiebel hinzufügen. Schneiden Sie sie in dünne Ringe und braten Sie diese 3 Minuten in Butter an.

Würzige arme Ritter

Für 4 Personen

Vorbereitung
15 Minuten, plus
15 Minuten Ruhezeit
Garzeit
25–40 Minuten

Herrlich appetitlich ist diese würzige Variante der armen Ritter. Hier wird mit Knoblauch aromatisiertes, altbackenes Brot mit Ei, Joghurt und Parmesan gratiniert. Begleitet von einem grünen Salat oder bissfest gegartem Gemüse wird es eine vollwertige Hauptmahlzeit.

Zutaten

- 6 dicke Scheiben Weißbrot vom Vortag
- 4 EL weiche Butter
- 1 EL natives Olivenöl extra
- 3 große Eier
- 300 ml Milch
- 150 g Naturjoghurt
- Salz und Pfeffer
- 1 Knoblauchzehe
- 175 g Gouda oder Emmentaler, gerieben
- 4–8 Frühlingszwiebeln, in Ringen
- 1 EL frisch gehackte Petersilie oder Minze
- 2 EL geriebener Parmesan
- grüner Salat, zum Servieren

1 Den Backofen auf 160 °C vorheizen. Die Brotscheiben auf einer Seite mit Butter bestreichen. Ein großes Backblech mit ein wenig Olivenöl einfetten und das Brot darauf verteilen. 5–10 Minuten im vorgeheizten Backofen backen, bis es leicht angebräunt ist. Die Brotscheiben aus dem Backofen nehmen, diesen jedoch nicht ausschalten.

2 Die Eier in einer Schüssel verquirlen und mit Milch und Joghurt mischen. Die Mischung großzügig mit Salz und Pfeffer würzen.

3 Eine Auflaufform mit dem verbliebenen Öl einfetten. Das aufgeröstete Brot in dicke Streifen schneiden. Die Knoblauchzehe schälen, aber ganz lassen. Das Brot mit dem Knoblauch einreiben. Die Hälfte der Brotstreifen in die Auflaufform geben und mit Käse, Frühlingszwiebeln und gehackter Petersilie oder Minze bestreuen.

4 Mit den verbliebenen Brotstücken bedecken und mit der Eimischung begießen. Etwa 15 Minuten einweichen lassen.

5 20–30 Minuten im vorgeheizten Ofen backen, bis die Eier gestockt sind und die Oberfläche goldbraun geworden ist. Mit Parmesan bestreuen un heiß mit einem grünen Salat servieren.

Käse-Soufflé

Für 3–4 Personen

Vorbereitung
20 Minuten
Garzeit
30–35 Minuten

Soufflés gelten als schwierig, denn sie stehen im Ruf, nach dem Backen schnell zusammenzufallen. Dabei sind sie eigentlich ganz einfach herzustellen – und wenn sie direkt aus dem Ofen serviert werden, kann auch nichts mehr schiefgehen.

Zutaten
- 20 g zerlassene Butter, zum Einfetten
- 1 EL fein geriebener Parmesan
- 30 g Butter
- 25 g Mehl
- 300 ml Milch
- 120 g Gouda, fein gerieben
- 1 TL grober Senf
- 1 große Prise frisch geriebene Muskatnuss
- Salz und Pfeffer
- 4 große Eier, getrennt

Zum Servieren
- grüner Salat
- frisches, knuspriges Brot

1 Den Backofen auf 200 °C vorheizen. Boden und Seiten einer Souffléform oder von kleinen Ramequin-Formen mit der zerlassenen Butter einfetten. Alles mit Parmesan bestreuen und die Form hin und her schwenken, um den Käse gleichmäßig zu verteilen.

2 Die feste Butter in einem beschichteten Topf bei mittlerer Hitze erwärmen. Das Mehl darin unter ständigem Rühren mit einem Holzlöffel 1 Minute anschwitzen. Vom Herd nehmen und nach und nach die Milch unterrühren, bis die Mehlschwitze ganz aufgelöst ist.

3 Wieder auf den Herd stellen und bei geringer Hitze unter Rühren aufkochen. 3 Minuten unter ständigem Rühren köcheln, bis eine cremige, glatte Sauce entstanden ist.

4 Vom Herd nehmen und Käse, Senf sowie Muskat unterrühren. Gut mit Salz und Pfeffer abschmecken, dann beiseitestellen und leicht abkühlen lassen.

5 Das Eiweiß schlagen, bis sich kleine Spitzen bilden, aber nicht ganz steif schlagen.

6 Nun das Eigelb unter die Sauce ziehen. Dann vorsichtig ein wenig Eischnee unterrühren, um die Mischung aufzulockern, und schließlich den restlichen Eischnee unterheben.

7 In die vorbereitete Form oder die Formen füllen. Auf ein Backblech setzen und 25–30 Minuten im vorgeheizten Ofen backen (kleine Formen 15–20 Minuten), bis das Soufflé aufgegangen und goldbraun ist. Sofort servieren, zum Beispiel mit einem grünen Salat und Brot.

Penne mit Champignons und Dolcelatte-Gorgonzola

Pasta ist immer gut. Besonders wenn sie mit einer delikaten Dolcelatte-Sauce daherkommt. Wenn Sie wieder einmal unter Zeitdruck sind oder unerwartete Gäste vor der Tür stehen, ist dieses Rezept geradezu ideal.

Für 4 Personen

Vorbereitung
5 Minuten
Garzeit
10–15 Minuten

Zutaten

- 400 g Penne-Nudeln
- 1 EL natives Olivenöl extra
- 250 g braune Champignons, in Scheiben
- 220 g Dolcelatte-Gorgonzola, zerbröselt
- 200 g saure Sahne
- 150 g Rucola oder Spinat
- Salz und Pfeffer

1 Gesalzenes Wasser in einem großen Topf zum Kochen bringen. Die Nudeln darin bei mittlerer Hitze gemäß Packungsanleitung bissfest garen.

2 Unterdessen das Öl in einer Pfanne bei geringer Hitze erwärmen und die Pilze darin 3–4 Minuten sanft andünsten, bis sie beginnen, weich zu werden.

3 Den Dolcelatte hineingeben und schmelzen lassen, dann die saure Sahne einrühren.

4 Rucola oder Spinat in die Pfanne geben und 1–2 Minuten erhitzen, bis er zusammenfällt. Mit Salz und Pfeffer abschmecken.

5 Die Nudeln in ein Sieb abgießen, auf vorgewärmte Schalen verteilen, mit Sauce übergießen und sofort servieren.

VARIATION

Für eine edlere Version können Sie die saure Sahne durch Crème double ersetzen und das Gericht noch mit 1–2 Esslöffeln gerösteten Pinienkernen bestreuen.

Rucolasalat mit gratiniertem Ziegenkäse

Für 2 Personen

Vorbereitung
5 Minuten
Garzeit
25 Minuten

Ein Gaumenschmaus der ganz besonderen Art: Rucola ist wunderbar knackig, der Käse schmelzend zart und die Tomaten sind herrlich würzig. Mit knusprigem Brot wird es ein vollwertiges Mittag- oder Abendessen.

Zutaten
- 250 g Kirschtomaten
- 4 Knoblauchzehen, ungeschält
- 1 EL natives Olivenöl extra
- Salz und Pfeffer
- 1 Rolle Ziegenkäse à 200 g, z. B. Sainte Maure
- 50 g Rucola
- 2 EL Balsamico-Essig
- frische Basilikumblätter, zum Garnieren

1 Den Backofen auf 180 °C vorheizen. Tomaten und Knoblauch in eine kleine Auflaufform geben, mit Öl beträufeln und gut mit Salz und Pfeffer würzen. 20 Minuten auf der obersten Schiene im vorgeheizten Ofen backen.

2 Die Ziegenkäserinde an den Enden der Rolle entfernen, dann die Rolle in Scheiben schneiden.

3 Die Käsescheiben in eine flache Auflaufform geben und unter dem heißen Backofengrill 3–4 Minuten gratinieren. Der Käse ist fertig, wenn er zu schmelzen beginnt und sich goldgelb verfärbt.

4 Die Rucolablätter auf zwei Servierteller verteilen. Tomaten und Knoblauch aus dem Ofen nehmen. Mit einem Schöpflöffel aus der Form heben, den Kochsud in der Form belassen. Tomaten und Knoblauch auf den Tellern verteilen, die Käsescheiben in der Mitte platzieren.

5 Den Balsamico-Essig in der Auflaufform mit dem Kochsud verrühren und so ein Dressing herstellen. Das Dressing über den Salat träufeln, mit Basilikumblättern garnieren und sofort servieren.

Meringen

Ergibt 13 Stück

Vorbereitung
15 Minuten, plus
8 Stunden Kühlzeit
Garzeit
1½ Stunden

Dieses klassische Baiser ist genau so, wie es sein soll: leicht wie eine Feder, gleichzeitig schön knusprig und zart schmelzend auf der Zunge. Verquirlen Sie das Eiweiss immer in einer fettfreien Schüssel, sonst fällt es schnell zusammen.

Zutaten
- 4 Eiweiß
- 1 Prise Salz
- 125 g Zucker
- 125 g Feinzucker
- 300 g Schlagsahne, leicht verquirlt

1 Den Backofen auf 120 °C vorheizen und 2 Backbleche mit Backpapier auslegen.

2 Das Eiweiß salzen und in einer großen, sauberen Schüssel mit einem elektrischen Rührgerät ganz steif schlagen – man muss die Schüssel auf den Kopf drehen können, ohne dass sich das Eiweiß bewegt.

3 Nach und nach erst den gröberen Zucker in den Eischnee rühren, bis dieser leicht glänzt.

4 Dann nach und nach den feinen Zucker einstreuen. Die Masse weiter schlagen, bis der gesamte Zucker verarbeitet ist und der Eischnee hohe, feste Spitzen bildet.

5 Die Eischneemasse in einen Spritzbeutel mit einer 2-cm-Sterntülle füllen und 26 Häufchen auf die vorbereiteten Backbleche spritzen.

6 Die Meringen im vorgeheizten Ofen 1½ Stunden backen, bis sie leicht goldbraun sind und sich gut vom Papier lösen. Über Nacht im ausgeschalteten Ofen abkühlen lassen.

7 Kurz vor dem Servieren jeweils zwei der fertigen Meringen mit etwas Sahne in der Mitte zusammendrücken und auf einem Servierteller anrichten.

VARIATION

Die Meringen werden zarter, wenn man nur feinen Zucker verwendet.

Zitronentarte mit Baiser

Für 4 Personen

Vorbereitung
25 Minuten, plus
30 Minuten Ruhezeit
Garzeit
1 Stunde

Zutaten
Teig
- 200 g Mehl, plus etwas mehr zum Bestäuben
- 100 g Butter, in Würfeln, plus etwas mehr zum Einfetten
- 50 g Puderzucker, gesiebt
- fein abgeriebene Schale von 1 Zitrone
- 1 Eigelb, verquirlt
- 3 EL Milch

Füllung
- 3 EL Speisestärke
- 300 ml kaltes Wasser
- Saft und Schale von 2 Zitronen
- 175 g Zucker
- 2 Eier, getrennt

TIPP
Für die Zubereitung von Baiser ist es wichtig, eine saubere, fettfreie Schüssel zu verwenden. Die gewünschte weiche Konsistenz erreichen Sie, indem Sie den Zucker löffelweise einstreuen.

Was ist verführerischer als eine französische Zitronentarte, die zudem noch mit herrlichem Baiser gekrönt ist? Dieses beliebte Dessert schmeichelt nicht nur dem Gaumen, sondern auch dem Auge und schmeckt sowohl warm als auch kalt serviert.

1 Für den Teig das Mehl in eine große Schüssel sieben. Die Butter zufügen und mit dem Mehl verreiben. Die restlichen Zutaten zufügen und alles auf einer bemehlten Arbeitsfläche gut verkneten. Anschließend den Teig 30 Minuten ruhen lassen.

2 Den Backofen auf 180 °C vorheizen. Eine Tarte-Form (20 cm Ø) mit Butter einfetten.

3 Den Teig 5 mm dick ausrollen und die Form damit auslegen. Mit einer Gabel einstechen, dann mit Backpapier belegen und mit Backbohnen füllen. 15 Minuten blindbacken. Aus dem Ofen nehmen und die Temperatur auf 150 °C reduzieren.

4 Für die Füllung die Speisestärke mit ein wenig Wasser zu einer glatten Paste verrühren. Das restliche Wasser in einen Topf geben. Zitronensaft und -schale sowie die Stärkepaste einrühren. Unter Rühren 2 Minuten kochen. Leicht abkühlen lassen, dann 5 Esslöffel Zucker und das Eigelb einrühren. In die Form füllen. Das Eiweiß in einer separaten Schüssel steif schlagen. Nach und nach den restlichen Zucker einstreuen und das

Baiser auf der Tarte verteilen. 40 Minuten backen, bis das Baiser leicht braun ist. Aus dem Ofen nehmen und servieren.

Cremiges Vanilleeis

Für 4–6 Personen

Vorbereitung
20 Minuten, plus 30 Minuten Ruhezeit und 4–6 Stunden Kühl- und Gefrierzeit
Garzeit
15–20 Minuten

Zutaten
- 625 g Schlagsahne extra (mind. 36 % Fett)
- 1 Vanillestange
- 4 große Eigelb
- 120 g Feinzucker

Eis ist als Dessert ausgesprochen beliebt. Diese zartschmelzende Vanillecreme können Sie für sich selbst sprechen lassen oder mit einer Schokoladen- oder Fruchtsauce servieren. Auch zu Fruchtdesserts oder Waffeln ist sie ein Genuss.

1 Die Sahne in einen großen schweren Topf gießen. Die Vanillestange aufschlitzen und das Mark herauskratzen. Stange und Mark in die Sahne geben und zum Sieden bringen. Den Topf vom Herd nehmen und 30 Minuten ziehen lassen.

2 Eigelb und Zucker in eine große Schüssel geben und kräftig rühren, bis die Masse cremig und fest ist. Die Vanillestange entfernen und die Sahne in einem dünnen Strahl unter ständigem Rühren zur Eimasse geben. Die Creme durch ein Haarsieb in den gereinigten Topf passieren und unter ständigem Rühren 10–15 Minuten bei geringer Hitze eindicken, bis sie auf dem Rücken eines Löffels haften bleibt. Die Creme nicht kochen, sonst gerinnt sie. Alternativ über Wasserdampf eindicken. Den Topf vom Herd nehmen und die Creme mindestens 1 Stunde abkühlen lassen. Gelegentlich rühren, damit sich keine Haut bildet.

3 Die erkaltete Creme in einen geeigneten Behälter füllen und offen 1–2 Stunden gefrieren, bis sie am Rand fest wird. In eine Schüssel geben und mit einer Gabel verrühren oder in der Küchenmaschine glatt rühren. Wieder in den Gefrierbehälter füllen und weitere 2–3 Stunden gefrieren, bis das Eis fest ist. Für eine weitere Lagerung den Behälter mit einem Deckel schließen. Bei Gebrauch einer Eismaschine die erkaltete Creme in die Maschine füllen und den Anleitungen des Herstellers folgen.

Schoko-Karamell-Eis

Für 4–6 Personen

Vorbereitung
20 Minuten, plus 30 Minuten Ruhezeit und 4–6 Stunden Kühl- und Gefrierzeit
Garzeit
30–35 Minuten

Zutaten
- 300 ml Milch
- 1 Vanillestange, aufgeschlitzt
- 120 g Vollmilchschokolade
- 120 g Zucker
- 3 Eigelb
- 300 g Schlagsahne extra (mind. 36 % Fett)

Schoko-Karamell-Sauce
- 50 g Vollmilchschokolade, in Stücke gebrochen
- 2 EL Butter
- 4 EL Milch
- 220 g brauner Zucker
- 2 EL Maissirup

Die knackigen Schokoladenstücke und die reichhaltige Schokosauce heben sich in dieser Köstlichkeit angenehm von der Konsistenz der Eiscreme ab, die auf der Zunge zergeht. Kinder und Erwachsene werden sie gleichermaßen lieben.

1 Die Milch in einem schweren Topf mit der Vanillestange zum Sieden bringen. Den Topf vom Herd nehmen und 30 Minuten ziehen lassen. Schokolade in kleine Stücke hacken und beiseitestellen.

2 Zucker und Eigelb in einer großen Schüssel kräftig rühren, bis die Masse cremig und fest ist. Die Vanillestange entfernen und die Milch in einem dünnen Strahl unter ständigem Rühren zur Eimasse geben. Die Creme durch ein Haarsieb in den gereinigten Topf passieren und unter ständigem Rühren 10–15 Minuten bei geringer Hitze eindicken. Die Creme nicht kochen, sonst gerinnt sie. Alternativ über Wasserdampf eindicken.

3 Den Topf vom Herd nehmen und die Creme mindestens 1 Stunde abkühlen lassen. Gelegentlich rühren, damit sich keine Haut bildet. Die erkaltete Creme in einem offenen Behälter 1–2 Stunden gefrieren, bis sie am Rand fest wird. In einer Schüssel mit einer Gabel verrühren oder in der Küchenmaschine glatt rühren. Die Sahne halb steif schlagen und zusammen mit den Schokoladenstückchen unter die Creme ziehen. Wieder in den Gefrierbehälter füllen und weitere 2–3 Stunden gefrieren, bis das Eis fest ist.

4 Die Sauce erst vor dem Servieren zubereiten: Schokolade, Butter und Milch über Wasserdampf unter gelegentlichem Rühren erhitzen, bis die Schokolade schmilzt. In eine schwere Pfanne umfüllen und Zucker und Maissirup unter die Masse rühren. Sanft erhitzen, bis sich der Zucker auflöst. Zum Kochen bringen und ohne Rühren 5 Minuten köcheln. Das Eis mit der heißen Sauce überziehen.

Tiramisù

Tiramisù, direkt übersetzt „Zieh mich hoch", ist ein Dessert mit wirklich erhebenden Qualitäten. Es wurde erst vor etwa 30 Jahren erfunden, hat seitdem jedoch einen Siegeszug um die ganze Welt angetreten.

Für 4 Personen

Vorbereitung
20 Minuten, plus 2 Stunden Kühlzeit
Garzeit
keine

Zutaten

- 200 ml starker schwarzer Kaffee, abgekühlt
- 4 EL Orangenlikör, z. B. Cointreau
- 3 EL Orangensaft
- 16 italienische Löffelbiskuits
- 250 g Mascarpone
- 300 g Crème double, leicht verquirlt
- 3 EL Puderzucker
- abgeriebene Schale von 1 Orange
- 60 g Zartbitterschokolade, gerieben

Dekoration

- gehackte geröstete Mandeln
- kandierte Orangenschale
- Schokoladenspäne

1 Den abgekühlten Kaffee in eine Schüssel geben und mit Orangenlikör und Orangensaft verrühren. 8 Löffelbiskuits auf dem Boden einer Servierschüssel verteilen und die Hälfte der Kaffeemischung darüberträufeln.

2 Den Mascarpone in eine separate Schüssel geben und mit Crème double, Puderzucker und Orangenschale gut verrühren. Die Hälfte der Mascarponecreme auf den eingeweichten Löffelbiskuits verteilen und die restlichen Biskuits darauflegen. Die restliche Kaffeemischung daraufträufeln und mit der restlichen Mascarponecreme enden. Die geriebene Schokolade darüberstreuen und mindestens 2 Stunden in den Kühlschrank stellen. Mit gehackten gerösteten Mandeln, kandierter Orangenschale und Schokoladenspänen dekoriert servieren.

TIPP

Sie können das Tiramisù auch mit gemischten gehackten Nüssen statt Mandeln dekorieren. Außerdem können Sie den Orangenlikör durch die gleiche Menge Mandellikör (z. B. Amaretto) ersetzen.

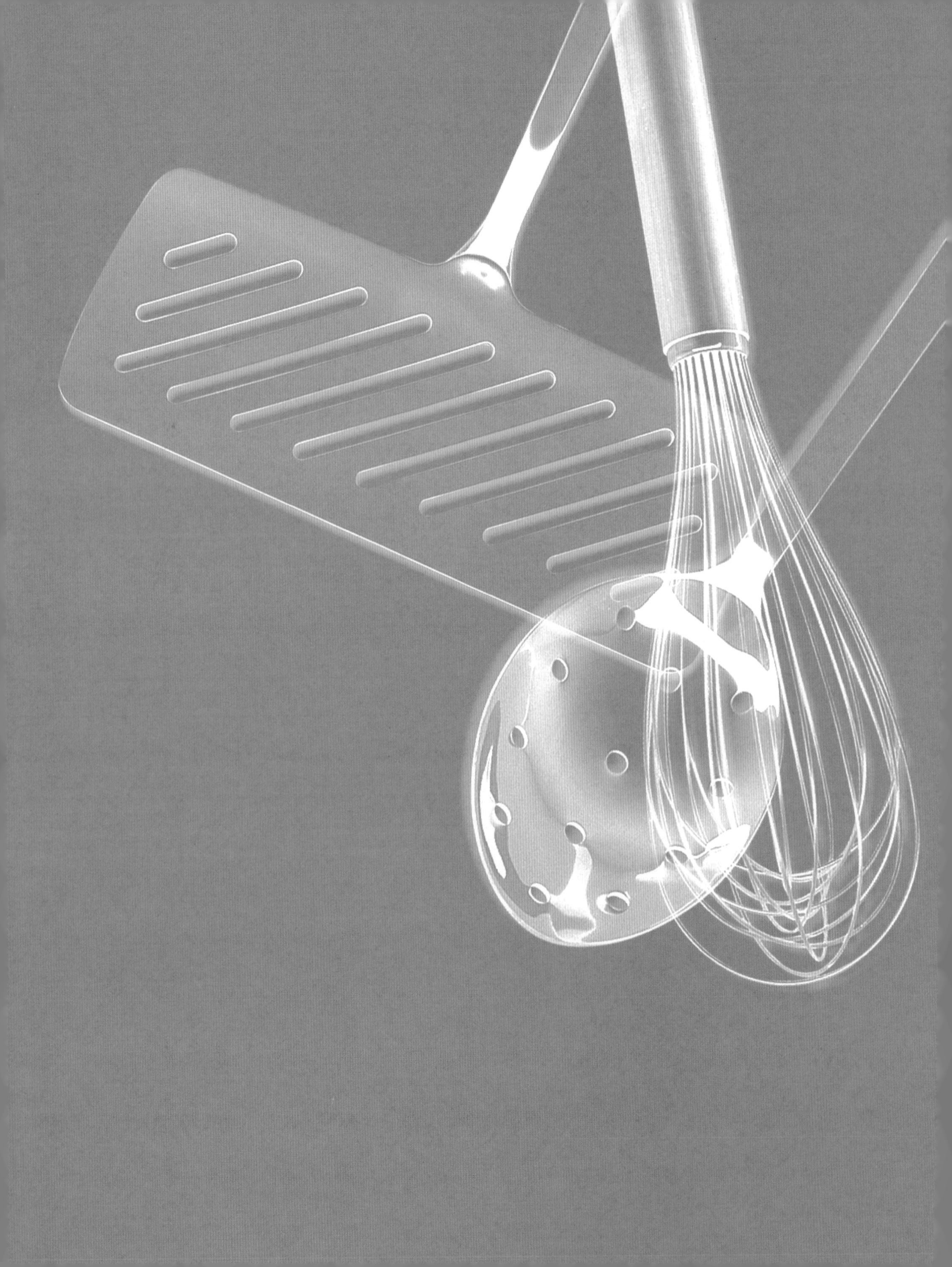

Kapitel 2

Fisch und Meeresfrüchte

Wer kann dem köstlichen Aroma von liebevoll zubereitetem Fisch und dem Duft frischer Meeresfrüchte schon widerstehen? Fisch und Meeresfrüchte lassen sich auf zahlreiche Arten zubereiten und servieren – in der Pfanne kurz gebraten, im Backofen gegrillt, in der Form gebacken oder über Holzkohlenfeuer gegart. In diesem Kapitel finden Sie eine Auswahl unwiderstehlicher Rezepte, mit denen Sie Fisch und Meeresfrüchte abwechslungsreich zubereiten können.

Einführung

Fisch und Meeresfrüchte sind wichtige Protein-, Jod- und Magnesiumlieferanten und für den Zellaufbau, die Regulierung des Stoffwechsels und eine gesunde Verdauung unverzichtbar. Fettreiche Fische mit ihrem hohen Anteil an essenziellen Fettsäuren senken den Cholesterinspiegel und stärken zudem das Immunsystem.

■ Kauf und Lagerung von frischem Fisch

Heutzutage hat man eine große Auswahl an frischem Fisch. Zum Standardrepertoire jedes gut sortierten Fischhändlers gehören Plattfische wie Scholle, Seezunge oder Heilbutt, ferner Kabeljau, Schellfisch, Lachs und Forelle. Länger haltbar ist geräucherter, getrockneter oder in Salz eingelegter Fisch. Achten Sie beim Kauf darauf, dass der Fisch frisch, am besten nach Meer riecht. Verströmt der Fisch einen leichten Ammoniakduft, lassen Sie ihn besser liegen. Frischer Fisch hat feuchte, runde Augen und einen glänzenden, festen Körper. Lassen Sie sich größere ganze Fische von Ihrem Fischhändler ausnehmen, häuten und filetieren. Stellen Sie den Fisch kühl, sobald Sie nach Hause kommen, und verzehren Sie ihn am besten noch am Tag des Kaufes. Zur Not hält er sich aber noch 1–2 Tage. Tiefgefrorener Fisch kann bis zu 6 Monate aufbewahrt werden, sollte aber vor der Zubereitung 8 Stunden lang im Kühlschrank auftauen. Fettreicher Fisch – zum Beispiel Makrele – wird in saubere, feuchte Tücher gewickelt und im Kühlschrank aufbewahrt. Weißer Fisch mit einem geringeren Fettanteil, wie Kabeljau und Schellfisch, kann mit Frischhaltefolie bedeckt gelagert werden.

■ Geräucherter Fisch

Die Auswahl von geräuchertem Fisch ist sehr groß. Beliebt ist Räucherlachs, der gern kalt mit Zitronenscheiben serviert wird. Zur mild geräucherten Forelle ist Meerrettichsauce ideal. Geräucherte Makrele hat einen sehr vollen Geschmack und wird gern mit einer scharfen Dill- oder Senfsauce gereicht. Zu geräuchertem Schellfisch passt gut eine cremige Sauce, während geräucherter Kabeljau gern für herzhafte Pies verwendet wird. Räucherhering schmeckt am besten vom Grill oder pochiert. Geräucherter Fisch sollte in Frischhaltefolie verpackt und kühl gestellt werden. Verzehren Sie ihn vor dem Ablauf des Mindesthaltbarkeitsdatums.

Bachforelle

Seezunge

■ Frischer Fisch

Im Handel wird eine schier unüberschaubare Fülle an frischen Fischsorten angeboten. Im Folgenden sind einige der beliebtesten Speisefischarten aufgeführt.

Kabeljau
Dieser milde Fisch hat festes, weißes, flockiges Fleisch und kann gebacken, gegrillt, pochiert, in der Pfanne gebraten oder in einem Teigmantel bzw. einer Panierschicht frittiert werden.

Schellfisch
Wie der Kabeljau hat auch der Schellfisch festes, weißes Fleisch und einen milden Geschmack. Auch er kann gebacken, gegrillt, pochiert, in der Pfanne gebraten oder frittiert werden und ist gegen Kabeljau austauschbar.

Seehecht
Von milderem Geschmack als der Kabeljau, kann der Seehecht gebraten, gebacken, gedämpft oder in Suppen gegeben werden.

Forelle
Wie Lachs ist die Forelle als Zucht- oder Wildform erhältlich. Sie kann in der Pfanne gebraten, gegrillt, pochiert, gedämpft, über Holzkohlenfeuer gegrillt oder gebacken werden. Als fettreicher Fisch ist die Forelle reich an essenziellen Fettsäuren.

Heilbutt und Steinbutt
Diese großen Plattfische haben festes Fleisch und einen exzellenten Geschmack. In vielen Rezepten sind sie austauschbar. Man kann sie braten, pochieren, dämpfen, grillen oder backen.

Seezunge
Es genügt sehr wenig Würze, um den exzellenten Geschmack der Seezunge voll zur Geltung zu bringen. Sie kann gebraten, frittiert, gebacken, gedämpft oder gegrillt werden.

Hering, Sardine und Sprotte
Diese kleinen Fische haben sehr viele Gräten. Bitten Sie am besten Ihren Fischhändler, die Fische auszunehmen und so viele Gräten wie möglich zu entfernen. Die Fische eignen sich zum Grillen über Holzkohlenfeuer, Frittieren, Backen oder Grillen im Backofen. Sie gehören zu den fettreichen Fischen, die reich an essenziellen Fettsäuren sind.

Makrele
Der köstliche Geschmack der Makrele kommt am besten zur Geltung, wenn sie einfach im Backofen gegrillt wird. Man kann sie aber auch braten oder über Holzkohlenfeuer grillen. Die Makrele gehört ebenfalls zu den gesunden fettreichen Fischen.

Scholle
Diesen Plattfisch sollte man gut würzen. In der Pfanne gebraten, frittiert, gebacken, gegrillt, pochiert oder gedämpft, ist die Scholle sehr schmackhaft.

Lachs
Der Lachs ist als Wildlachs oder als Zuchtlachs erhältlich. Der beliebte fettreiche Fisch kann in der Pfanne gebraten, gegrillt, pochiert, gedämpft, über Holzkohlenfeuer gegrillt oder gebacken werden.

Thunfisch
Dieser fettreiche Fisch mit seinem festen, fleischähnlichen Fleisch ergibt wunderbare Steaks, die nur leicht nach Fisch schmecken. Ihr Geschmack kommt exzellent zur Geltung, wenn sie von jeder Seite nicht länger als 2–3 Minuten über Holzkohlenfeuer gegrillt werden. Thunfisch lässt sich aber auch backen, im Backofen grillen, braisieren oder als Zutat in einem Eintopf verwenden.

Hering

Makrele

■ Kauf und Lagerung von Meeresfrüchten

Um keine Lebensmittelvergiftung zu riskieren, sollten Sie die Ware so frisch wie möglich und nur von einem Händler Ihres Vertrauens kaufen. Meeresfrüchte sollten frisch oder süß duften – und keinesfalls nach Chlor oder Schwefel riechen. Die Schalen von Miesmuscheln, Venusmuscheln und Austern müssen fest verschlossen und intakt sein.

Stellen Sie die Meeresfrüchte in einem verschlossenen Behälter kühl und verzehren Sie sie noch am selben Tag. Legen Sie lebende Hummer und Krebse in einen fest verschließbaren Behälter, und beschweren Sie den Deckel zusätzlich, damit die Tiere nicht herauskrabbeln können. Nehmen Sie die Meeresfrüchte so wenig wie möglich in die Hand, und reinigen Sie Ihre Arbeitsutensilien und Hände vor der Zubereitung gründlich.

■ Zubereitungstechniken und Garmethoden

In der Regel benötigen Meeresfrüchte nur eine sehr kurze Garzeit – richten Sie sich also nach den Angaben im Rezept. Zu lange Kochzeiten schaden Textur und Geschmack. Tintenfisch beispielsweise wird zäh, wenn er zu lange gekocht wird. Wenn Sie unsicher sind, lassen Sie sich von Ihrem Fischhändler beraten.

Krebs

■ Frische und tiefgefrorene Meeresfrüchte

Meeresfrüchte werden nicht nur in Fischgeschäften, sondern auch im Supermarkt angeboten. Manche Meeresfrüchte wie Garnelen erhält man bereits gekocht und tiefgefroren.

Miesmuscheln

Krebse und Hummer

Krebse und Hummer sind lebend oder gekocht erhältlich. Bei lebenden Tieren sollten die Scheren zum Schutz vor Verletzung zusammengebunden sein. Legen Sie sie 1 Stunde vor der Zubereitung zum Desensibilisieren in die Gefriertruhe. Zum Garen geben Sie ausreichend Wasser oder Brühe in einen großen Topf, um den Krebs oder Hummer vollständig zu bedecken. Bringen Sie die Flüssigkeit zum Kochen, legen Sie den Krebs oder Hummer hinein, und kochen Sie ihn, bis er sich rot färbt. Um das Krebsfleisch auszulösen, knacken Sie die Scheren auf, und entfernen Sie das weiße Fleisch. Schneiden Sie den Schwanz ab, und brechen Sie die Schalen von Hand auf. Dann wird der Körper herausgenommen, der Länge nach durchgeschnitten und das Fleisch mit einem Löffel herausgehoben. Nehmen Sie danach das braune Fleisch aus der Schale. Die essbaren Teile des Hummers sind das Schwanz- und Scherenfleisch sowie die Leber und der Rogen bei einem weiblichen Tier.

Miesmuscheln

Um Miesmuscheln zu säubern, schaben Sie mit einem kleinen Messer die Seepocken ab, dann ziehen Sie die haarigen Fasern (genannt „Bärte") heraus. Bürsten Sie die Muscheln kräftig unter kaltem fließendem Wasser ab. Beklopfen Sie alle Muscheln mit dem Messergriff, und werfen Sie die Muscheln weg, die nicht fest verschlossen sind. Dann wird etwas Flüssigkeit (Wasser, Brühe oder Wein) in einem großen Topf erhitzt, in den man die gereinigten Muscheln hineingibt. Verschließen Sie den Topf mit einem Deckel, und dünsten Sie die Muscheln 5–6 Minuten lang. Schütteln Sie den Topf hin und wieder. Nehmen Sie dann den Topf vom Herd, und werfen Sie alle Muscheln weg, die sich nicht geöffnet haben. Man kann die Muscheln in der Halbschale auch grillen oder backen, oder, noch in der ganzen Schale, in einen Eintopf geben.

Austern

Diese Muscheln werden in der Regel roh verzehrt. Reinigen Sie die Austern unter fließendem kaltem Wasser mit einer kräftigen Bürste. Sortieren Sie geöffnete Muscheln aus. Zum Öffnen der Auster führen Sie ein Messer mit der Schneide zwischen die Schalen und drehen es, um sie aufzubrechen. Schneiden Sie das Muschelfleisch vom Muskel ab, und heben Sie die Auster mit einem Löffel aus der Schale. Servieren Sie die Austern auf einer Halbschale. Man kann Austern in der Halbschale auch im Backofen backen oder grillen oder sie ganz in einen Eintopf geben.

Garnelen
Garnelen sind in verschiedenen Größen, geschält oder ungeschält, gekocht oder roh erhältlich. Auch gekochte, geschälte Garnelen bekommt man tiefgefroren. Von rohen Garnelen zieht man die Schale vorsichtig ab (das Schwanzende kann als Dekoration bleiben); mit einem kleinen, scharfen Messer schneidet man den Rücken ein und hebt den Darm mit der Messerspitze heraus. Garnelen sind schnell gar – in Pfannengerührtem bereits nach 2–3 Minuten. Man kann sie in der Pfanne braten oder kurz braten, im Backofen oder über Holzkohlenfeuer grillen, backen oder dünsten.

Jakobsmuscheln
Diese delikaten Muscheln mit dem cremig-weißen Fleisch und dem orangefarbenen Rogensack werden mit der Schale in der Pfanne von jeder Seite nur 1–2 Minuten angebraten. Man kann sie auch in der Halbschale im Backofen grillen oder backen.

Tintenfisch
Tintenfisch ist ganz oder kochfertig zubereitet erhältlich. Verwertbar sind die Tentakel, die Flossen, der Tintenbeutel und die Tinte. Der Tintenfisch wird nur 2–3 Minuten sautiert – bei längerer Garzeit wird er zäh. Man kann ihn auch frittieren, backen, pochieren und für einen Eintopf verwenden.

Venusmuscheln
Die Schalen werden unter fließendem kaltem Wasser kräftig gebürstet. Geöffnete Muscheln werden aussortiert. Um eine Muschel aufzubrechen, führen Sie ein Messer zwischen die Schalen und drehen es. Heben Sie mit einem Löffel das Fleisch heraus. Venusmuscheln kann man roh verzehren oder in der Schale 4 Minuten dünsten, bis sie sich öffnen. In der Halbschale kann man sie backen oder grillen oder ganz in einen Eintopf geben.

Garnelen

Hummer

Tintenfisch

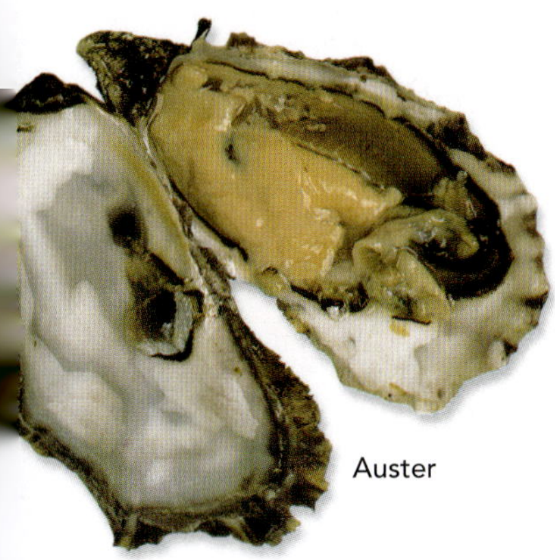
Auster

Fischfrikadellen

Für 4 Personen

Vorbereitung
30 Minuten, plus
30 Minuten Ruhezeit
Garzeit
10 Minuten

Aus diesem Rezept lassen sich sowohl 4 große als auch 8 kleine Fischfrikadellen herstellen – ganz nach Gusto. Die kleinere Variante ist jedoch etwas schwieriger herzustellen und nimmt mehr Zeit in Anspruch. Servieren Sie die Fischküchlein mit Pommes frites, Salat und Brot.

Zutaten

- 500 g Kartoffeln, geschält
- 500 g gemischte Fischfilets, z. B. Dorsch, Schellfisch und Lachs, ohne Haut
- 2 EL frisch gehackte Petersilie oder Estragon
- abgeriebene Schale von 1 Zitrone
- Salz und Pfeffer
- 1 EL Mehl
- 1 Ei, verquirlt
- 120 g helle oder Vollkorn-Semmelbrösel aus Brot vom Vortag
- 4 EL Pflanzenöl, zum Braten

1 Die Kartoffeln in Stücke schneiden. Leicht gesalzenes Wasser in einem großen Topf zum Kochen bringen und die Kartoffeln darin 15 Minuten garen. Abgießen und mit einem Kartoffelstampfer zerstampfen.

2 Den Fisch in eine Pfanne geben und mit Wasser bedecken. Bei mittlerer Hitze zum Kochen bringen, dann abdecken und 5 Minuten sanft garen. Nicht zu lange köcheln. Vom Herd nehmen und den Fisch mit einem Schöpflöffel auf einen Teller geben. Ein wenig abkühlen lassen, dann zerteilen und auf Gräten untersuchen.

3 Den Fisch mit Kartoffeln, Kräutern und Zitronenschale in einer Schüssel mischen. Gut mit Salz und Pfeffer würzen. Den Teig zu 4 runden, flachen Frikadellen formen.

4 Die Frikadellen mit Mehl bestäuben, dann zunächst im Ei und anschließend in den Semmelbröseln wenden. In eine flache Form geben, mit Frischhaltefolie abdecken und mindestens 30 Minuten im Kühlschrank ruhen lassen.

5 Das Öl in einer Pfanne erhitzen und die Fischfrikadellen darin 5 Minuten auf jeder Seite braten. Vorsichtig mit einem Pfannenwender oder einem Palettenmesser wenden.

Pochierter Lachs

Für 12 Personen

Vorbereitung
15 Minuten
Garzeit
2–8 Minuten, plus
15 Minuten bis 2 Stunden
Ruhe- und Kühlzeit

Zutaten
- 1 ganzer Lachs (mit Kopf), gesäubert etwa 2,5–3,5 kg
- 3 EL Salz
- 3 Lorbeerblätter
- 10 Pfefferkörner
- 1 Zwiebel, geschält und in Ringen
- 1 Zitrone, in Scheiben

In diesem Rezept wird der Lachs in einem Fischkessel zubereitet und kann heiß oder kalt serviert werden. Falls Sie keinen Fischkessel haben, können Sie auch improvisieren (siehe Tipp unten).

1 Den Lachs innen und außen mit Küchenpapier säubern. Mögliche verbliebene Schuppen mit einem Messer abkratzen. Mit einer Schere die Flossen abschneiden und den Schwanz kürzen. Dieser Fisch wird traditionell mit Kopf zubereitet.

2 Den Lachs in den Siebeinsatz eines Fischkessels legen. Den Fischkessel mit Wasser befüllen, bis der Fisch gut bedeckt ist. Salz, Lorbeerblätter, Pfefferkörner, Zwiebelringe und Zitronenscheiben hinzufügen.

3 Den Fischkessel auf eine passend große Herdplatte stellen und sehr sanft zum Kochen bringen.

4 Den Deckel aufsetzen und sehr sanft köcheln lassen. Für eine kalte Platte sollte der Fisch nur 2 Minuten pochiert werden. Dann vom Herd nehmen und abgedeckt im Kochsud etwa 2 Stunden abkühlen lassen. Für heiß servierten Fisch den Lachs 6–8 Minuten köcheln und anschließend 14 Minuten im heißen Wasser ruhen lassen. Dann herausheben und servieren.

TIPP

Wenn Sie keinen Fischkessel besitzen, können Sie auch einen großen Bräter mit Alufolie auslegen, den Fisch hineingeben, mit Wasser bedecken, die anderen Zutaten hinzufügen und alles mit Alufolie abdecken. Dann wie oben angegeben garen.

Gegrilltes Forellenfilet

Für 4 Personen

Vorbereitung
20 Minuten
Garzeit
5 Minuten

Diese Forellenfilets werden mit einer herrlich knusprigen Panade aus gerösteten Nüssen und geschmolzenem Käse gegrillt und am besten mit Reis oder einem Wurzelgemüse serviert.

Zutaten
- 2 EL gehackte, geröstete Haselnüsse
- 2 EL gemahlene Mandeln
- 120 g frisch geriebener mittelalter Gouda
- 4 EL frische helle oder dunkle Semmelbrösel
- 1 Ei
- 1 EL Milch
- Salz und Pfeffer
- 4 Forellenfilets, je ca. 175 g
- 2 EL Mehl
- frische Zweige glatte Petersilie, zum Garnieren
- frisch gekochter Reis, zum Servieren

1 Den Backofengrill auf mittlere Stufe vorheizen. Haselnüsse und Mandeln in eine große Schüssel füllen. Käse und Semmelbrösel zufügen und vermischen. Ei und Milch in einer separaten Schüssel verquirlen. Mit Salz und Pfeffer abschmecken.

2 Die Fischfilets waschen und mit Küchenpapier trocken tupfen. Die Filets im Mehl wenden und dann in die verquirlte Eimasse tauchen. Schließlich in der Nuss-Käse-Mischung panieren, bis sie rundum bedeckt sind.

3 Den Fisch unter dem heißen Grill 5 Minuten grillen, dabei einmal wenden, bis er gar und goldbraun geworden ist. Aus dem Ofen nehmen und auf vorgewärmte Teller legen. Mit Petersilie garnieren und mit gekochtem Reis servieren.

Gegrillte Sardinen

Wenn man entlang der Mittelmeerküste unterwegs ist, stößt man immer wieder auf kleine, am Hafen gelegene Restaurants, die fangfrische Sardinen vom Grill anbieten. Diesen Urlaubsgenuss können Sie sich mit folgendem Rezept nach Hause holen.

Für 4 Personen

Vorbereitung
30 Minuten plus 2½ Stunden Kühlzeit
Garzeit
3–5 Minuten

Zutaten
- 12 Sardinen
- Olivenöl, zum Einfetten
- frische Zweige glatte Petersilie, zum Garnieren
- Zitronenspalten, zum Servieren

DRESSING
- 1 große Knoblauchzehe
- 1 kleine rote Chili
- 4 Schalotten
- 150 ml natives Olivenöl extra
- abgeriebene Schale von 1 großen Zitrone
- 4 EL Zitronensaft, nach Belieben mehr
- Salz und Pfeffer

1 Für das Dressing die Knoblauchzehe fein hacken, die Chili entkernen und fein hacken und die Schalotten in dünne Ringe schneiden. Diese und alle anderen Zutaten für das Dressing in ein Schraubglas füllen, mit Salz und Pfeffer würzen, verschließen und kräftig schütteln. Auf eine metallfreie Servierplatte gießen, die groß genug ist, um die Sardinen nebeneinander aufzunehmen. Beiseite stellen.

2 Die Köpfe der Sardinen entfernen und die Bäuche längs aufschneiden. Die Fische ausnehmen, innen und außen mit kaltem Wasser abspülen und mit Küchenpapier trocken tupfen.

3 Ein Backblech mit Alufolie auslegen, die glänzende Seite nach oben. Die Folie mit etwas Olivenöl einpinseln. Die Sardinen nebeneinander auf der Folie verteilen und mit etwas Dressing einpinseln. Unter dem vorgeheizten Grill ca. 90 Sekunden grillen.

4 Die Fische wenden, wieder mit etwas Dressing einpinseln und ca. weitere 90 Sekunden grillen, bis sie durchgebraten sind und sich leicht häuten lassen.

5 Die Sardinen auf die Platte mit dem Dressing legen. Das Dressing über die Fische löffeln und auskühlen lassen. Bedecken und mindestens 2 Stunden ziehen lassen.

6 Mit Petersilie garnieren und mit Zitronenspalten servieren.

Gegrillter Seebarsch mit Artischockenherzen

Die mit Olivenöl, Knoblauch, Thymian und Zitrone geschmorten Artischockenherzen harmonieren in ihrer milden Geschmacksfülle sehr gut mit dem Fisch, ohne sein Aroma zu übertönen.

Für 6 Personen

Vorbereitung
30 Minuten
Garzeit
35–45 Minuten

Zutaten

- 2 kg Babyartischocken
- 3 EL frisch gepresster Zitronensaft, plus 2 ausgepresste Zitronenhälften
- 180 ml Olivenöl, plus etwas mehr zum Bestreichen
- 10 Knoblauchzehen, in dünne Scheiben geschnitten
- 1 EL frisch gehackter Thymian, plus etwas mehr zum Garnieren
- Salz und Pfeffer
- 6 Seebarschfilets, je 120 g
- ofenfrisches Brot, zum Servieren

1 Die äußeren Blätter der Artischocken abzupfen, bis das gelbgrüne Herz freiliegt. Die Artischockenspitzen tief abschneiden. Den Strunk abschneiden und die dunkelgrünen Blätter, die den Boden umgeben, entfernen.

2 Die Artischockenherzen mit den Zitronenhälften in kaltes Wasser legen, damit sie nicht braun werden. Die vorbereiteten Herzen anschließend in Scheiben schneiden.

3 Olivenöl in einem großen Topf erhitzen und Artischockenherzen, Knoblauch, Thymian und Zitronensaft zugeben. Mit Salz und Pfeffer abschmecken, abdecken und 20–30 Minuten leicht dünsten, ohne die Herzen zu bräunen.

4 Unterdessen die Fischfilets mit etwas Olivenöl bestreichen und kräftig mit Salz und Pfeffer abschmecken. 3–4 Minuten von jeder Seite in einer vorgeheizten Grillpfanne oder über heißen Holzkohlen grillen.

5 Die gedünsteten Artischockenherzen auf vorgewärmte Teller verteilen und jeweils mit einem Seebarschfilet belegen. Mit gehacktem Thymian garnieren und sofort mit reichlich frischem Brot servieren.

VARIATION

Artischockenherzen passen auch gut zu Kabeljau, Heilbutt und Lachs.

Seezunge à la meunière

À la meunière oder „Müllerin Art" nennt man diese Zubereitungsart, bei der der Fisch vor dem Braten in Mehl gewendet wird. Durch Zugabe von eingelegter Zitrone erhält das Gericht eine besonders pikante Note.

Für 4 Personen

Vorbereitung
20 Minuten
Garzeit
15 Minuten

Zutaten
- 50 g Mehl
- 1 TL Salz
- 4 Seezungen, je 100 g, ausgenommen und gehäutet
- 150 g Butter
- 3 EL Zitronensaft
- 1 EL frisch gehackte Petersilie
- ¼ eingelegte Zitrone, fein gehackt, nach Belieben
- Zitronenspalten, zum Garnieren

1 Mehl und Salz mischen und auf eine große Platte streuen. Die Fische darin wälzen und abschütteln. 3 Esslöffel Butter bei schwacher Hitze in einem kleinen Topf zerlassen und die Fische rundum damit bestreichen.

2 Die Fische 5 Minuten von jeder Seite unter dem vorgeheizten Backofengrill grillen.

3 Unterdessen die restliche Butter in einem Topf zerlassen. Eine Schüssel mit kaltem Wasser füllen, die groß genug ist, um den Topf aufzunehmen, und neben den Herd stellen.

4 Die Butter langsam erhitzen, bis sie eine goldbraune Farbe annimmt und nussig riecht. Den Topf sofort vom Herd nehmen und in das kalte Wasser stellen, um den Kochvorgang zu unterbrechen.

5 Die gegrillten Seezungen auf vorgewärmte Teller verteilen, mit Zitronensaft beträufeln und mit Petersilie und eingelegter Zitrone nach Belieben bestreuen. Mit der braunen Butter übergießen. Mit Zitronenspalten garnieren und sofort servieren.

TIPP

In einer ausreichend großen Pfanne können Sie die bemehlten Fische auch in Butter braten.

Paella

Die Paella ist ursprünglich ein bäuerliches spanisches Gericht mit Schellfisch, Chorizo, Geflügel, Gemüse und Reis, gewürzt mit goldenem Safran. Am besten gelingt es mit stärkehaltigen Reissorten wie Arborioreis.

Für 4 Personen

Vorbereitung
15 Minuten
Garzeit
30 Minuten

Zutaten

- 3 EL natives Olivenöl extra
- 2 EL Butter
- 2 Knoblauchzehen, gehackt
- 1 Zwiebel, gehackt
- 2 große Tomaten, entkernt und in Würfeln
- 90 g Erbsen, Tiefkühlware aufgetaut
- 1 rote Paprika, gehackt
- 150 g Arborioreis
- 2 TL gemischte getrocknete Kräuter
- 1 TL Safranpulver
- 425 ml Hühnerbrühe
- 4 Hähnchenbrustfilets
- 150 g magere Chorizo, enthäutet
- 200 g gekochtes Hummerfleisch
- 200 g rohe kleine Garnelen, ausgelöst
- 1 EL frisch gehackte glatte Petersilie
- Salz und Pfeffer

Garnierung

- 1 Prise Cayennepfeffer
- rote Paprikastreifen

1 Öl und Butter auf mittlerer Stufe in einer großen Pfanne erhitzen. Knoblauch und Zwiebel zufügen und unter Rühren 3 Minuten andünsten.

2 Tomaten, Erbsen, Paprika, Reis, Kräuter und Safran zugeben und 2 Minuten unter Rühren braten. Die Brühe zufügen und zum Kochen bringen. Den Herd auf kleine Stufe stellen und unter Rühren weiterkochen.

3 Das Hühnerfleisch in mundgerechte Stücke schneiden und in die Pfanne geben. Unter gelegentlichem Rühren 5 Minuten weiterkochen. Die Chorizo hacken, in die Pfanne geben und 3 Minuten mitkochen. Das Hummerfleisch hacken und mit Garnelen und Petersilie in die Pfanne geben. Mit Salz und Pfeffer abschmecken und unter Rühren 2 weitere Minuten köcheln lassen.

4 Die Pfanne vom Herd nehmen, die Paella in eine große Servierschüssel geben oder auf 4 Servierteller verteilen, mit Cayennepfeffer und Paprikastreifen garnieren und servieren.

TIPP

Safran färbt den Reis schön golden, ist aber teuer. Sie können Safran durch die gleiche Menge Kurkuma ersetzen.

Mediterraner Fischtopf

Ein wahrer Augenschmaus und überdies sehr nahrhaft ist dieser farbenfrohe mediterrane Fischtopf. Der Tintenfisch sollte nicht zu lange gegart werden – 2 Minuten genügen, sonst wird er zäh.

Für 6 Personen

Vorbereitung
25 Minuten
Garzeit
38–40 Minuten

Zutaten
- 2 EL natives Olivenöl extra
- 1 rote Zwiebel, geschält und in Ringen
- 2 Knoblauchzehen, geschält und gehackt
- 2 rote Paprika
- 400 g gehackte Tomaten aus der Dose
- 1 TL frisch gehackter Oregano oder Majoran
- ein paar Safranfäden, 2 Minuten in 1 EL warmem Wasser eingeweicht
- 500 g weiße Fischfilets, z. B. Dorsch, Schellfisch oder Hecht, ohne Haut und Gräten
- 300 ml Fischfond oder Gemüsebrühe
- Salz und Pfeffer
- 500 g Tintenfisch, gesäubert und in Ringen
- 100 g gekochte, ausgelöste Garnelen
- knuspriges Brot, zum Servieren

Garnierung
- 6 gekochte ganze Garnelen, nicht ausgelöst
- 2 EL frisch gehackte Petersilie

1 Das Öl in einer Pfanne erhitzen und Zwiebel und Knoblauch darin bei mittlerer Hitze 2–3 Minuten glasig dünsten.

2 Die Paprika entkernen und in dünne Streifen schneiden, dann in den Topf geben. Bei geringer Hitze 5 Minuten weiterdünsten. Tomaten, Kräuter und Safran zugeben und alles gut umrühren.

3 Den Backofen auf 200 °C vorheizen. Den Fisch in 3 cm große Stücke schneiden und in einen Schmortopf geben. Das gedünstete Gemüse und die Brühe in den Topf füllen, gut umrühren und mit Salz und Pfeffer würzen.

4 Abgedeckt 30 Minuten auf der mittleren Schiene im vorgeheizten Ofen backen, bis der Fisch gar ist. Den Tintenfisch hinzufügen und 2 Minuten köcheln. Die Garnelen kurz vor dem Servieren nur 1 Minute im Fischtopf erhitzen.

5 Auf vorgewärmte Suppenschalen verteilen und mit ganzen Garnelen und Petersilie garnieren. Mit viel knusprigem Brot zum Auftunken des Kochsuds servieren.

Frittierte Strömlinge nach Tempura-Art

Für 4 Personen

Vorbereitung
20 Minuten
Garzeit
10 Minuten

Der klassische japanische Ausbackteig wird sehr kalt zubereitet und hat eine klumpige Konsistenz, die dem Gericht seine typische Erscheinung verleiht. Die Fische sollten sofort heiß mit einer Sauce serviert werden.

Zutaten
- 500 g Strömlinge
- 100 g Mehl
- 50 g Speisestärke
- ½ TL Salz
- 200 ml kaltes Wasser
- 1 Ei
- einige Eiswürfel
- Öl, zum Frittieren

Chili-Limetten-Mayonnaise
- 1 Eigelb
- 1 EL Limettensaft
- 1 rote Chili, entkernt und gehackt
- 2 EL frisch gehackter Koriander
- Salz und Pfeffer
- 200 ml Olivenöl

1 Für die Mayonnaise Eigelb, Limettensaft, Chili, Koriander, Salz und Pfeffer im Mixer verarbeiten. Das Öl bei laufendem Mixer zunächst tropfenweise zugießen, bis die Mischung andickt. Dann mehr Öl in einem dünnen Strahl zugießen. Die Mayonnaise abschmecken und bei Bedarf mit ein wenig Wasser verdünnen. Kalt stellen.

2 Die Fische ausnehmen, waschen und trocken tupfen. Auf Küchenpapier legen und beiseitestellen. Mehl, Stärke und Salz in eine große Schüssel sieben. Wasser, Ei und Eiswürfel verrühren und auf das Mehl gießen. Schnell zu einem dünnflüssigen, aber noch klumpigen Teig verrühren.

3 Einen hohen Topf zu einem Drittel mit Öl füllen und diese auf 190 °C erhitzen, bis ein Brotwürfel in 30 Sekunden darin bräunt.

4 Die Strömlinge in mehreren Portionen zunächst in den Teig tauchen, dann 1 Minute frittieren, bis der Teig knusprig, aber nicht gebräunt ist. Auf Küchenpapier abtropfen lassen. Die frittierten Strömlinge mit der Chili-Limetten-Mayonnaise servieren.

TIPP

Sie können in diesem Rezept die frischen Strömlinge auch durch tiefgefrorene ersetzen. Diese müssen vor der Weiterverarbeitung aufgetaut werden.

Fish & Chips

Für 4 Personen

Vorbereitung
30 Minuten, plus
1 Stunde Ruhezeit
Garzeit
40–50 Minuten

Zutaten
- 1 kg Kartoffeln
- Öl, zum Frittieren
- 4 Kabeljaufilets, je 200 g
- Salz und Pfeffer

Ausbackteig
- 15 g Hefe
- 300 ml Bier
- 220 g Mehl
- 2 TL Salz

Mayonnaise
- 1 Eigelb
- 1 TL körniger Senf
- 1 EL Zitronensaft
- Salz und Pfeffer
- 200 ml Olivenöl

Der populäre englische Klassiker: in knusprigem Bierteig ausgebackener Kabeljau mit hausgemachten Pommes frites. Die selbstgemachte Mayonnaise bekommt durch den körnigen Senf besonderen Pfiff.

1 Für den Teig die Hefe mit etwas Bier anrühren. Nach und nach das restliche Bier unterrühren. Mehl und Salz in eine Schüssel sieben, eine Mulde in die Mitte drücken, die Hefemischung unterrühren. Abdecken und 1 Stunde stehen lassen.

2 Für die Mayonnaise alle Zutaten bis auf das Öl in der Küchenmaschine 30 Sekunden schaumig rühren. Langsam und gleichmäßig das Olivenöl zugießen und sorgfältig einarbeiten. Abschmecken, eventuell mit etwas heißem Wasser verdünnen. Bis zum Verzehr kalt stellen.

3 Die Kartoffeln schälen und in 1 cm breite Streifen schneiden. Das Öl in einem Topf auf 140 °C erhitzen, bis ein Brotwürfel darin in 1 Minute bräunt. Die Kartoffelstreifen in 2 Portionen je 5 Minuten frittieren, bis sie gar, aber noch nicht gebräunt sind. Auf Küchenpapier abtropfen lassen.

4 Das Öl auf 160 °C erhitzen, bis ein Brotwürfel darin in 45 Sekunden bräunt. Den Fisch mit Salz und Pfeffer bestreuen und in den Bierteig tauchen. Je 2 Stücke gleichzeitig 7–8 Minuten goldbraun frittieren. Auf Küchenpapier abtropfen lassen und warm stellen.

5 Das Öl auf 190 °C erhitzen, bis ein Brotwürfel darin in 30 Sekunden bräunt. Pommes frites in 2 Portionen jeweils weitere 2–3 Minuten goldbraun frittieren. Auf Küchenpapier abtropfen lassen und salzen. Fisch & Chips mit der Mayonnaise servieren.

Fisch-Garnelen-Auflauf

Dieser verführerische Fischauflauf verbindet delikaten Räucherfisch mit Garnelen und Gemüse. Er ist recht einfach zuzubereiten und wird bei Ihren Gästen oder der Familie regelrechte Begeisterungsstürme auslösen.

Für 6 Personen

Vorbereitung
10 Minuten
Garzeit
1½ Stunden

Zutaten
- 2 EL Olivenöl
- 1 Zwiebel, fein gehackt
- 1 Porreestange, in dünnen Ringen
- 1 Karotte, gewürfelt
- 1 Selleriestange, gewürfelt
- 100 g kleine Champignons
- abgeriebene Schale von 1 Zitrone
- 400 g geräuchertes Kabeljau- oder Schellfischfilet, gewürfelt
- 400 g weißes Fischfilet (z. B. Schellfisch oder Seehecht), gewürfelt
- 200 g Garnelen
- 2 EL frisch gehackte Petersilie
- 1 EL frisch gehackter Dill
- Salz und Pfeffer
- gedämpftes junges Gemüse, zum Servieren

Sauce
- 4 EL Butter
- 4 EL Mehl
- 1 TL Senfpulver
- 600 ml Milch
- 90 g frisch geriebener Gruyère

Belag
- 700 g Kartoffeln
- 4 EL Butter, zerlassen
- 25 g frisch geriebener Gruyère

1 Für die Sauce die Butter in einem großen Topf zerlassen, Mehl und Senfpulver einrühren. Glatt rühren und 2 Minuten bei sehr schwacher Hitze anschwitzen, ohne zu bräunen. Die Milch allmählich einrühren. 2 Minuten sanft köcheln lassen, dann den Käse einrühren, bis er geschmolzen ist. Den Topf vom Herd nehmen und abdecken, damit sich keine Haut auf der Sauce bildet. Beiseite stellen.

2 Unterdessen für den Belag die Kartoffeln in der Schale 15 Minuten in reichlich Salzwasser fast gar kochen. Gründlich abtropfen lassen und zum Abkühlen beiseitestellen.

3 Das Olivenöl in einer Pfanne erhitzen und die Zwiebel 5 Minuten glasig andünsten. Porree, Karotte, Sellerie und Champignons zugeben und weitere 10 Minuten dünsten, bis das Gemüse weich ist. Die Zitronenschale einrühren und kurz aufkochen.

4 Den Backofen auf 200 °C vorheizen. Gemüse, Fisch, Garnelen, Petersilie und Dill in die Sauce geben. Mit Salz und Pfeffer abschmecken und in eine gefettete Auflaufform (1,75 l Inhalt) geben.

5 Die abgekühlten Kartoffeln schälen und grob reiben. Mit der zerlassenen Butter verrühren. Die Fischfüllung mit dem Belag bedecken und mit geriebenem Gruyère bestreuen.

6 Den Auflauf locker mit Alufolie abdecken und 30 Minuten backen. Die Folie entfernen und weitere 30 Minuten goldgelb überbacken. Sofort zu gedämpftem Gemüse servieren.

TIPP

Auch Weißfisch wie Seeteufel eignet sich sehr gut für dieses Gericht.

Gegrillter Thunfisch mit Chili-Salsa

Für 4 Personen

Vorbereitung
15 Minuten, plus
1 Stunde Marinierzeit
Garzeit
20 Minuten

Zutaten

- 4 Thunfischsteaks, je 180 g
- abgeriebene Schale und Saft von 1 Limette
- 2 EL Olivenöl
- Salz und Pfeffer
- frische Korianderzweige, zum Garnieren

Chilli-Salsa

- 2 orangefarbene Paprika
- 1 EL Olivenöl
- Saft von 1 Limette
- Saft von 1 Orange
- 2–3 rote Chillies, entkernt und gehackt
- 1 Prise Cayennepfeffer

Fisch mit festem Fleisch wie Thunfisch eignet sich hervorragend zum Grillen, da er nicht so leicht auf dem Rost zerfällt. Die pikante Chili-Salsa, mit der er hier serviert wird, krönt dieses Gericht.

1 Die Thunfischsteaks gründlich unter fließend kaltem Wasser abwaschen, anschließend mit Küchenpapier trocken tupfen und in eine flache Auflaufform legen. Mit Limettenschale bestreuen, mit Limettensaft und Olivenöl beträufeln. Dann mit Salz und Pfeffer würzen und mit Frischhaltefolie abgedeckt 1 Stunde im Kühlschrank marinieren.

2 Den Grill vorheizen. Für die Salsa die Paprika mit Olivenöl bestreichen und unter Wenden bei starker Hitze 10 Minuten grillen, bis die Haut geschwärzt ist. Etwas abkühlen lassen, die Schale abziehen und die Kerne entfernen. Dann die Paprika mit den übrigen Zutaten im Mixer pürieren, in eine Schüssel umfüllen und mit Salz und Pfeffer würzen.

3 Die Thunfischsteaks bei starker Hitze von jeder Seite 4–5 Minuten grillen. Den Fisch auf Portionstellern anrichten, mit Koriander garnieren und mit der Salsa servieren.

TIPP

Sie können die Chili-Salsa auch gut im Voraus zubereiten. Die Paprika vorher unter dem vorgeheizten Backofengrill leicht schwarz rösten, anschließend mit Schritt 2 fortfahren.

Gebackener Fisch auf mediterrane Art

Dieses traditionelle Fischgericht wird mit Tomaten und Zitronen (die Schale isst man mit!) im Backofen zubereitet. Sie können verschiedene Fischarten für dieses Gericht verwenden. Reichen Sie dazu Frühkartoffeln.

Für 4–6 Personen

Vorbereitung
30 Minuten
Garzeit
1 Stunde 20–40 Minuten

Zutaten
- 2 Zwiebeln
- 2 Selleriestangen
- 2 Karotten
- 2 Knoblauchzehen
- 75 ml Olivenöl
- 150 ml trockener Weisswein
- 400 g Tomaten aus der Dose
- 1 Prise Zucker
- 1 große Zitrone, in feinen Scheiben
- Salz und Pfeffer
- 2 EL frische glatte Petersilie
- 1 TL frischer Majoran
- 1–1,5 kg fetter Fisch (siehe Tipp), entschuppt und ausgenommen
- Butter, zum Einfetten

1 Die Zwiebeln und Selleriestangen in feine Ringe und die Karotten in feine Scheiben schneiden. Die Knoblauchzehen fein hacken. 4 Esslöffel Öl in einem großen Topf erhitzen, Zwiebeln und Knoblauch zufügen und 5 Minuten glasig dünsten. Karotten und Sellerie zugeben und 5–10 Minuten dünsten, sodass das Gemüse noch Biss hat.

2 Den Wein in den Topf gießen und aufkochen. Die Tomaten würfeln und mit dem Saft sowie Zucker und der Hälfte der Zitronenscheiben zufügen. Mit Salz und Pfeffer abschmecken und 20 Minuten köcheln lassen. Dann Petersilie und Majoran hacken und zugeben.

3 Den Backofen auf 180 °C vorheizen. Den Fisch in eine flache gefettete Auflaufform geben. Die Gemüsesauce um den Fisch gießen, einige Zitronenscheiben darauflegen. Mit dem restlichen Öl beträufeln und mit Salz und Pfeffer bestreuen.

4 Den Fisch je nach Größe 45–60 Minuten backen. Sofort servieren.

Tipp

Sie können für dieses Rezept verschiedene Fische nehmen, z. B. Meerbrasse, Barsch, Petersfisch, rote oder graue Meeräsche.

Meeresfrüchte-Gratin

Für 4 Personen

Vorbereitung
15 Minuten
Garzeit
1 Stunde

Zutaten

- 500 g Kabeljaufilet
- 250 g rohe Garnelen, ausgelöst
- 250 g rohe Jakobsmuscheln, ausgelöst
- 3 EL natives Olivenöl extra
- 1 Knoblauchzehe, gehackt
- 4 Frühlingszwiebeln, gehackt
- 1 Zucchini, in Scheiben
- 450 g Eiertomaten aus der Dose
- 2 EL frisch gehacktes Basilikum
- Salz und Pfeffer
- 50 g frische Semmelbrösel
- 80 g frisch geriebener Gouda
- gedünsteter Brokkoli und Blumenkohl, zum Servieren

Ein Gratin wird traditionell mit Semmelbröseln oder Käse belegt und im Backofen goldbraun gebacken. Meist serviert man es direkt aus der Auflaufform. Hier werden Fisch und Meeresfrüchte aufs Wunderbarste miteinander kombiniert.

1 In einem großen Topf Wasser zum Kochen bringen, dann die Hitze reduzieren. Den Kabeljau waschen, mit Küchenpapier trocken tupfen, in den Topf geben und 5 Minuten kochen. Dann die Garnelen und nach 3 Minuten die Jakobsmuscheln zugeben. Nach 2 Minuten abgießen, unter fließend kaltem Wasser abschrecken und gut abtropfen lassen. Den Backofen auf 190 °C vorheizen.

2 In einer Pfanne 2 Esslöffel Öl erhitzen, Knoblauch und Frühlingszwiebeln 3 Minuten unter Rühren darin andünsten. Erst die Zucchini und nach 3 Minuten die Tomaten mit Saft sowie das Basilikum zugeben. Mit Salz und Pfeffer abschmecken und 10 Minuten köcheln lassen.

3 Eine flache Auflaufform mit dem restlichen Öl einfetten. Fisch und Meeresfrüchte hineingeben. Die Pfanne vom Herd nehmen und die Sauce darübergießen. Semmelbrösel darauf verteilen und das Ganze mit Käse bestreuen. 30 Minuten im Ofen überbacken, bis sich die Oberfläche goldbraun färbt. Aus dem Ofen nehmen und mit gedünstetem Brokkoli und Blumenkohl servieren.

Panierte Schollenfilet-streifen

Diese Schollenfiletstreifen haben eine wunderbar knusprige Panade aus goldbraun frittierten Semmelbröseln und fein gehackter Petersilie. Ideal sind sie als Partyessen oder herzhafter Snack für zwischendurch.

Für 2 Personen

Vorbereitung
20 Minuten, plus 30 Minuten Kühlzeit
Garzeit
5–6 Minuten

Zutaten

- 2 Schollenfilets à ca. 180 g, ohne Haut
- 2 EL Mehl
- Salz und Pfeffer
- 1 Ei, verquirlt
- 120 g helle oder Vollkorn-Semmelbrösel aus Brot vom Vortag
- 1 EL frisch gehackte Petersilie
- 1 große Knoblauchzehe, zerdrückt (nach Belieben)
- 225 ml Pflanzenöl, zum Braten
- 1 Zitrone, halbiert, zum Servieren
- Aioli, zum Servieren

1 Die Fischfilets schräg in etwa 1 cm breite Streifen schneiden.

2 Das Mehl gut mit Salz und Pfeffer würzen und auf einem Teller verteilen. Die Fischstücke im Mehl wenden.

3 Das verquirlte Ei in eine flache Schüssel geben und den Fisch darin wenden.

4 Die Semmelbrösel mit Petersilie und nach Belieben mit Knoblauch mischen und großzügig mit Salz und Pfeffer würzen. Die Mischung in einen Frischhaltebeutel füllen, die Filetstreifen hineingeben, den Beutel schließen und den Fisch durch Schütteln gut in der Mischung wenden. Mindestens 30 Minuten in den Kühlschrank stellen.

5 Das Öl in einer Pfanne erhitzen und die Hälfte der Fischstreifen darin bei mittlerer Hitze von beiden Seiten 2–3 Minuten goldbraun braten. Mit einem Schöpflöffel wenden. Dann aus dem Öl heben und auf Küchenpapier abtropfen lassen. Warm halten und mit dem verbliebenen Fisch ebenso verfahren.

6 Sofort mit einer Zitronenhälfte zum Auspressen und Aioli servieren.

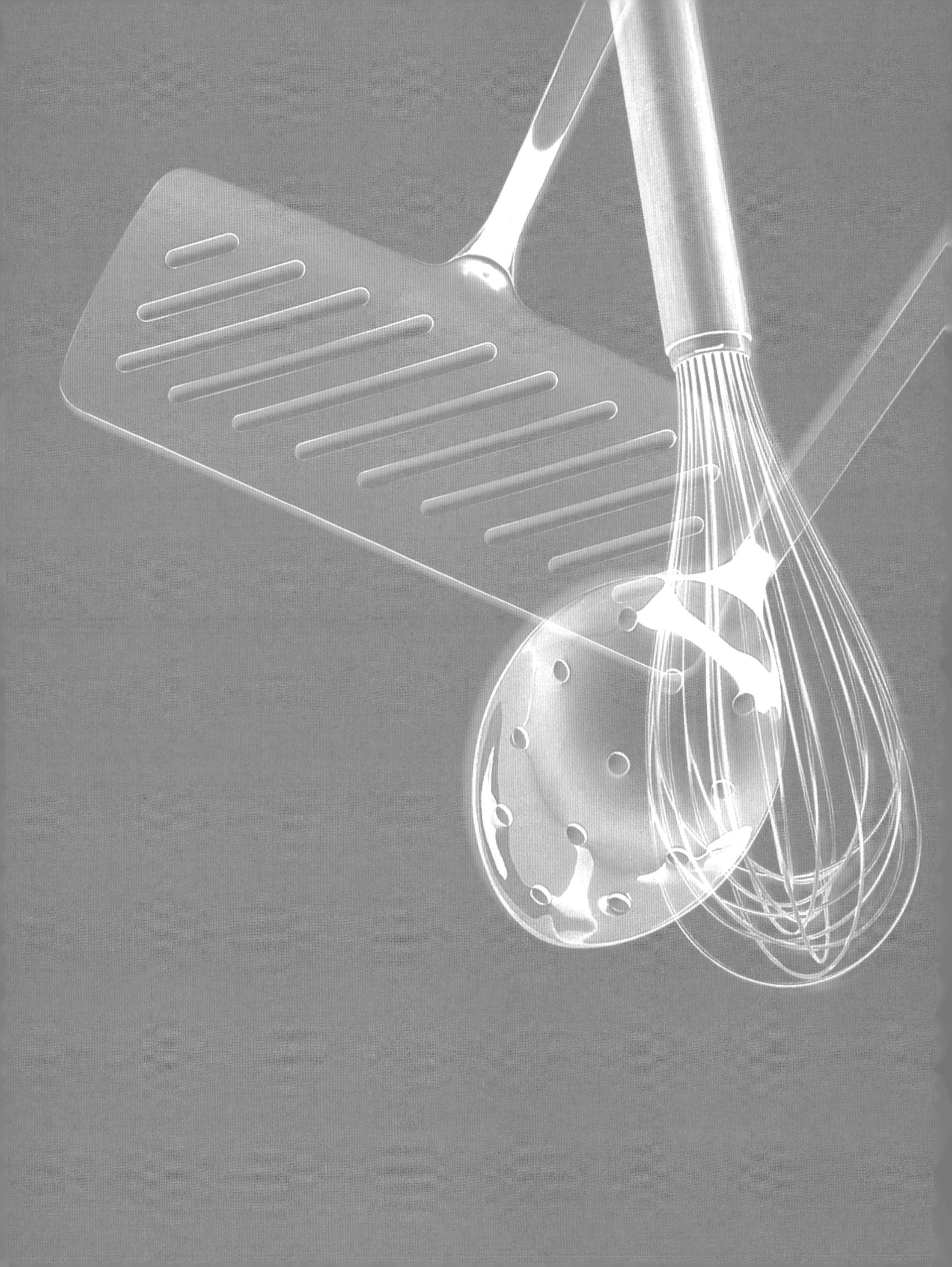

Kapitel 3

Fleisch

Fleisch ist sehr nährstoffreich und spielt bei der gesunden Ernährung eine wichtige Rolle. Wählen Sie vor allem magere Stücke, die wenig gesättigte Fettsäuren enthalten. Mageres Fleisch ist reich an Vitaminen und Mineralstoffen, insbesondere Eisen und Protein. Auf den folgenden Seiten finden Sie Rezepte, mit denen Sie Fleisch aufs Köstlichste zubereiten können.

Einführung

Fleisch ist sehr proteinhaltig und einfach zuzubereiten. Es kann der ideale Mittelpunkt für eine Mahlzeit sein, und bei der großen Auswahl an verschiedenen Fleischsorten und -teilen findet man für jede Gelegenheit das Richtige.

■ Kauf und Lagerung von Fleisch

Kaufen Sie Fleisch immer frisch von einem Händler Ihres Vertrauens. Lammfleisch sollte fest, rosa und marmoriert sein, keinesfalls dunkel und triefend. Das Fett sollte cremefarben, nicht gelb aussehen. Frisches Schweinefleisch ist feucht und leicht rosa, das Fett weiß. Vermeiden Sie öliges Schweinefleisch mit gelbem Fett. Frisches Rindfleisch ist kräftig burgunderrot, das Fett cremefarben. Älteres Fleisch wird hellrot, das Fett gelb. Ideal ist Rindfleisch, das mit Fett durchsetzt ist – es bleibt während des Garens saftig. Kalbfleisch sollte zartrosa, das Fett weiß sein. Wenn es bereits rot ist, ist es nicht mehr ganz frisch.

Beim Kauf von Fleisch rechnet man pro Person 180–350 g, je nachdem, ob es ein Stück am Knochen ist oder nicht. Packen Sie das Fleisch aus, sobald Sie nach Hause kommen, und legen Sie es in einen ausreichend großen, sauberen Behälter. Bedecken Sie es mit Frischhaltefolie, um eine bakterielle Verunreinigung zu vermeiden. Haben Sie das Fleisch verpackt gekauft, packen Sie es erst vor der Zubereitung aus. Verbrauchen Sie es vor dem Haltbarkeitsdatum. Frisches Lamm-, Schweine- oder Rinderhackfleisch sollte innerhalb von 1–2 Tagen nach dem Kauf verbraucht werden, Rind und Schwein halten sich frisch im Kühlschrank 2–3 Tage, gekocht 4–5 Tage.

Vor der Zubereitung sollte das Fleisch zugedeckt 30 Minuten lang auf Raumtemperatur gebracht werden. Kleinere Stücke Rind- oder Schweinefleisch können bis zu 6 Monate tiefgefroren werden, Lamm bis zu 3 Monate. Vor der Zubereitung muss das Fleisch im Kühlschrank oder in einem kühlen Raum gründlich aufgetaut werden: Berechnen Sie hierfür 6 Stunden je 500 g.

■ Vorbereitungstechniken

Es gibt eine Reihe von Methoden, Fleisch zum Garen vorzubereiten. Manche dieser Methoden dienen rein dekorativen Zwecken, andere machen das Fleisch zarter oder erleichtern das Garen.

Lammkoteletts

Entfernen Sie überschüssiges Fett am Rand mit einem scharfen Messer.

Schweinekoteletts und Rumpsteak

Schneiden Sie das Fett im Abstand von 2,5 cm entlang der Kante mit einem scharfen Messer ein.

Steaks zuschneiden

Entfernen Sie überschüssiges Fett mit einem scharfen Messer. Schneiden Sie das Fleisch quer zur Faser in Scheiben, für kleinere Teile nochmals quer in Stücke oder Würfel schneiden.

Plattieren

Legen Sie die Fleischstücke zwischen fettundurchlässiges Papier, und klopfen Sie das Fleisch entweder mit einem Fleischhammer oder einem Pfannenboden weich.

Rollbraten

Legen Sie ein flaches, knochenloses Stück Braten mit der Fettschicht nach unten, und verteilen Sie die Füllung gleichmäßig darauf. Rollen Sie das Fleisch ein, umwickeln Sie es mit sauberem Küchengarn und verknoten Sie dies. Knoten Sie nun alle 2,5 cm weitere Garnstücke um den Braten, und schneiden Sie die Garnenden ab.

Lammkeule als Schmetterlingsfilet zubereiten

Ein Kochmesser in die Höhle des Keulenknochens einführen, dann das Fleisch seitlich aufschneiden. Das Fleisch aufklappen und die Mittelachse leicht einschneiden, sodass es flach geöffnet ist.

Lammkarree auslösen

Entfernen Sie vom Rippenstück überschüssiges Fett bis auf eine etwa 1,5 cm dicke Fettschicht. Lösen Sie das Fleisch erst vom Rückgrat, entfernen Sie das Fett von den Knochenenden (bis auf eine Länge von etwa 5 cm), und schneiden Sie mit einem Messer das Fleisch von den Rippen ab.

Rind

■ Die Wahl des richtigen Stücks

Die Wahl des richtigen Stücks Fleisch ist nicht immer einfach, aber entscheidend, damit Ihr Rezept gelingt. Wenn Sie unsicher sind, fragen Sie am besten Ihren Metzger um Rat.

Rind

Zum Braten wählen Sie Filet, Lende, Ober- und Unterschale oder Hohe Rippe. Filets und Steaks eignen sich hervorragend zum Grillen im Backofen oder über Holzkohlenfeuer oder zum Braten in der Pfanne. Zum Braisieren oder für Eintöpfe verwendet man Kamm oder Oberschale.

Schwein

Zum Braten eignen sich Bauch, Keule, Lende, Schulter, Filet, Kotelett oder Steaks. Zum Grillen sind Bauch, Schnitzel, Lende, Schulter, Filet, Kotelett und Steak ideal. Koteletts sollte man aber nicht über Holzkohlenfeuer grillen. Zum Braten verwendet man Lende, Filet, Kotelett und Steaks oder auch Speckstreifen. Für Eintöpfe oder zum Schmoren nimmt man Keule, Schulter oder Lende.

Kalb

Brust, Lende und Schulter eignen sich am besten zum Braten, während zum Grillen im Backofen oder über Holzkohlenfeuer Lende, Oberschale und Schnitzel am besten sind. Zum Braten in der Pfanne wählt man Lende oder Oberschale und für Eintöpfe oder zum Schmoren Haxe, Schulter oder Brust.

Lamm

Zum Braten verwendet man Keule, Schulter, Sattelstück, Lammkarree und Brust, für die Pfanne Nuss oder den mittleren Hals. Zum Grillen nimmt man Koteletts, Nuss, Keule und Lammkarree. Für Eintöpfe oder zum Schmoren verwendet man Schulter, Haxe oder den mittleren Hals.

Schwein

Lamm

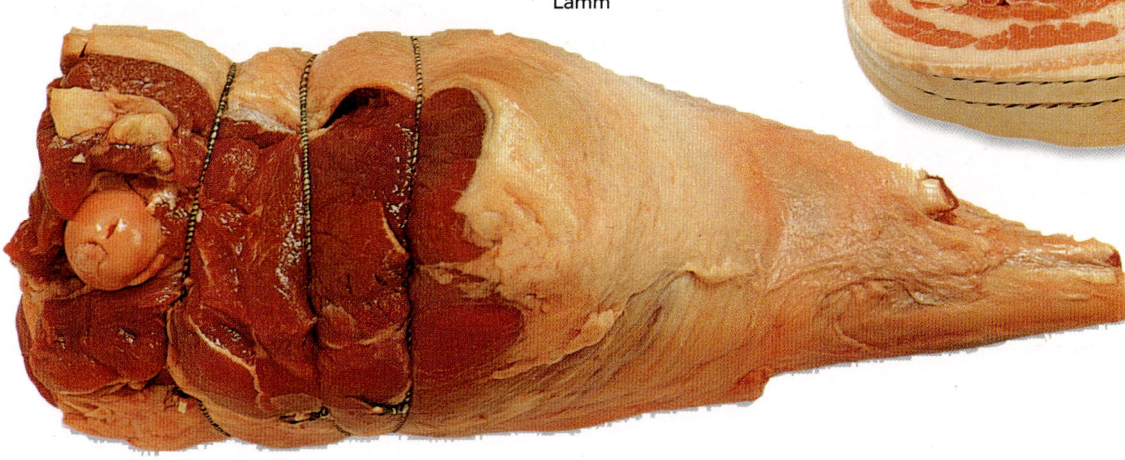

■ Fleisch zubereiten und zerlegen

Diese Techniken sind einfach zu erlernen. Sie müssen jedoch mit Sorgfalt ausgeführt werden, um aus dem Fleisch das Beste zu machen. Folgen Sie einfach den folgenden Anleitungen.

Braten mit Knochen

Der Lamm-, Schweine- oder Rinderbraten wird mit Öl, anschließend mit etwas Salz und im Mörser zerstoßenem Pfeffer eingerieben. Dann das Fleisch auf den Rost in einem Bräter legen, im Backofen braten und ein- oder zweimal mit dem Bratensud begießen. Nach Beendigung der Garzeit aus dem Ofen nehmen, das Fleisch in Folie wickeln und 15–20 Minuten stehen lassen. Zum Zerlegen halten Sie das Fleisch mit einer Fleischgabel fest und schneiden es von einem Ende aus in Scheiben.

Lammkeule

Schneiden Sie das Fett mit einem scharfen Messer rautenförmig ein. Anschließend das Fleisch mit Öl, dann mit etwas Salz und frisch gemahlenem Pfeffer einreiben. Legen Sie das Fleisch auf einen Rost in einen Bräter, und braten Sie die Keule im Backofen. Begießen Sie sie ein- bis zweimal mit dem Bratensud. Um zu sehen, ob das Fleisch durchgebraten ist, stechen Sie mit einem Bratspieß oder einem Messer in die dickste Stelle. Das Fleisch ist gar, wenn der austretende Saft klar ist. Nehmen Sie das gare Fleisch aus dem Ofen, wickeln Sie es in Folie ein, und lassen Sie es 15–20 Minuten stehen. Zum Zerteilen legen Sie die Keule mit der fleischigen Seite nach oben, und halten Sie sie mit einer Fleischgabel fest. Das Fleisch vom Gelenkknochen beginnend lösen. Drehen Sie die Keule anschließend um, und schneiden Sie das Fleisch in horizontale Scheiben.

Fleischthermometer

Mit einem Fleischthermometer kann man ermitteln, ob ein Braten durchgegart ist. Besonders bei Schweinefleisch ist dies wichtig, da halb durchgegartes Fleisch schädliche Bakterien enthalten und eine Lebensmittelvergiftung verursachen kann. Stecken Sie das Thermometer vor dem Garen in die dicksten Stelle des Fleisches. Es sollte nicht den Knochen berühren, da dies das Ergebnis verfälschen kann. Wenn das Thermometer die erforderliche Temperatur erreicht hat, ist das Fleisch gar. Die empfohlenen Temperaturen für die jeweiligen Fleischsorten finden Sie unten.

GARTEMPERATUREN

Lamm	rosa	75 °C
	durchgebraten	80 °C
Schwein	durchgebraten	90 °C
Rind	blutig	65 °C
	rosa	70 °C
	durchgebraten	75 °C

BACKOFENTEMPERATUREN UND GARZEITEN

Beachten Sie bitte, dass die Garzeiten und -temperaturen ja nach Backofen variieren können, es handelt sich hierbei lediglich um Richtwerte. Vor dem Garen muss der Ofen immer vorgeheizt sein.

Fleisch	Stück	Gewicht	Temperatur	Garzeit
Lamm	ganze Keule	2,5 kg	180 °C/Gas Stufe 4	2¼ Stunden (rosa) oder 2½ Stunden (durchgegart)
Lamm	ganze Schulter	2,5 kg	180 °C/Gas Stufe 4	2¼ Stunden (rosa) oder 2½ Stunden (durchgegart)
Schwein	Lende (mit Knochen)	2,5 kg	180 °C/Gas Stufe 4 220 °C/Gas Stufe 7	3 Stunden bei niedriger Temperatur, dann 20 Minuten bei höherer Temperatur (durchgegart)
Schwein	Schulter (mit Knochen)	2,5 kg	180 °C/Gas Stufe 4 220 °C/Gas Stufe 7	3 Stunden bei niedriger Temperatur, dann 20 Minuten bei höherer Temperatur (durchgegart)
Rind	Lendenfilet	2,5 kg	200 °C/Gas Stufe 6	1¾ Stunden (blutig), 2¼ Stunden (rosa) oder 2½ Stunden (durchgegart)
Rind	Oberschale	2 kg	180 °C/Gas Stufe 4	1½ Stunden (blutig), 2 Stunden (rosa) oder 2½ Stunden (durchgebraten)

BRATEN IN DER PFANNE

Garzeiten und Temperaturen für Kurzgebratenes aus der Pfanne
Die angegebenen Garzeiten gelten für ca. 2 cm dicke Steaks.
1 Minute von jeder Seite bei starker Hitze für außen dünne braune Kruste und innen blutig (roh).
2 Minuten von jeder Seite bei starker Hitze für außen braun, innen rosa und blutiger Kern (blutig).
1 Minute von jeder Seite bei starker Hitze, danach 3 Minuten von jeder Seite bei mittlerer Hitze für außen braun und innen rosa (rosa).
1 Minute von jeder Seite bei starker Hitze, danach 5 Minuten von jeder Seite bei mittlerer Hitze für vollständig durchgebraten (ganz durchgebraten).

Das richtige Bratfett
Der Braterfolg hängt wesentlich vom Fett ab. Zum Braten braucht man hohe Temperaturen, für die nicht jedes Fett oder Öl geeignet ist.
Butter und Margarine enthalten einen Wasseranteil von etwa 16 %, zudem Milcheiweiß und in geringen Mengen Salz. Diese Fette schäumen, spritzen und verbrennen relativ schnell. Aus diesem Grund sind Butter und Margarine nur fürs Braten bei geringer Hitze geeignet.
Ghee, geklärte Butter, ist reines Butterfett ohne Wasser und Zusatzstoffe und von daher hoch erhitzbar und für das Kurzbraten von Steaks geeignet.
Pflanzenfette aus Kokos- oder Erdnussfett sind ebenfalls reine Fette und hoch erhitzbar. Sie eignen sich sehr gut für schnell und knusprig braun Gebratenes.
Schweineschmalz lässt sich ebenfalls hoch erhitzen, hat aber einen starken Eigengeschmack.
Öle lassen sich sehr gut erhitzen, haben aber jeweils verschiedene Rauchpunkte. Erdnuss- und Sojaöl kann man sehr stark erhitzen, sie sind deshalb zum Braten besonders gut geeignet.
Raps- und Maiskeimöl haben einen etwas niedrigeren Rauchpunkt, eignen sich aber ebenfalls zum Braten. Sonnenblumenöl sollte nicht verwendet werden, ebenso nicht das kaltgepresste Olivenöl.

Rinderbraten mit Yorkshire-Pudding

Für 8 Personen

Vorbereitung
15 Minuten, plus 30–35 Minuten Ruhezeit
Garzeit
2–2½ Stunden

Zutaten
- 2,5–3 kg Hochrippe vom Rind, mit Knochen
- Salz und Pfeffer
- 2 TL englisches Senfpulver
- 3 EL Mehl
- 300 ml Rotwein
- 300 ml Rinderbrühe
- 2 TL Worcestersauce, nach Belieben

Yorkshire-Puddings
- 225 g Mehl
- 1 TL Salz
- 2 Eier, verquirlt
- 600 ml Milch
- 4 EL Bratfett oder Olivenöl

TIPP
Hochrippe, auch Hohes Roastbeef genannt, ist recht schwierig zuzubereiten, da sie innen möglichst noch rosa sein sollte. Daher ist gutes Timing wichtig.

Yorkshire-Pudding isst man in England zu gebratenem Fleisch mit dunkler Sauce – er ist also nicht süß. Man gießt die Sauce über die locker-leichten Puddings, die in speziellen Formen im Backofen gebacken werden.

1 Den Backofen auf 230 °C vorheizen.

2 Das Fleisch mit Salz und Pfeffer würzen und mit Senfpulver und 1 Esslöffel Mehl einreiben.

3 Das Fleisch in einen großen Bräter geben und 15 Minuten im Ofen backen. Die Hitze auf 190 °C reduzieren und pro 450 g weitere 15 Minuten schmoren, plus 15 Minuten (1¾ Stunden für diesen Braten), wenn man es blutig möchte, bzw. plus 20 Minuten pro 450 g und weitere 20 Minuten für rosa gebratenes Fleisch. Das Fleisch von Zeit zu Zeit mit dem Bratensaft übergießen, um es saftig zu halten, und etwas Wein oder Brühe zufügen, wenn keine Flüssigkeit mehr im Bräter ist.

4 Das Fleisch aus dem Backofen nehmen, auf einem vorgewärmten Servierteller mit Alufolie bedecken und 10–15 Minuten an einen warmen Ort stellen.

5 Für die Bratensaftsauce überschüssiges Fett aus dem Bräter abgießen und für den Yorkshire-Pudding beiseitestellen. Den Bräter bei mittlerer Hitze auf den Herd stellen und den Bratensatz ablösen. Das restliche Mehl hineinstreuen und schnell mit einem Schneebesen in den Bratensaft einrühren. Wenn eine weiche Paste entstanden ist, nach und nach unter ständigem Rühren den Wein und einen großen Teil der Brühe zufügen. Zum Kochen bringen, dann die Hitze verringern und 2–3 Minuten köcheln lassen. Mit Salz und Pfeffer abschmecken und – falls erforderlich – die restliche Brühe und nach Belieben etwas Worcestersauce einrühren.

6 Für die Yorkshire-Puddings den Backofen auf 220 °C vorheizen. Mehl und Salz in eine Schüssel füllen. In die Mitte eine Vertiefung drücken und die Eier hineingeben. Die Eier zusammen mit der Milch nach und nach mit einem Holzlöffel ins Mehl einrühren, bis ein weicher Teig entstanden ist. 20 Minuten ruhen lassen. Das Bratenfett oder Öl in 24 Yorkshire-Puddingformen oder Muffin-Formen verteilen und kurz im Ofen erwärmen. Den Teig in die Formen füllen und 10–15 Minuten backen, bis die Puddings aufgegangen und goldbraun sind.

7 Das fertig gegarte Fleisch in Scheiben schneiden und auf vorgewärmte Teller verteilen. Die Sauce in eine vorgewärmte Sauciere füllen und sofort zusammen mit den Yorkshire-Puddings servieren.

Bœuf bourguignon

Für 6 Personen

Vorbereitung
40 Minuten
Garzeit
3¼ Stunden

Bœuf bourguignon ist ein traditionelles französisches Gericht aus Burgund. Das saftige, in Rotwein geschmorte Rindfleisch ist ein wahrer Hochgenuss. Den leckeren Bratensaft saugt man am besten mit knusprigem Brot auf.

Zutaten

- 2 EL natives Olivenöl extra
- 175 g ungeräucherter Speck, in dünnen Streifen
- 1,5 kg Rinderbraten, in 5 cm großen Stücken
- 2 Karotten, in Scheiben
- 2 Zwiebeln, gehackt
- 2 Knoblauchzehen, fein gehackt
- 3 EL Mehl
- 700 ml Rotwein
- 350–450 ml Rinderbrühe
- 1 TL Salz
- ¼ TL Pfeffer
- 1 Bouquet garni
- 3 EL Butter
- 350 g Perlzwiebeln, geschält
- 350 g Champignons
- 2 EL frisch gehackte glatte Petersilie, zum Garnieren

1 Das Öl in einer großen, ofenfesten Kasserolle auf mittlerer Stufe erwärmen. Den Speck zufügen und 2–3 Minuten bräunen. Mit einem Schaumlöffel aus der Kasserolle nehmen. Das Fleisch nach und nach hineingeben und braun anbraten. Abtropfen lassen und zum Speck geben. Die Karotten und die Zwiebeln in die Kasserolle geben und 5 Minuten andünsten. Den Knoblauch zufügen und leicht anbräunen. Fleisch und Speck wieder in die Kasserolle geben, mit Mehl bestäuben und 1 Minute unter Rühren anschwitzen. Den Wein zufügen, mit Brühe auffüllen, Salz, Pfeffer und Bouquet garni zugeben. Zum Kochen bringen, abdecken und 3 Stunden köcheln lassen.

2 Die Hälfte der Butter in einer Pfanne zerlassen. Die Perlzwiebeln zufügen, abdecken und dünsten lassen, bis sie weich sind. Mit einem Schöpflöffel herausnehmen und warm halten. Die restliche Butter in der Pfanne zerlassen und die Champignons zugeben. Kurz anbraten, herausnehmen und warm halten.

3 Den Bratensaft durch ein Sieb in einen kleinen Topf gießen. Die Kasserolle mit Küchenpapier auswischen und Fleisch, Pilze und Zwiebeln hineingeben. Die Fettaugen vom Bratensaft schöpfen, 1–2 Minuten reduzieren lassen und dann über das Fleisch gießen. Mit gehackter Petersilie bestreut servieren.

Bœuf Stroganoff

Für 4 Personen

Vorbereitung
5 Minuten
Garzeit
12–15 Minuten

Der Name dieses Gerichts leitet sich von dem russischen Adelsgeschlecht Stroganow – französisch „Stroganoff" – ab. Die köstliche Zubereitung aus Rindfleisch, Zwiebeln und Champignons in einer cremigen Sauce glänzt mit dem Zusatz von Rotwein und Knoblauch.

Zutaten

- 40 g Mehl
- 1 TL Paprikapulver
- Salz und Pfeffer
- 700 g Rumpsteak, in sehr dünnen Streifen
- 50 g Butter
- 1 Zwiebel, fein gehackt
- 1 Knoblauchzehe, fein gehackt
- 250 g Champignons
- 1 EL Zitronensaft
- 2 EL trockener Rotwein
- 2 EL Tomatenmark
- 350 g saure Sahne
- 2 EL frische Schnittlauchröllchen, zum Garnieren

1 Mehl und Paprikapulver in einen Gefrierbeutel geben. Salz und Pfeffer zufügen und alles durch Schütteln mischen. Die Steakstreifen portionsweise in den Beutel geben und schütteln, bis sie rundum bemehlt sind.

2 Die Butter in einer großen Pfanne zerlassen. Zwiebel und Knoblauch zufügen und bei geringer Hitze unter gelegentlichem Rühren 5 Minuten weich dünsten. Die Hitze erhöhen, das Fleisch zufügen und rundum scharf anbraten. Dann Pilze, Zitronensaft und den Wein einrühren. Die Hitze reduzieren und alles 5 Minuten köcheln lassen.

3 Tomatenmark und saure Sahne zufügen. Das Gericht abschmecken, mit Schnittlauchröllchen garnieren und sofort servieren.

TIPP

Wenn Sie etwas Zeit haben, wickeln Sie das Rumpsteak in Frischhaltefolie ein und legen es dann 30 Minuten in den Kühlschrank. Danach lässt es sich leichter hauchdünn schneiden.

Rindfleisch-Fajitas

Für 4–6 Personen

Vorbereitung
30 Minuten, plus 30 Minuten Marinieren
Garzeit
10–15 Minuten

In diesem leckeren Rezept werden marinierte Rindfleischstreifen in weiche Tortillas eingerollt und mit einer pikanten Salsa serviert. Dieses von der mexikanischen Küche inspirierte Gericht macht einfach Spaß!

Zutaten

- 700 g Rindersteak, in Streifen geschnitten
- 6 Knoblauchzehen, zerdrückt
- Saft von 1 Limette
- 1 Prise mildes Chilipulver
- 1 Prise Paprikapulver
- 1 Prise gemahlener Kreuzkümmel
- 1–2 EL Olivenöl
- Salz und Pfeffer
- 12 Weizenmehl-Tortillas
- Öl, zum Braten
- 1–2 Avocados, gewürfelt und mit Limettensaft beträufelt
- 125 g saure Sahne

Salsa

- 8 reife Tomaten, gewürfelt
- 3 Frühlingszwiebeln, in Ringe geschnitten
- 1–2 grüne Chillies, z. B. Jalapeño oder Serrano, entkernt und gehackt
- 3–4 EL frisch gehackter Koriander
- 5–8 Radieschen, gewürfelt
- 1 TL gemahlener Kreuzkümmel
- Salz und Pfeffer

TIPP

Hierzu passt ein grüner Salat mit erfrischenden Orangenscheiben.

1 Das Fleisch mit der Hälfte des Knoblauchs und des Limettensafts sowie mit Chili- und Paprikapulver, Kreuzkümmel, Olivenöl, Salz und Pfeffer in einer Schüssel mischen und mindestens 30 Minuten oder über Nacht im Kühlschrank marinieren.

2 Für die Salsa Tomaten, Frühlingszwiebel, Chillies, Koriander, Radieschen, Kreuzkümmel, Salz und Pfeffer in einer Schüssel mischen und beiseitestellen.

3 Die Tortillas nacheinander in einer leicht gefetteten Pfanne erwärmen, dann in ein sauberes Geschirrtuch wickeln, um sie warm zu halten.

4 Das marinierte Fleisch mit etwas Öl in einer gusseisernen Pfanne scharf anbraten, bis es gar ist.

5 Das noch heiße Fleisch auf einem Servierteller anrichten. Tortillas, Salsa, Avocadowürfel und saure Sahne separat dazu reichen und die Fajitas individuell am Tisch füllen.

Grillsteaks mit Tomaten und Knoblauch

Ursprünglich aus Neapel kommend, wo es schwierig ist ein Gericht ohne Tomaten zu finden, hat diese Art Steaks zuzubereiten längst den Siegeszug um die Welt angetreten.

Für 4 Personen

Vorbereitung
20 Minuten
Garzeit
20–30 Minuten

Zutaten
- 3 EL Olivenöl, plus etwas mehr zum Bepinseln
- 700 g Tomaten, gehäutet und gehackt
- 1 rote Paprika, gehackt
- 1 Zwiebel, gehackt
- 2 Knoblauchzehen, fein gehackt
- 1 EL frisch gehackte glatte Petersilie
- 1 TL Oregano
- 1 TL Zucker
- Salz und Pfeffer
- 4 Entrecôte oder Rumpsteaks, je ca. 180 g

Zum Servieren
- gedünstete grüne Bohnen
- Salzkartoffeln

1 Öl, Tomaten, Paprika, Zwiebel, Knoblauch, Petersilie, Oregano und Zucker in einen großen Topf geben und mit Salz und Pfeffer abschmecken. Aufkochen, die Hitze reduzieren und 15 Minuten köcheln.

2 Unterdessen das sichtbare Fett von den Steaks entfernen. Großzügig mit Pfeffer (kein Salz) würzen und mit Olivenöl bepinseln. Unter dem vorgeheizten Backofengrill 1 Minute von jeder Seite grillen. Etwas tiefer hängen und je nach Geschmack garen: von jeder Seite 1½–2 Minuten blutig; 2½–3 Minuten rosa; 3–4 Minuten durchgebraten.

3 Die Steaks auf vorgewärmte Portionsteller legen und mit der Sauce übergießen. Sofort servieren. Dazu grüne Bohnen und neue Kartoffeln reichen.

Shepherd's Pie

Für 4–5 Personen

Vorbereitung
10 Minuten
Garzeit
1½ Stunden

Der Sheperd's Pie ist ein traditoneller englischer Auflauf, der ursprünglich aus den Resten des Sonntagsbratens zubereitet wurde. Meist enthält er Lamm- oder Rinderhack und wird mit dekorativ aufgespritztem Kartoffelpüree gekrönt.

Zutaten

- 700 g Lamm- oder Rinderhack
- 2 Zwiebeln, gehackt
- 200 g Karotten, gewürfelt
- 1–2 Knoblauchzehen, zerdrückt
- 1 EL Mehl
- 200 ml Rinderbrühe
- 200 g gehackte Tomaten aus der Dose
- 1 TL Worcestersauce
- Salz und Pfeffer
- 1 TL frisch gehackter oder ½ TL getrockneter Salbei oder Oregano
- 750 g–1 kg Kartoffeln
- 25 g Butter
- 3–4 EL Magermilch
- 125 g kleine Champignons

1 Das Fleisch in eine Pfanne ohne Fett geben und unter häufigem Rühren bei geringer Hitze anbraten.

2 Zwiebeln, Karotten und Knoblauch zufügen und weitere 10 Minuten garen. Das Mehl einrühren und die Fleischmischung noch etwa 1 Minute anbraten. Brühe und Tomaten zugeben und alles unter Rühren zum Kochen bringen.

3 Worcestersauce, Salz, Pfeffer und Salbei oder Oregano zufügen, abdecken und unter gelegentlichem Rühren ca. 25 Minuten köcheln lassen.

4 Den Backofen auf 200 °C vorheizen. Die Kartoffeln schälen, in Salzwasser gar kochen, gründlich abgießen und zerstampfen. Die Butter zufügen, mit ausreichend Milch zu einem sämigen Püree verarbeiten. Mit Salz und Pfeffer abschmecken. Den Teig in einen Spritzbeutel mit großer Sterntülle füllen.

5 Die Champignons in Scheiben schneiden, unter das Fleisch rühren und abschmecken. Die Fleischmasse in eine flache Auflaufform füllen.

6 Dann den Kartoffelteig gleichmäßig über das Fleisch spritzen. Im Backofen 30 Minuten backen, bis der Belag knusprig und goldbraun ist.

VARIATION

Für die Kartoffelhaube können Sie zu den gekochten Kartoffeln auch Pastinaken und Kohlrüben zugeben und mit den Kartoffeln pürieren.

Moussaka

Für 4 Personen

Vorbereitung
40 Minuten
Garzeit
45 Minuten

Zutaten
- 2 Auberginen, in dünnen Scheiben
- 500 g Rinderhackfleisch
- 2 Zwiebeln, in feinen Ringen
- 1 TL gehackter Knoblauch
- 400 g gehackte Tomaten aus der Dose
- 2 EL frisch gehackte Petersilie
- Salz und Pfeffer
- 2 Eier
- 300 g fettarmer Naturjoghurt
- 1 EL frisch geriebener Parmesan

Moussaka stammt eigentlich aus Griechenland, ist jedoch in großen Teilen der mediterranen Welt verbreitet. Es gibt viele Variationen dieses Gerichts, gewöhnlich enthält es Auberginenscheiben, Hackfleisch und einen Belag aus Käse und heller Sauce.

1 Die Auberginenscheiben in einer großen beschichteten Pfanne ohne Öl portionsweise von beiden Seiten anbräunen. Aus der Pfanne nehmen.

2 Das Fleisch in der Pfanne unter ständigem Rühren 5 Minuten anbräunen. Zwiebeln und Knoblauch unterrühren, weitere 5 Minuten braten. Tomaten, Petersilie, Salz und Pfeffer zufügen, alles aufkochen und 20 Minuten köcheln lassen, bis das Fleisch gar ist.

3 Den Backofen auf 180 °C vorheizen. Die Hälfte der Auberginenscheiben in eine Auflaufform schichten. Die Fleischmischung darauf verteilen, mit den restlichen Auberginenscheiben bedecken.

4 Die Eier in einer Schüssel verquirlen. Joghurt, Salz und Pfeffer unterrühren. Die Mischung über die Moussaka gießen und mit Parmesan bestreuen. Das Ganze 45 Minuten im Ofen backen, bis die Kruste goldbraun ist. Direkt aus der Auflaufform servieren.

TIPP

Seien Sie experimentierfreudig, und stellen Sie Ihre eigene Zutatenliste zusammen. Rindfleisch kann man durch Lamm ersetzen und in Scheiben geschnittene Kartoffeln oder Artischocken zu den Auberginen geben.

Lammrücken mit Minzsauce

Für 2 Personen

Vorbereitung
20 Minuten, plus 3–8 Stunden Marinierzeit und 35 Minuten Ruhezeit
Garzeit
15–20 Minuten

Zutaten
- 250–300 g Lammrücken
- 1 Knoblauchzehe, zerdrückt
- 150 ml Rotwein
- 1 Rosmarinzweig, zerdrückt
- Salz und Pfeffer
- 1 EL Olivenöl
- 150 ml Lammbrühe
- 2 EL rotes Johannisbeergelee

Minzsauce
- 1 kleiner Bund frisch gehackte Minze
- 1 TL Zucker
- 2 EL kochendes Wasser
- 2 EL Weißweinessig

Sie möchten einen Braten machen, haben aber nur einen Gast? Dann ist ein saftiger Lammrücken genau das Richtige. In der Zeit nach Ostern ist Lammfleisch am feinsten und zartesten. Ihr Gast wird begeistert sein.

1 Den Lammrücken in eine metallfreie Schüssel geben und mit Knoblauch einreiben. Den Wein darübergießen und den Rosmarinzweig oben auf das Fleisch legen. Abdecken und zum Marinieren 3 Stunden oder über Nacht in den Kühlschrank stellen.

2 Für die Minzsauce die Minze mit dem Zucker in einer kleinen Schüssel vermischen. Das kochende Wasser darübergießen und rühren, um den Zucker aufzulösen. Den Weißweinessig zugeben und 30 Minuten ziehen lassen.

3 Den Backofen auf 220 °C vorheizen. Das Lammfleisch aus der Marinade nehmen, die Marinade aufheben und das Fleisch mit Küchenpapier trocken tupfen. Gut mit Salz und Pfeffer würzen, in einen kleinen Bräter geben und mit Öl beträufeln. 20–30 Minuten im Backofen garen, je nachdem, ob Sie es rosa oder durchgebraten mögen. Das Fleisch aus dem Backofen nehmen und mit Alufolie bedeckt an einem warmen Ort 5 Minuten ruhen lassen.

4 Die Marinade in einem kleinen Topf auf niedriger Stufe zum Kochen bringen und 2–3 Minuten reduzieren lassen. Die Brühe und das Gelee zufügen und köcheln lassen, bis die Sauce eindickt.

5 Den Lammrücken in Koteletts zerteilen und auf vorgewärmten Tellern mit ein wenig Sauce übergießen. Die Minzsauce separat dazu reichen.

TIPP

Dieses Gericht eignet sich auch sehr gut für ein Abendessen mit Freunden. Verdoppeln oder verdreifachen Sie einfach die Zutaten, je nach Anzahl der Gäste.

Lammhaxen mit Röstzwiebeln

Für 4 Personen

Vorbereitung
20 Minuten
Garzeit
2–2¼ Stunden

Gebratene Lammhaxen werden mit Knoblauch und Rosmarin aromatisiert und mit süßen roten Zwiebeln sowie glasierten Karotten serviert. Dazu brauchen Sie nur noch eine Flasche fruchtigen Rotwein.

Zutaten
- 4 Lammhaxen, je ca. 350 g
- 6 Knoblauchzehen
- 2 EL Olivenöl
- 1 EL frisch gehackter Rosmarin
- Pfeffer
- 4 rote Zwiebeln
- Salz
- 400 g Karotten, in Stiften
- 4 EL Wasser

1 Alles sichtbare Fett von den Haxen entfernen. Mit einem kleinen scharfen Messer 6 kleine Einschnitte in jede Haxe machen. Die Knoblauchzehen längs in je 4 Scheiben schneiden und in die Einschnitte stecken.

2 Den Backofen auf 180 °C vorheizen. Die Haxen nebeneinander in eine große Auflaufform legen, mit Olivenöl beträufeln, mit Rosmarin bestreuen und mit Pfeffer würzen. 45 Minuten im Ofen braten.

3 Die Zwiebeln einzeln in Alufolie einpacken. Die Auflaufform aus dem Backofen nehmen und die Lammhaxen salzen. Die Zwiebeln auf den Rost neben die Form legen und alles wieder in den Ofen schieben. Weitere 1–1¼ Stunden garen, bis das Lamm sehr zart ist.

4 Unterdessen in einem großen Topf Wasser zum Kochen bringen. Die Karotten zugeben und 1 Minute blanchieren. Abgießen und unter fließend kaltem Wasser abschrecken.

5 Die Form aus dem Ofen nehmen und das Fleisch auf einen vorgewärmten Servierteller legen. Jegliches Fett aus der Auflaufform abschöpfen und die Form bei mittlerer Hitze auf den Herd stellen. Die Karotten zugeben und 2 Minuten dünsten. Das Wasser zugießen, aufkochen und unter ständigem Rühren 2 Minuten köcheln.

6 Karotten zum Fleisch geben. Die Zwiebeln aus dem Ofen nehmen und auspacken. Etwa 1 cm vom oberen Rand abschneiden und die Zwiebeln zum Gericht geben. Sofort servieren.

Rogan Josh

Für 4 Personen

Vorbereitung
20 Minuten, plus
10 Minuten Kühlzeit
Garzeit
50–55 Minuten

Zutaten
- 125 ml Ghee oder Öl
- 500 g Lammfleisch, entbeint und in mundgerechten Stücken
- 4 Knoblauchzehen, gehackt
- 3 grüne Chillies, entkernt und gehackt
- 2,5-cm-Stück frische Ingwerwurzel, gerieben
- 1 TL Mohnsamen
- 1 Zimtstange, zerstoßen
- Samen aus 1 Kardamomkapsel, zerstoßen
- 4 Gewürznelken, zerstoßen
- 1 TL gemahlene Koriandersamen
- 1 TL gemahlener Kreuzkümmel
- 250 g saure Sahne
- ½ TL Kurkuma
- ½ TL Chilipulver
- 2 große Tomaten, gehackt
- 1 Lorbeerblatt
- frische Korianderblätter, zum Garnieren
- frisch gekochter Reis, zum Servieren

Rogan Josh ist eines der beliebtesten Currys in Indien und bedeutet übersetzt „Roter Curry" – was auf die Chillies hindeutet. Statt mit Reis kann man es auch mit Naan-Brot servieren und damit die cremige Sauce auftunken.

1 Die Hälfte des Ghee oder Öls in einem großen Topf auf hoher Stufe erhitzen. Das Lammfleisch zugeben und 5 Minuten unter Rühren anbraten. Das Fleisch mit einem Schaumlöffel herausnehmen und auf Küchenpapier abtropfen lassen. Knoblauch, Chillies, Ingwer, Mohn und die zerstoßenen und gemahlenen Gewürze zufügen und auf mittlerer Stufe 4 Minuten unter Rühren braten. Vom Herd nehmen, ein paar Minuten abkühlen lassen, dann in einen Mixer geben. Saure Sahne, Kurkuma und Chilipulver einrühren und alles zu einer geschmeidigen Masse verarbeiten.

2 Das restliche Ghee im Topf auf niedriger Stufe erhitzen. Die Tomaten zufügen und 3 Minuten unter Rühren dünsten. Die Saure-Sahne-Mischung einrühren, bis sich das Öl trennt. Vom Herd nehmen und das Lammfleisch zugeben. Das Lorbeerblatt hineingeben und wieder auf den Herd stellen. Abdecken und 35–40 Minuten köcheln lassen, bis die Flüssigkeit stark eingedickt ist. Vom Herd nehmen und das Lorbeerblatt entfernen. Mit den Korianderblättern garnieren und mit gekochtem Reis servieren.

Schweinerollbraten

Besonders Schweinefleisch lässt sich wunderbar schmoren und ist bei uns ein Klassiker. Servieren Sie den Rollbraten mit Erbsen und Kartoffeln.

Für 4 Personen

Vorbereitung
20 Minuten
Garzeit
1 Stunden 40 Minuten

Zutaten

- 1 EL Sonnenblumenöl
- 50 g Butter
- 1 kg Schweinerollbraten
- 4 Schalotten, gehackt
- 6 Wacholderbeeren
- 2 frische Thymianzweige, plus etwas mehr zum Garnieren
- 150 ml trockener Cidre
- 150 ml Hühnerbrühe oder Wasser
- Salz und Pfeffer
- 8 Selleriestangen, in Scheiben
- 2 EL Mehl
- 150 g Crème double

Zum Servieren

- gekochte Erbsen
- Salzkartoffeln

1 Das Öl und die Hälfte der Butter in einem großen Topf erhitzen. Das Fleisch zufügen und bei mittlerer Hitze 5–10 Minuten rundum goldbraun anbraten. Anschließend auf einem Teller beiseitestellen.

2 Die Schalotten in den Topf geben und 5 Minuten unter Rühren weich dünsten. Dann Wacholderbeeren und Thymianzweige einrühren und den Braten mit der ausgetretenen Flüssigkeit in den Topf zurückgeben. Cidre und Brühe oder Wasser zugießen. Mit Salz und Pfeffer würzen, abdecken und 30 Minuten köcheln lassen. Dann den Braten wenden und den Sellerie zufügen. Abdecken und 40 Minuten köcheln lassen.

3 Unterdessen das Mehl mit der restlichen Butter in einer kleinen Schale vermengen. Fleisch und Sellerie auf eine Servierplatte geben und warm halten. Die Wacholderbeeren und den Thymian aus dem Topf nehmen und wegwerfen. Den Topf auf den Herd stellen und die Mehlbutter nach und nach in die köchelnde Sauce einrühren. Unter Rühren etwa 2 Minuten köcheln lassen, dann die Crème double einrühren und die Sauce erneut aufkochen.

4 Das Fleisch in Scheiben schneiden und mit einem Teil der Sauce übergießen, dann mit Thymianzweigen garnieren und mit dem Sellerie, den Salzkartoffeln und einer Portion Erbsen servieren. Die restliche Sauce separat dazu reichen.

VARIATION

Man kann den Sellerie durch 2 in dünne Streifen geschnittene Fenchelknollen ersetzen. Diese sorgen für einen leicht anisartigen Geschmack.

Koteletts mit Wacholderbeeren

Für 4 Personen

Vorbereitung
25 Minuten, plus 2 Stunden Marinieren
Garzeit
10–15 Minuten

Fenchel und Wacholderbeeren geben diesem Schweinefleischgericht einen ganz besonderen Pfiff. Doch erst zusammen mit dem süßen Zitrusgeschmack der Orange wird es zu einem unvergesslichen Genuss, der Ihre Gäste begeistern wird.

Zutaten

- ½ Fenchelknolle
- 1 EL Wacholderbeeren
- 2 EL natives Olivenöl extra
- abgeriebene Schale und Saft von 1 Orange
- 4 Schweinekoteletts, je ca. 150 g

1 Die grünen Stiele und den Strunk der Fenchelknolle entfernen, den Fenchel fein hacken.

2 Die Wacholderbeeren in einem Mörser zerstoßen und in einer Schüssel mit Fenchel, Öl und Orangenschale mischen.

3 Die Koteletts mit einem scharfen Messer mehrmals einschneiden.

4 Die Koteletts in einen Bräter oder eine Auflaufform geben und mit der Fenchel-Wacholder-Mischung bestreuen.

5 Vorsichtig den Orangensaft über die Koteletts gießen, abdecken und mindestens 2 Stunden im Kühlschrank marinieren.

6 Den Backofengrill auf mittlere Hitze vorheizen. Das Fleisch 10–15 Minuten (je nach Dicke der Koteletts) unter dem heißen Grill garen. Dabei gelegentlich wenden, bis das Fleisch gar ist.

7 Die Koteletts auf Servierteller verteilen und sofort servieren.

TIPP

Wacholderbeeren kennt man vor allem aus Wildgerichten, doch auch zu Schweinefleisch harmonieren sie bestens. Sie sind getrocknet erhältlich und sollten vor der Verwendung zerstoßen werden.

Glasierte Schinkensteaks

Für 4 Personen

Vorbereitung
5 Minuten
Garzeit
10 Minuten

Zutaten
- 4 dicke Scheiben Kochschinken
- 4 EL brauner Zucker
- 2 TL Senfpulver
- 4 EL Butter
- 8 Ananasscheiben

Zum Servieren
- Kartoffelpüree
- gedünstete grüne Bohnen

In dicke Scheiben geschnittener Kochschinken wird in diesem köstlichen Gericht in Zucker und Senfpulver glasiert und mit gebratenen Ananasringen serviert. Als Beilage empfehlen sich grüne Bohnen und Kartoffelpüree.

1 Eine Grillpfanne bei mittlerer Hitze erwärmen. Die Schinkensteaks darin 5 Minuten braten, dabei einmal wenden. Falls nicht alle 4 Scheiben in der Pfanne Platz finden, braten Sie sie portionsweise und halten die bereits gebratenen Steaks warm.

2 Braunen Zucker und Senfpulver in einer kleinen Schüssel mischen.

3 Die Butter in einer großen schweren Pfanne erhitzen. Die Ananasscheiben darin 2 Minuten braten, bis sie heiß sind, dabei einmal wenden. Mit dem Zucker-Senf-Gemisch bestreuen und bei geringer Hitze weiterbraten, bis der Zucker aufgelöst und die Ananas schön glasiert ist. Die Ananasscheiben noch einmal wenden, um beide Seiten zu glasieren. Die Schinkensteaks auf 4 vorgewärmte Servierteller verteilen. Je 2 Ananasscheiben entweder neben die Steaks oder zwischen sie überlappend auf den Teller legen. Mit dem Ananassud beträufeln und servieren.

Kalbsbraten in Rotwein

Bei diesem Schmorgericht lässt man Kalbfleisch mit Rotwein, Knoblauch, Tomaten und einer Auswahl an frischen Kräutern zwei Stunden köcheln, bis sich die Aromen zu einem einzigartigen Ganzen verbunden haben.

Für 6 Personen

Vorbereitung
25 Minuten
Garzeit
2 Stunden 20–25 Minuten

Zutaten

- 30 g Mehl
- Pfeffer
- 1 kg Kalbsbraten, gewürfelt
- 4 EL Olivenöl
- 400 g Perlzwiebeln
- 2 Knoblauchzehen, fein gehackt
- 400 g Karotten, in Scheiben
- 300 ml trockener Rotwein
- 150 ml Rinder- oder Hühnerbrühe
- 400 g Tomaten aus der Dose, gewürfelt und mit Kräutern gewürzt
- Schale von 1 Zitrone
- 1 Lorbeerblatt
- 1 EL frisch gehackte glatte Petersilie
- 1 EL frisch gehacktes Basilikum
- 1 TL frisch gehackter Thymian
- Salz
- frisch gekochter Reis, zum Servieren

1 Mehl und Pfeffer in einen Gefrierbeutel füllen, Fleisch zugeben, gut verschließen und schütteln, sodass die Fleischwürfel gut mit Mehl bedeckt sind. Das Öl in einem feuerfesten Topf erhitzen. Das Fleisch portionsweise zugeben und nach und nach 5–10 Minuten unter ständigem Rühren von allen Seiten bräunen. Mit einem Schaumlöffel herausnehmen und beiseitestellen.

2 Die Zwiebeln schälen, mit Knoblauch und Karotten in den Topf geben und 5 Minuten dünsten. Das Fleisch in den Topf zurückgeben. Den Backofen auf 180 °C vorheizen.

3 Den Wein zugießen und dabei den Bratensatz vom Boden lösen, dann Brühe, Tomaten mit Saft, Zitronenschale, Lorbeer und Kräuter zugeben, mit Salz und Pfeffer abschmecken. Aufkochen und dann abdecken.

4 Etwa 2 Stunden im Backofen schmoren, bis das Fleisch zart ist. Zitronenschale und Lorbeerblatt entfernen. Heiß mit frisch gekochtem Reis servieren.

TIPP

Dieser Schmortopf kann ausgezeichnet vorgekocht und dann wieder aufgewärmt werden. Nach dem Kochen erkalten lassen und im Kühlschrank aufbewahren. Zum Erwärmen aufkochen und dann 15 Minuten köcheln lassen. Dieser klassische Kalbsschmorbraten kann auch mit Rindfleisch zubereitet werden.

Ossobuco mit Zitrusschalen

Hier wird das beliebte Gericht Ossobuco nach italienischer Art mit Rosmarin zubereitet. Die Zitronen- und Orangenschale und das Basilikum verleihen dem Kalbfleisch eine belebende Note.

Für 6 Personen

Vorbereitung
25 Minuten
Garzeit
1 Stunde 30–40 Minuten

Zutaten
- 1–2 EL Mehl
- Salz und Pfeffer
- 6 fleischige Scheiben aus der Kalbshaxe
- 1 kg frische Tomaten, gehäutet, entkernt und in Scheiben, oder gewürfelte Tomaten aus der Dose
- 1–2 EL Olivenöl
- 250 g Zwiebeln, sehr fein gehackt
- 250 g Karotten, in dünnen Scheiben
- 225 ml trockener Weißwein
- 225 ml Rinderbrühe
- 6 große Basilikumblätter, gezupft
- 1 große Knoblauchzehe, sehr fein gehackt
- abgeriebene Schale von 1 großen Zitrone
- abgeriebene Schale von 1 Orange
- 2 EL frisch gehackte glatte Petersilie
- frisches Brot, zum Servieren

1 Das Mehl in einen Gefrierbeutel geben und mit Salz und Pfeffer mischen. Die Beinscheiben jeweils nacheinander zufügen, den Beutel verschließen und schütteln, bis sie überall mit Mehl bedeckt sind. Herausnehmen und überschüssiges Mehl abklopfen.

2 Falls Dosentomaten verwendet werden, diese in ein Sieb gießen und abtropfen lassen.

3 In einem Topf 1 Esslöffel Öl erhitzen. Die Beinscheiben zufügen und von jeder Seite 10 Minuten braten, bis sie braun sind. Aus dem Topf nehmen.

4 Falls nötig, erneut 1–2 Teelöffel Öl in den Topf geben. Zwiebeln zufügen und unter leichtem Rühren 5 Minuten schmoren. Die Karotten einrühren und weich dünsten.

5 Tomaten, Wein, Brühe, Basilikum und Beinscheiben in den Topf geben. Zum Kochen bringen, die Hitze reduzieren und 1 Stunde zugedeckt köcheln. Mit der Messerspitze testen, ob das Fleisch zart ist. Gegebenenfalls weitere 10 Minuten köcheln und erneut testen.

6 Wenn das Fleisch zart ist, mit Knoblauch, Zitronen- und Orangenschale bestreuen und weitere 10 Minuten kochen.

7 Mit Salz und Pfeffer abschmecken, mit Petersilie bestreuen und mit knusprigem Brot servieren.

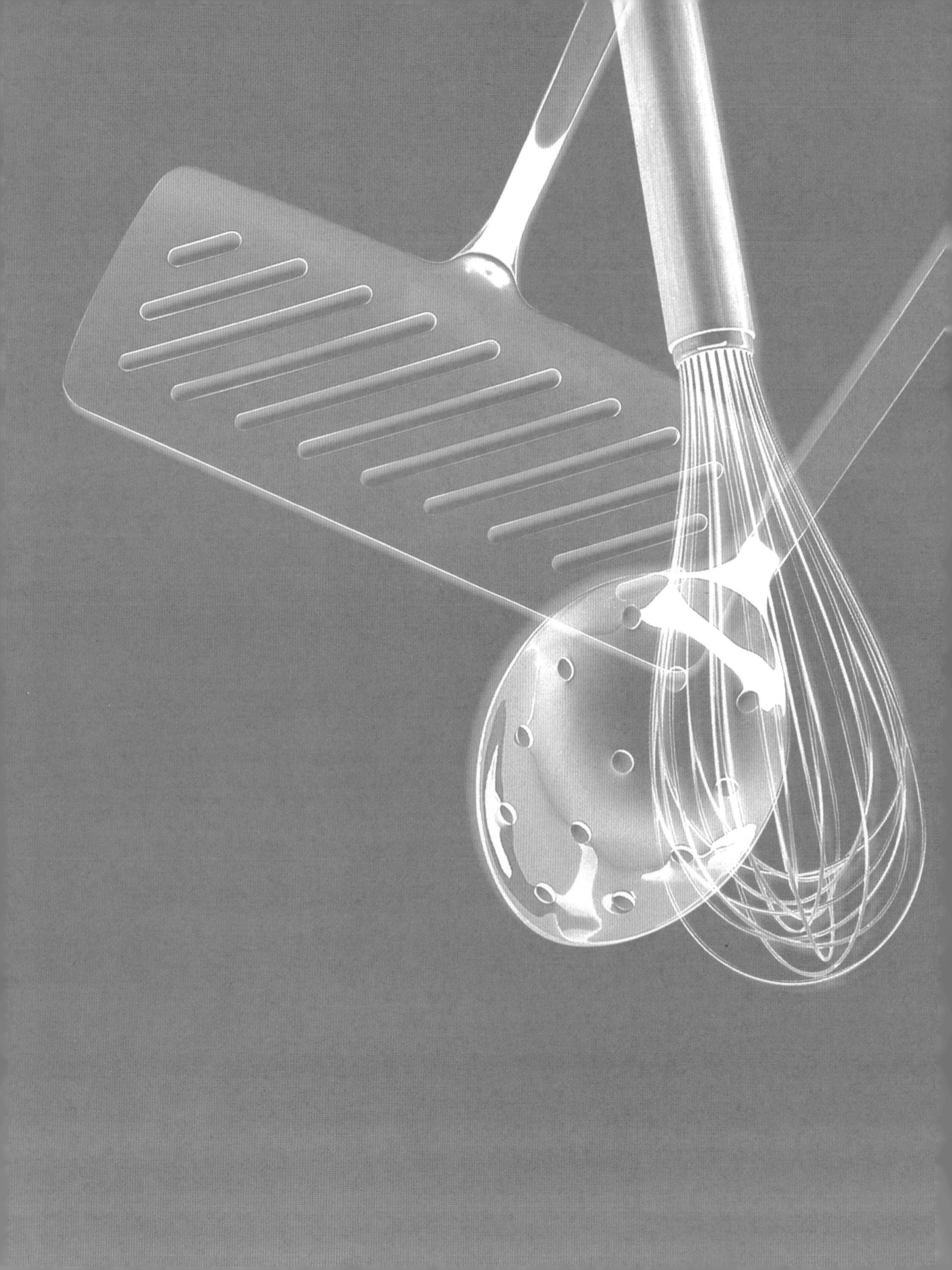

Kapitel 4

Geflügel und Wild

Geflügel ist köstlich, preisgünstig und sehr vielseitig. Ein knusprig gebratenes Hähnchen ist eine wunderbare Hauptmahlzeit, und sollten noch Reste übrig bleiben, lassen sich daraus allerlei fantasievolle Gerichte zubereiten. Wild steht Geflügel in nichts nach, und selbst verwöhnte Gäste kann man mit einem Wildgericht beeindrucken.

Einführung

Geflügel ist eine wichtige Proteinquelle, und es ist schnell zubereitet. Manches Geflügel wie Huhn oder Truthahn ist sehr mager, wenn man die fetthaltige Haut entfernt. Ente dagegen enthält mehr Fett. Wild und Wildgeflügel sind heute leichter erhältlich als früher.

■ Kauf und Lagerung von Wild und Geflügel

Kaufen Sie Wild und Geflügel immer frisch und von einem verlässlichen Händler. Wählen Sie fleischiges Geflügel mit tadelloser Haut. Auch die Verpackung sollte unbeschädigt sein. Nehmen Sie Frischgeflügel aus der Verpackung, sobald Sie nach Hause kommen. Legen Sie die Innereien, falls vorhanden, in eine Schale, das Geflügel auf einen Rost in eine andere Schale, und decken Sie beides locker mit Frischhaltefolie ab. Stellen Sie alles in den Kühlschrank, nicht jedoch in die Nähe von gekochtem Fleisch, damit sich keine Bakterien übertragen. Ganzes Geflügel kann man so 1–2 Tage im Kühlschrank aufbewahren, Innereien nur 1 Tag.

Gefrorenes Geflügel kann originalverpackt tiefgefroren aufbewahrt werden. Vor der Zubereitung muss es im Kühlschrank gründlich aufgetaut werden; man rechnet 5 Stunden pro 500 g bei einem Huhn und 6 Stunden je 500 g bei einem Truthahn.

Wildvögel sind während der Saison frisch erhältlich, die restliche Zeit des Jahres tiefgefroren zu kaufen. Echte Wildvögel haben einen niedrigeren Fettgehalt als Zuchtvögel und sollten zum Braten mit Speckstreifen bardiert werden. Älteres Geflügel eignet sich eher für Suppen, Schmorgerichte und Eintöpfe. Gejagtes Wild wie Reh, Hirsch und Hase ist oft weniger zart als das Fleisch gezüchteter Tiere, weil Wild in der Natur mehr Bewegung hat. Es sollte langsam, aber nicht zu lange weich gekocht werden. Beim Braisieren bleibt das Fleisch saftig. Es kann auch gebraten werden, sollte dann aber mit Speckstreifen bardiert werden.

■ Geflügelarten

Für welches Geflügel Sie sich entscheiden, hängt zum einen vom Geschmack ab. Aber auch der Anlass und die Anzahl der Personen spielen eine Rolle.

Huhn

Huhn gibt es in vielen verschiedenen Varianten, darunter Freilandhühner, Hühner aus biologischer Haltung und Maishühner. Man erhält Geflügel bratfertig vorbereitet oder tiefgefroren. Man kann Flügel, Brust und Keule einzeln kaufen – oder ein ganzes Huhn selbst zerlegen. Huhn schmeckt köstlich in der Pfanne oder im Backofen gebraten, gedünstet, pochiert, gegrillt, geschmort, pfannengerührt oder frittiert.

Stubenküken

Ein Stubenküken ist ein sehr junges, kleines Huhn. Es wiegt bis zu 400 g – für eine Mahlzeit rechnet man ein Stubenküken pro Person. Man kann es braten und im Backofen oder über Holzkohlenfeuer grillen.

Perlhuhn

Das Perlhuhn ist mit dem Huhn und dem Rebhuhn verwandt. Sein leichtes, dunkles Fleisch hat einen kräftigen Geschmack. Man kann es frisch oder tiefgefroren kaufen. Da das Perlhuhn sehr mager ist, eignet es sich zum Schmoren mit reichlich Flüssigkeit. Alternativ kann man es auch zum Braten mit Speckstreifen bardieren.

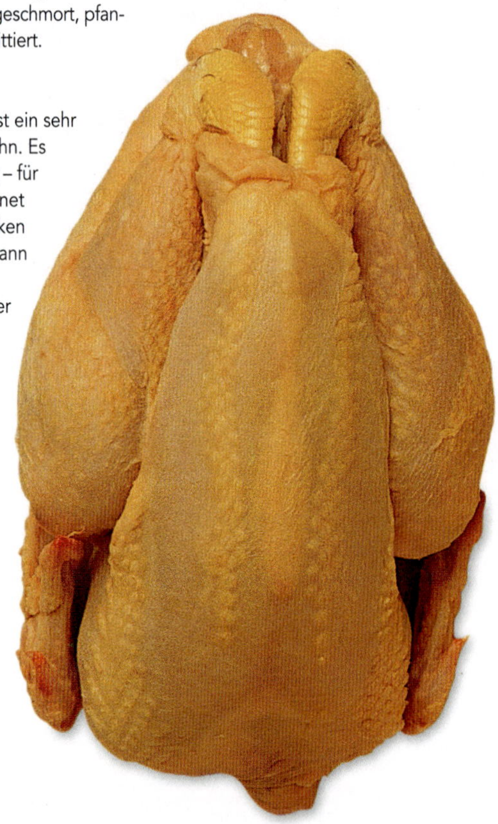

Huhn

Truthahn
Ein Truthahn (Puter) ist wesentlich größer als ein Huhn – er kann bis zu 31,5 kg wiegen. Truthahn wird genauso zubereitet wie Huhn, und in den Rezepten ist ihr Fleisch oft austauschbar. Im Handel kann man ganzen Truthahn, küchenfertig zubereitet oder tiefgefroren, oder auch einzelne Teile wie Brust oder Keulen kaufen. Truthahn wird im Backofen oder in der Pfanne gebraten, geschmort, braisiert oder pfannengerührt.

Ente
Ente ist als ganzes Tier frisch oder tiefgefroren erhältlich. Brust und Keulen bekommt man auch einzeln. Ente ist fetter als Huhn oder Truthahn und eignet sich deshalb besonders als Braten, zum Grillen oder zum Braten in der Pfanne. Oft reicht man zur Ente eine saure Fruchtsauce, um Fettgeschmack zu neutralisieren.

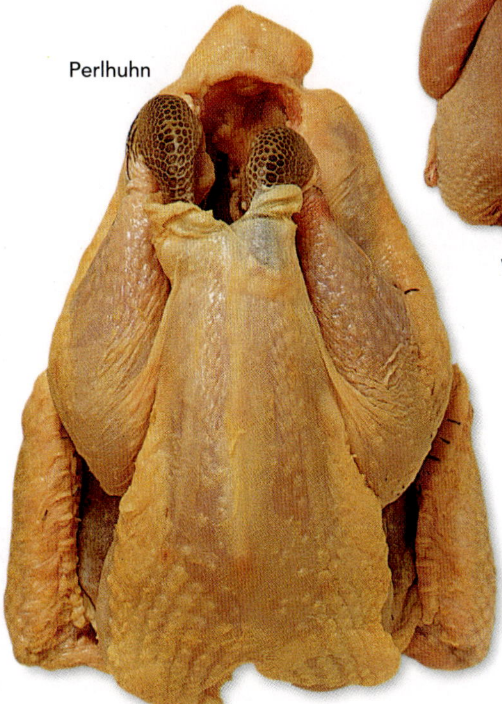

Perlhuhn

Gans
Eine Gans ist größer als eine Ente. Man bekommt sie gelegentlich frisch, meist jedoch tiefgefroren. In Europa wird sie als festliche Mahlzeit – zum Beispiel zu Weihnachten – geschätzt. Aufgrund ihres hohen Fettgehalts spielt sie in der täglichen Ernährung eine untergeordnete Rolle. Gänse werden gebraten, geschmort, braisiert oder als Eintopf zubereitet. Zur Gans reicht man ebenfalls gern eine säuerliche Fruchtsauce, die den Fettgeschmack neutralisiert.

Rebhuhn
Dieser Wildvogel hat dunkles Fleisch und einen erdigen Geschmack. Da sein Fleisch etwas zäh sein kann, eignet es sich zum Braisieren, in einem Eintopf oder als Schmorbraten. Man kann es jedoch auch braten.

Wachtel

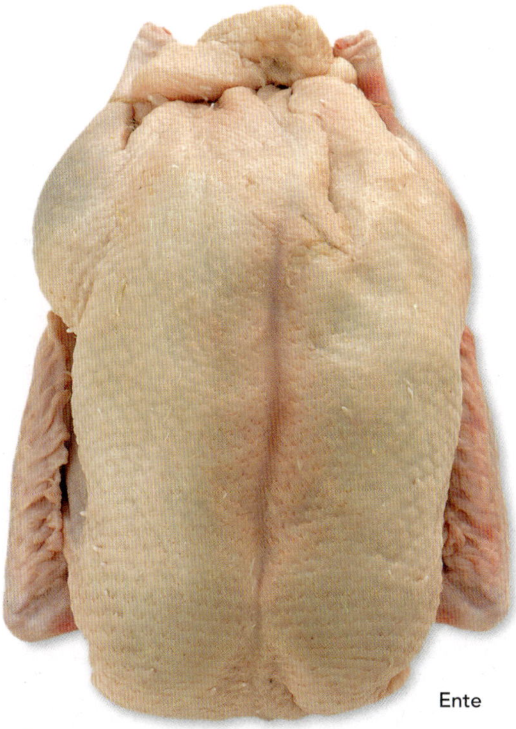

Ente

Fasan
Der Fasan ist ein mittelgroßer Wildvogel. Der männliche Fasan hat ein prächtigeres Federkleid als das Weibchen, das Fleisch des Weibchens ist jedoch saftiger und zarter. Junge Fasane kann man braten, ältere sollten vor dem Braten jedoch mit Speckstreifen bardiert werden; Fasan eignet sich auch zum Braisieren, zum Schmoren oder für Eintöpfe.

Wachtel
Die Wachtel ist mit dem Rebhuhn verwandt. Die europäische Wachtel hat mageres, halbdunkles Fleisch, während das Fleisch der amerikanischen Wachtel ebenfalls mager, aber heller ist. Beide sind süßlich im Geschmack. Wachteln eignen sich zum Braten, Schmoren, Braisieren, Grillen im Backofen oder über Holzkohlenfeuer oder zum Poêlieren. Auch ihre kleinen Eier mit der gefleckten braunen Schale sind köstlich.

Wild
Das Fleisch von Reh und Hirsch ist sehr beliebt, und es ist aus der Jagd oder von Zuchttieren erhältlich. Das cholesterinarme Fleisch wird meist als Keule, Sattel oder Steak angeboten. Das beste Fleisch stammt von den weniger als 2 Jahre alten männlichen Tieren. Wildfleisch ist recht trocken und deshalb für Schmorgerichte hervorragend geeignet.

Kaninchen
Kaninchen hat feines weißes Fleisch und ist frisch oder tiefgefroren erhältlich; man kann es ganz oder entbeint und zerlegt kaufen. Zartes junges Kaninchenfleisch eignet sich zum Grillen, Braten in der Pfanne oder im Backofen; ältere Kaninchen sollten braisiert, geschmort oder als Eintopf zubereitet werden.

■ Zubereitungstechniken

Die richtige Zubereitungsart bringt den Geschmack des Geflügels erst richtig zur Geltung. Geflügel muss unbedingt durchgegart werden, damit alle schädlichen Bakterien abgetötet werden.

Rückgrat auslösen

Wenn man von Geflügel das Rückgrat auslöst, lässt sich das Fleisch flach drücken, sodass es beim Grillen schneller und gleichmäßiger gart. Legen Sie das Geflügel mit der Brust nach unten (sodass die Beine unter dem Geflügel, die Flügel oben liegen) auf ein Schneidebrett. Schneiden Sie das Fleisch beidseitig neben der Wirbelsäule ein, und entfernen Sie diese. Öffnen Sie den Vogel, und drehen Sie ihn um. Drücken Sie den Vogel mit den Handflächen auf dem Schneidebrett flach.

Hühnerbrühe

Frisch hergestellte Hühnerbrühe ist eine ideale Grundlage für Suppen und Saucen. Im Kühlschrank ist sie 2–3 Tage haltbar, tiefgefroren bis zu 6 Monate. Geben Sie die Karkasse des Huhns mit klein gehacktem Gemüse (1 Zwiebel, 1 Karotte, 1 Stangensellerie, 1 Stange Lauch) in einen großen Topf. Fügen Sie 1 Lorbeerblatt, 1 Thymianzweig, 3 Stängel Petersilie und zerstoßene schwarze Pfefferkörner hinzu. Mit Wasser aufgießen und zum Kochen bringen. Schöpfen Sie den Schaum ab. Reduzieren Sie die Hitze, bedecken Sie den Topf, und lassen Sie das Ganze 2–3 Stunden köcheln. Sieben Sie den Inhalt in eine große Schüssel, und werfen Sie die festen Bestandteile weg.

Huhn oder Truthahn braten

Zunächst tupfen Sie das Huhn oder den Truthahn innen und außen mit Küchenpapier ab. Wenn das Geflügel gefüllt wird, ziehen Sie die Haut um die Halsöffnung zurück und geben die Füllung hier hinein (überfüllen Sie das Geflügel nicht, da es sonst nicht richtig durchgart). Wenn Sie den Vogel nicht füllen, würzen Sie den Hohlraum. Ziehen Sie die Haut über die Halsöffnung, legen Sie die Flügel nach oben, und binden Sie sie fest. Binden Sie auch die Beine an den Körper. Reiben Sie die Haut mit Butter oder Öl ein, dann nach Belieben salzen und pfeffern. Legen Sie das Geflügel auf einen Rost in einen Bräter, und braten Sie es im vorgeheizten Backofen. Begießen Sie es gelegentlich mit Bratenfett, bis es durchgebraten und zart ist. Stechen Sie an der dicksten Stelle des Fleisches mit einem Bratspieß oder einem Messer ein: Das Fleisch ist gar, wenn der austretende Bratensaft

BACKOFENTEMPERATUREN UND GARZEITEN

Die Backofentemperaturen und Garzeiten können im Einzelfall variieren, die angegebenen Werte sind lediglich Richtlinien. Heizen Sie den Ofen immer vor.

Geflügelart	Gewicht	Temperatur	Garzeit
Huhn	3 kg	200 °C/Gas Stufe 6	2¼ Stunden
Truthahn	5 kg	180 °C/Gas Stufe 4	3½ Stunden
	8 kg	180 °C/Gas Stufe 4	4¾–5 Stunden
Wachtel	450 g	200 °C/Gas Stufe 6	30 Minuten
Ente	2,5 kg	180 °C/Gas Stufe 4 200 °C/Gas Stufe 6	50 Minuten bei geringerer Temperatur, dann 2 Stunden bei höherer Temperatur

klar ist. Wenn Sie ein Fleischthermometer verwenden, ist das Fleisch bei 90 °C gar. Nehmen Sie das Fleisch aus dem Ofen, bedecken Sie es mit Alufolie, und lassen Sie es 15–20 Minuten ruhen, bevor Sie es zerlegen.

Tranchieren

Legen Sie das Geflügel mit der Brust nach oben auf ein Schneidebrett. Halten Sie es mit einer Fleischgabel fest, und schneiden Sie mit einem Tranchiermesser einen Flügel ab. Schneiden Sie das Brustfleisch senkrecht in dünne Streifen. Wiederholen Sie diesen Vorgang auf der anderen Seite, und legen Sie die Flügel und die Bruststreifen beiseite. Ziehen Sie eine Keule heraus, und durchschneiden Sie das Gelenk. Wiederholen Sie den Vorgang mit der zweiten Keule. Schneiden Sie das Keulenfleisch in Streifen. Servieren Sie die Flügel, das Brust- und das Keulenfleisch.

Ente braten

Legen Sie die Ente mit der Brust nach oben auf eine saubere Arbeitsfläche, tupfen Sie sie dann innen und außen mit Küchenpapier ab. Da die Ente einen hohen Fettanteil besitzt, sollten Sie alles überschüssige Fett entfernen. Würzen Sie den Hohlraum unter dem Schwanzende, und legen Sie ein Lorbeerblatt hinein. Legen Sie die Ente auf einen Rost in einem Bräter. Stechen Sie mit einer Gabel Löcher in den ganzen Körper, und würzen Sie mit Salz und Pfeffer. Im vorgeheizten Backofen braten, bis die Ente durchgebraten und zart ist (nach der Hälfte der Garzeit sollten Sie sie wenden und mit Bratenfett übergießen). Um zu prüfen, ob die Ente gar ist, stechen Sie mit einem Bratspieß in den dicksten Bereich des Fleisches: Wenn der Bratensaft klar ist, ist die Ente gar. Falls Sie ein Fleischthermometer verwenden, ist die Ente gar, wenn das Thermometer 90 °C anzeigt. Zum Servieren schneiden Sie die Ente der Länge nach in Hälften. Sie können auch mit einem scharfen Messer zuerst die Keulen und dann die Flügel abtrennen. Entfernen Sie das Brustfleisch, und schneiden Sie es in Streifen. Servieren Sie die Beine, die Flügel und die Bruststreifen.

GEFLÜGEL ZERLEGEN

1 Zum Zerlegen von rohem Geflügel entfernen Sie eventuell vorhandene Fäden, und legen Sie es auf ein sauberes Schneidebrett, wobei die Brust nach oben und die Beine in Ihre Richtung zeigen.

2

2 Mit einem scharfen Messer schneiden Sie die Haut zwischen einem Bein und der Brust durch, dann drücken Sie die Keule mit einer Hand flach auf das Brett. Gehen Sie mit dem anderen Bein genauso vor. Durchschneiden Sie dann das Gelenk zwischen Keule und Körper, und nehmen Sie die Keule ab. Gehen Sie mit der anderen Keule genauso vor.

3 Drehen Sie das Geflügel auf die andere Seite, und durchschneiden Sie die Wirbelsäule der Länge nach. Schneiden Sie eine Brust mit einem Flügel weg. Gehen Sie mit der anderen Seite genauso vor.

Brathähnchen auf englische Art

Brathähnchen ist sehr populär. Hier wird eine delikate Mischung aus Knoblauch, Walnüssen und Petersilie unter die Haut gedrückt, wodurch das Hähnchenfleisch ein wundervolles Aroma bekommt.

Für 4 Personen

Vorbereitung
20 Minuten, plus
10 Minuten Ruhezeit
Garzeit
1 Stunde 50 Minuten

Zutaten

- 25 g weiche Butter
- 1 Knoblauchzehe, fein gehackt
- 3 EL fein gehackte geröstete Walnüsse
- 1 EL frisch gehackte Petersilie
- Salz und Pfeffer
- 1 küchenfertige Poularde, ca. 1,8 kg
- 1 Limette, geviertelt
- 2 EL Öl
- 1 EL Speisestärke
- 2 EL Wasser

Zum Servieren

- Kartoffeln vom Blech
- gekochtes Servieren

1 Den Backofen auf 190 °C vorheizen. Die Hälfte der Butter mit Knoblauch, Walnüssen und Petersilie in einer kleinen Schüssel vermischen. Gut mit Salz und Pfeffer abschmecken. Die Haut vorsichtig vom Fleisch lösen, ohne sie zu verletzen. Die Buttermischung unter die Haut drücken und gleichmäßig darunter verteilen. Die Limettenviertel ins Geflügelinnere stecken.

2 Das Öl in einen Bräter gießen. Das Hähnchen in den Bräter geben und die restliche Butter in Flöckchen auf dem Fleisch verteilen. 1¾ Stunden im Backofen schmoren, gelegentlich übergießen, bis das Fleisch gar ist und beim Anstechen mit einem Spieß an der dicksten Stelle des Hähnchens klarer Saft austritt. Aus dem Bräter nehmen und 10 Minuten auf einem Servierteller ruhen lassen.

3 Die Speisestärke mit dem Wasser verrühren, dann zum Bratensaft in den Bräter geben. Auf den Herd stellen und auf niedriger Stufe unter Rühren andicken lassen. Wenn nötig, mehr Wasser zufügen. Das Hähnchen mit Limettenspalten und Rosmarinzweigen garnieren. Mit Kartoffeln vom Blech und einer Auswahl an gekochten Gemüsesorten servieren und die Sauce darübergießen.

Hühnerfrikassee

Für 4 Personen

Vorbereitung
20 Minuten
Garzeit
35–40 Minuten

Obwohl Frikassee meist mit Sahnesauce zubereitet wird, bedeutet der Begriff Frikassee nur, dass zerkleinertes Fleisch in einer weißen Sauce gekocht und nicht gebräunt wird. Servieren Sie dazu Reis oder Kartoffeln.

Zutaten
- 1 EL Mehl
- Salz und weißer Pfeffer
- 4 Hähnchenbrustfilets, je etwa 150 g, in 2 cm großen Würfeln
- 1 EL Sonnenblumen- oder Maiskeimöl
- 8 Perlzwiebeln, geschält
- 2 Knoblauchzehen, zerdrückt
- 225 ml Hühnerbrühe
- 2 Karotten, gewürfelt
- 2 Selleriestangen, gewürfelt
- 250 g Erbsen, Tiefkühlware aufgetaut
- 1 gelbe Paprika, gewürfelt
- 100 g kleine Champignons, in Scheiben
- 125 g fettarmer Naturjoghurt
- 3 EL frisch gehackte Petersilie

1 Das Mehl auf einen Teller streuen und mit Salz und Pfeffer würzen. Dann das Fleisch im Würzmehl wenden. Das Öl in einem Topf erhitzen und Zwiebeln und Knoblauch darin unter gelegentlichem Rühren bei geringer Hitze 5 Minuten dünsten. Das Fleisch hineingeben und unter Rühren 10 Minuten anbraten, bis es leicht gebräunt ist.

2 Nach und nach die Brühe einrühren, dann Karotten, Sellerie und Erbsen zugeben. Aufkochen, die Hitze reduzieren und alles 5 Minuten abgedeckt köcheln lassen. Dann Paprika und Champignons zugeben, abdecken und weitere 10 Minuten köcheln lassen.

3 Joghurt und Petersilie einrühren und das Frikassee mit Salz und Pfeffer abschmecken. Erneut 1–2 Minuten erhitzen, dann auf vorgewärmte Teller verteilen und servieren.

VARIATION

Sie können in Schritt 3 den Joghurt durch Magermilch ersetzen und zusätzlich mit 1 Teelöffel Zitronensaft und 1 Prise Muskatpulver würzen.

Biryani-Hähnchen

Für 8 Personen

Vorbereitung
15 Minuten, plus
3 Stunden Marinieren
Garzeit
1½–1¾ Stunden

Vielleicht erscheint Ihnen dieses Rezept etwas kompliziert und unübersichtlich, aber das täuscht. Folgen Sie einfach den Kochanweisungen, und Ihre Mühen werden mit einem außerordentlichen Gaumenschmaus belohnt.

Zutaten

- 1 kleines Stück frischer Ingwer
- 1½ TL zerdrückte Knoblauchzehen
- 1 EL Garam masala
- 1 TL Chilipulver
- 2 TL Salz
- 5 Kardamomkapseln, zerstoßen
- 300 g fettarmer Naturjoghurt
- 1 Poularde, 1,5 kg
- 150 ml Milch
- 1½ TL Safranfäden
- 75 g Ghee oder Butter
- 2 Zwiebeln, in Ringen
- 450 g Basmatireis
- 2 Zimtstangen
- 4 grüne Chillies
- 2 EL gehackte Korianderblätter
- 4 EL Zitronensaft

1 Für die Marinade den Ingwer feinhacken und zusammen mit Knoblauch, Garam masala, Chilipulver, 1 Teelöffel Salz und Kardamom verrühren. Den Joghurt zufügen. Die Poularde häuten und in 8 Stücke teilen. Das Fleisch gut mit dem Joghurt mischen. 3 Stunden zum Marinieren beiseitestellen.

2 Die Milch mit dem Safran aufkochen und beiseitestellen.

3 Ghee oder Butter in einem Topf erhitzen und die Zwiebeln darin goldbraun braten. Die Hälfte der Zwiebeln herausnehmen und beiseitestellen.

4 Den Reis mit den Zimtstangen in reichlich Wasser halb gar kochen. Abgießen und in einer Schüssel mit dem restlichen Salz mischen.

5 Die Chillies fein hacken. Die Hähnchen-Gewürz-Mischung zu den Zwiebeln in den Topf geben. Jeweils die Hälfte der Safranmilch, Chillies, Korianderblätter und des Zitronensaftes zugeben. Reis und restliche Zutaten darauf verteilen. Abgedeckt bei geringer Hitze etwa 1 Stunde garen. Wenn das Fleisch noch nicht weich ist, weitere 15 Minuten köcheln. Sofort servieren.

TIPP

Der Reis wird noch aromatischer, wenn Sie dem Kochwasser neben den Zimtstangen 4 schwarze Pfefferkörner und 1 TL Kreuzkümmel zugeben (Schritt 4).

Rotes Hühnchen-Curry

Für 2–4 Personen

Vorbereitung
30 Minuten
Garzeit
40 Minuten

Currypaste wird aus aromatischen Kräutern, Gewürzen und Gemüsesorten hergestellt und ist in der thailändischen Küche sehr beliebt. Rote Currypaste variiert in der Schärfe, grüne ist am schärfsten und gelbe am mildesten.

Zutaten
- 6 Knoblauchzehen, gehackt
- 2 rote Chillies, gehackt
- 2 EL frisch gehacktes Zitronengras
- 1 TL fein abgeriebene Limettenschale
- 1 EL frisch gehackte Kaffir-Limettenblätter
- 1 EL rote Currypaste
- 1 EL Koriandersamen, geröstet und zerstoßen
- 1 EL Chiliöl
- 4 Hähnchenbrustfilets, in Scheiben
- 300 ml Kokosmilch
- 300 ml Hühnerbrühe
- 1 EL Sojasauce
- 50 g ungesalzene Erdnüsse, geröstet und zerstoßen
- 3 Frühlingszwiebeln, in diagonalen Scheiben
- 1 rote Paprika, in Streifen
- 3 Thai-Auberginen, in Scheiben
- 2 EL frisch gehacktes Thai-Basilikum oder Koriander
- frische Korianderblätter, zum Garnieren
- frisch gekochter Jasminreis, zum Servieren

1 Knoblauch, Chillies, Zitronengras, Limettenschale, Limettenblätter, Currypaste und Koriandersamen im Mixer zu einer weichen Paste verarbeiten.

2 Das Öl in einem heißen Wok oder einer Pfanne auf hoher Stufe erhitzen. Das Hühnerfleisch und die Knoblauchmischung zugeben und 5 Minuten pfannenrühren. Kokosmilch, Brühe und Sojasauce hinzufügen und zum Kochen bringen. Die Hitze reduzieren und unter Rühren 3 Minuten weiterbraten. Die zerstoßenen Erdnüsse einrühren und 20 Minuten köcheln lassen.

3 Frühlingszwiebeln, Paprika und Auberginen zufügen und unter gelegentlichem Rühren weitere 10 Minuten köcheln lassen. Vom Herd nehmen, Basilikum oder Koriander zugeben und mit Korianderblättern garnieren. Sofort mit gekochtem Jasminreis servieren.

Coq au vin

Hühnerfleisch, Champignons und Zwiebeln werden sanft im eigenen Saft gegart. Noch besser schmeckt dieser berühmte französische Klassiker aufgewärmt am nächsten Tag, wenn die Aromen richtig durchgezogen sind.

Für 8 Personen

Vorbereitung
40 Minuten
Garzeit
2 Stunden

Zutaten

- 1–2 EL Mehl
- Salz und Pfeffer
- 1,8 kg Hühnerfleisch, in 8 Stücken (lassen Sie das Huhn vom Metzger zerteilen oder kaufen Sie 8 Hühnerteile)
- 2 EL natives Olivenöl extra
- 2 EL Butter
- 225 g Speck, fein gehackt
- 450 g kleine Zwiebeln, geschält
- 750 ml Rotwein
- 2 Knoblauchzehen, zerdrückt
- 1 Bouquet garni
- 350 g kleine Champignons

1 Den Backofen auf 180 °C vorheizen. Das Mehl mit Salz und Pfeffer würzen und in einen großen Frischhaltebeutel füllen. Das Fleisch hineingeben, den Beutel schließen und das Fleisch durch Schütteln gleichmäßig im Mehl wenden. Öl und Butter in einem großen Schmortopf erhitzen. Das Hühnerfleisch darin in zwei Portionen 5–6 Minuten bei hoher Hitze rundum scharf anbraten. Aus der Pfanne nehmen und warm halten. Den Speck im Schmortopf 3–4 Minuten knusprig und braun braten. Aus der Pfanne nehmen und warm halten.

2 Die Zwiebeln bei hoher Hitze 4–5 Minuten braten, bis sie beginnen, braun zu werden. Mit Wein ablöschen und alles gut vermengen, dabei den Bratensatz vom Topfboden lösen.

3 Speck, Hühnerfleisch, Knoblauch und Bouquet garni in den Topf geben. Zum Kochen bringen, dann abdecken und 1¼ Stunden auf der mittleren Schiene im vorgeheizten Ofen schmoren.

4 Die Pilze hinzufügen und weitere 15 Minuten schmoren. Das Bouquet garni entfernen. Hühnerfleisch, Speck, Zwiebeln und Pilze mit einem Schöpflöffel aus dem Topf heben und in einer Servierschüssel warm halten.

5 Den Schmortopf mit dem Bratensud bei geringer Hitze auf dem Herd erwärmen und abschmecken. Dann ein paar Minuten stark kochen lassen, bis eine dicke Sauce entstanden ist. Die Sauce über das Fleisch gießen und das Gericht sofort servieren.

Gebratene Stubenküken

Für 4 Personen

Vorbereitung
10 Minuten
Garzeit
55 Minuten

Die knusprig gebratenen Stubenküken warten mit asiatischem Flair auf, denn sie werden mit einer Mischung aus Zitronengras, Limettenblättern, Ingwer, Koriander und Kokosmilch aromatisiert.

Zutaten
- 4 küchenfertige Stubenküken, je 350–500 g
- 4 Stängel Zitronengras
- 4 Kaffir-Limettenblätter
- 4 Scheiben frische Ingwerwurzel
- ca. 100 ml Kokosmilch, zum Bestreichen
- Basmati-Wildreis-Mischung, zum Servieren

Marinade
- 4 Knoblauchzehen, geschält
- 2 frische Korianderwurzeln
- 1 EL helle Sojasauce
- Salz und Pfeffer

Garnierung
- frische Korianderblätter
- Limettenspalten

1 Den Backofen auf 200 °C vorheizen. Die Stubenküken abspülen und mit Küchenpapier trocken tupfen.

2 Für die Marinade alle Zutaten in einer Küchenmaschine oder mit Mörser und Stößel zu einer glatten Paste verarbeiten. Mit Salz und Pfeffer würzen.

3 Mit einem Löffelrücken die Stubenküken gleichmäßig mit der Marinade bestreichen und diese leicht andrücken.

4 Die Stubenküken mit je 1 Stängel Zitronengras, 1 Limettenblatt und 1 Scheibe Ingwer füllen.

5 Die Küken in einen Bräter geben und mit der Hälfte der Kokosmilch bestreichen. Im vorgeheizten Backofen ca. 30 Minuten braten.

6 Die Küken wieder mit Kokosmilch bestreichen und je nach Größe der Stubenküken weitere 15–25 Minuten braten, bis sie goldbraun und knusprig sind. Für die Garprobe einen Metallspieß ins Fleisch stecken. Ist der herauslaufende Saft ganz klar, ist das Fleisch gar.

7 Die fertig gebratenen Stubenküken auf einem Reisbett anrichten und den Bratensaft darübergießen. Das fertige Gericht mit Koriander und Limettenspalten garnieren und sofort servieren.

Entenbrust mit Limette

Für 4 Personen

Vorbereitung
15 Minuten, plus
3–8 Stunden Marinieren
Garzeit
10 Minuten

Entenbrust ist immer ein wahres Festessen. Hier wird sie mit Limettensaft und Knoblauch mariniert und mit Pflaumenmus verfeinert. Da Entenbrust sehr viel Fett enthält, sollten Sie regelmäßig so viel Fett wie möglich abgießen.

Zutaten
- 4 Entenbrüste, entbeint
- 1 TL Öl
- 2 EL Pflaumenmus
- 120 ml Hühnerbrühe
- Salz und Pfeffer

Marinade
- 2 Knoblauchzehen, zerdrückt
- 4 TL brauner Zucker
- 3 EL Limettensaft
- 1 EL Sojasauce
- 1 TL Chilisauce

Zum Servieren
- gemischte Salatblätter
- frisch gekochter Reis

1 Mit einem kleinen scharfen Messer die Haut jeder Entenbrust rautenförmig einschneiden. Die Entenbrüste nebeneinander in eine flache Schale aus Glas oder Porzellan legen.

2 Für die Marinade Knoblauch, Zucker, Limettensaft, Soja- und Chilisauce verrühren, dann die Entenbrüste gleichmäßig mit der Mischung bestreichen. Die Schale abdecken und 3 Stunden, besser über Nacht, im Kühlschrank marinieren.

3 Die Marinade abgießen und auffangen. Eine große Pfanne erhitzen, dann mit dem Öl einpinseln. Das Fleisch mit der Haut nach unten hineinlegen und 5 Minuten braten, bis die Haut braun und knusprig ist. Das Fett abgießen, die Entenbrüste wenden.

4 Die andere Seite 2–3 Minuten bräunen. Die aufgefangene Marinade mit Pflaumenmus und Hühnerbrühe verrühren und zugießen. 2 Minuten köcheln. Mit Salz und Pfeffer abschmecken. Das Fleisch heiß mit dem Bratensaft, Salatblättern und gekochtem Reis servieren.

Pekingente

Für 4 Personen

Vorbereitung
30 Minuten, plus
8 Stunden Ruhezeit
Garzeit
1½ Stunden

Ohne dieses berühmte Rezept wäre kein Kochbuch wirklich komplett. Hier wird die Pekingente mit leckeren Pfannkuchen und einer verführerischen Sauce serviert. Sie eignet sich perfekt für ein stilvolles Abendessen mit guten Freunden.

Zutaten
- 1 küchenfertige Ente, 1,8 kg, z. B. Barbarie-Ente
- 1,75 l kochendes Wasser
- 4 EL flüssiger Honig
- 2 TL dunkle Sojasauce
- Karottenstreifen, zum Garnieren

Sauce
- 2 EL Sesamöl
- 125 ml Hoisin-Sauce
- 125 g Zucker
- 125 ml kaltes Wasser

Zum Servieren
- chinesische Pfannkuchen
- Salatgurkenstreifen
- Frühlingszwiebelstreifen

1 Die Ente auf einen Rost über eine Fettpfanne legen und 1,2 l kochendes Wasser darübergießen. Die Ente aus der Fettpfanne nehmen und trocken tupfen. Mehrere Stunden auf dem Rost beiseitestellen.

2 Den Honig, das restliche heiße Wasser und die dunkle Sojasauce in einer kleinen Schüssel verrühren.

3 Den Backofen auf 190 °C vorheizen. Die Haut und das Innere der Ente mit der Mischung bestreichen. Die restliche Glasur aufbewahren. Die Ente 1 Stunde beiseitestellen, bis die Glasur getrocknet ist. Dann erneut mit der Glasur bestreichen, trocknen lassen und wiederholen, bis die Glasur aufgebraucht ist.

4 Für die Sauce das Sesamöl in einem Topf erhitzen und Hoisin-Sauce, Zucker und Wasser zugeben. 2–3 Minuten köcheln lassen, bis alles leicht angedickt ist. Abkühlen lassen und bis zur Verwendung kalt stellen.

5 Die Ente im Backofen 30 Minuten braten. Dann wenden und weitere 20 Minuten braten. Die Ente danach erneut wenden und noch einmal 20–30 Minuten braten, bis sie gar und die Haut knusprig ist. Dann die Ente aus dem Backofen nehmen und 10 Minuten etwas abkühlen lassen.

6 In der Zwischenzeit die Pfannkuchen in einem Dämpfer gemäß Packungsanleitung 5–7 Minuten erhitzen. Die Ente in Streifen schneiden, mit den Karotten garnieren und mit Pfannkuchen, Sauce, Gurken und Frühlingszwiebeln servieren.

TIPP

Schneiden Sie das Grün der Frühlingszwiebeln in 5 cm lange Stücke. Schlitzen Sie die Stücke an beiden Enden in schmalen Abständen längs bis fast zur Hälfte auf, und legen Sie sie in Eiswasser, damit sich die feinen Streifen kräuseln.

Ente mit Äpfeln und Aprikosen

Früchte harmonieren in unvergleichlicher Weise mit Entenfleisch. Mit Äpfeln, Zitrone und einer delikaten Aprikosensauce schmeckt es sowohl frisch als auch herzhaft. Sie werden begeistert sein.

Für 4 Personen

Vorbereitung
10 Minuten
Garzeit
1 Stunde

Zutaten

- 4 Entenkeulen, je ca. 350 g
- 4 EL dunkle Sojasauce
- 2 EL brauner Zucker
- Salz und Pfeffer
- 2 rote Äpfel
- 2 grüne Äpfel
- Saft von 1 Zitrone
- 2 EL flüssiger Honig
- 3 Lorbeerblätter
- gedünstetes Gemüse, zum Servieren

Aprikosensauce

- 400 g Aprikosen aus der Dose, ungezuckert
- 4 EL süßer Sherry

1 Den Backofen auf 190 °C vorheizen. Das Fleisch auf einen Rost über eine Fettpfanne legen und mehrmals mit einer Gabel einstechen.

2 Das Fleisch mit der Sojasauce bestreichen und mit Zucker und Pfeffer bestreuen. 50–60 Minuten im Ofen garen, dabei gelegentlich mit dem Bratensaft begießen. Das Fleisch ist gar, wenn beim Einstechen klarer Saft austritt.

3 Die Äpfel entkernen und in je 6 Spalten schneiden. In einer Schüssel mit Zitronensaft, Honig, Salz und Pfeffer mischen, dann in einen kleinen Bräter geben und die Lorbeerblätter zufügen. Während der letzten 20–25 Minuten Garzeit ebenfalls in den Backofen stellen. Danach die Lorbeerblätter entfernen.

4 Für die Sauce die Aprikosen mit Saft und Sherry in einer Küchenmaschine oder mit einem Pürierstab glatt pürieren. Oder die Früchte mit einer Gabel zerdrücken, durch ein Sieb streichen und mit ihrem Saft und Sherry verrühren.

5 Kurz vor Ende der Garzeit die Aprikosensauce in einem Topf erhitzen. Nach Belieben die Haut vom Entenfleisch abziehen und das Fleisch mit Küchenpapier abtupfen, um das Fett zu entfernen. Mit Apfelspalten und Aprikosensauce anrichten, dazu gedünstetes Gemüse servieren.

VARIATION

Sie können hier auch Ananas anstelle der Aprikosen verwenden. Bei Dosenfrüchten darauf achten, dass diese nicht zusätzlich gezuckert sind.

Truthahnbraten mit Brotsauce

Truthahnbraten ist ein typisches Weihnachtsgericht in Großbritannien und den USA. In diesem Rezept wird der Truthahn mit Maronenmus, Schweinemett und Salbei gefüllt und mit einer köstlichen Brotsauce kombiniert.

Für 8 Personen

Vorbereitung
30 Minuten, plus 10 Minuten Ruhezeit
Garzeit
3½ Stunden

Zutaten
- 1 Truthahn, 5 kg
- 50 g Butter
- 50 ml Rotwein
- 400 ml Hühnerbrühe, selbst gemacht oder Instantbrühe
- 1 EL Speisestärke
- 1 TL französischer Senf
- 1 TL Sherryessig
- 2 TL Wasser
- gebratene neue Kartoffeln vom Blech, zum Servieren

Füllung
- 250 g Schweinemett
- 250 g ungesüßtes Maronenmus
- 90 g Walnüsse, gehackt
- 100 g getrocknete Aprikosen, gehackt
- 2 EL frisch gehackte Petersilie
- 2 EL frisch gehackter Salbei
- 2 EL Schnittlauchröllchen
- 4–5 EL Crème double
- Salz und Pfeffer

Brotsauce
- 1 Zwiebel
- 4 Gewürznelken
- 600 ml Milch
- 100 g frische weiße Semmelbrösel
- 50 g Butter
- Salz und Pfeffer

1 Den Backofen auf 220 °C vorheizen. Für die Füllung das Schweinemett mit dem Maronenmus in einer Schüssel vermengen, dann die Walnüsse, Aprikosen und Kräuter zugeben. Genügend Crème double einrühren, damit eine feste, aber nicht trockene Masse entsteht. Mit Salz und Pfeffer abschmecken.

2 Die Füllung mit einem Löffel in die Halsöffnung des Truthahns füllen und die Hautklappe mit einem Spieß verschließen. Den Truthahn in einen großen Bräter geben und mit 40 g Butter einreiben. 1 Stunde schmoren lassen, dann die Hitze auf 180 °C reduzieren und weitere 2½ Stunden schmoren. Wenn nötig, das Fett von Zeit zu Zeit aus dem Bräter abgießen.

3 In der Zwischenzeit die Brotsauce zubereiten. Die Zwiebel mit den Nelken spicken und in einen Topf mit Milch, Semmelbröseln und Butter geben. Auf niedriger Stufe langsam zum Kochen bringen, dann vom Herd nehmen und an einem warmen Ort durchziehen lassen. Kurz vor dem Servieren die Zwiebel entfernen und die Sauce langsam unter Rühren mit einem Holzlöffel erwärmen. Mit Salz und Pfeffer abschmecken.

4 Mit einem Spieß oder Messer prüfen, ob der Truthahn gar ist. Wenn beim Hineinstechen mit einem Spieß oder einer Messerspitze in den Oberschenkel klarer Saft austritt, ist er fertig. Den Truthahn auf ein Schneidebrett legen, mit Alufolie abdecken und ruhen lassen.

5 Das Fett vom Bratensaft abschöpfen und den Sud bei mittlerer Hitze auf dem Herd erwärmen. Den Rotwein zugießen und den Bratensatz mit einem Holzlöffel vom Boden lösen. Die Brühe zufügen. Speisestärke, Senf, Essig und Wasser in einer kleinen Schüssel vermischen und zum Bratensaft geben. Unter Rühren zum Kochen bringen, bis die Sauce andickt. Die restliche Butter einrühren.

6 Den Truthahn tranchieren und mit der warmen Brotsauce, einschließlich Füllung, neuen Kartoffeln vom Blech und Bratensaftsauce servieren.

Fasan mit Kräutern in Rotwein

Für 4 Personen

Vorbereitung
20 Minuten, plus
15 Minuten Ruhezeit
Garzeit
1 Stunde

Fasanfleisch ist ein besonders delikater Genuss. Für dieses Gericht sollten Sie jungen Fasan verwenden, da sein Fleisch saftiger ist und beim Garen im Backofen nicht austrocknet.

Zutaten
- 100 g weiche Butter
- 1 EL frisch gehackter Thymian
- 1 EL frisch gehackte Petersilie
- 2 küchenfertige junge Fasane
- Salz und Pfeffer
- 4 EL Öl
- 125 ml Rotwein

Zum Servieren
- gegrillte Pastinake
- Bratkartoffeln
- Rosenkohl

1 Den Backofen auf 190 °C vorheizen. Die Butter in eine kleine Schale geben und mit den gehackten Kräutern mischen. Die Haut von den Fasanen vorsichtig ablösen, ohne sie zu verletzen, und die Kräuterbutter unter die Haut drücken. Mit Salz und Pfeffer würzen.

2 Das Öl in einen Bräter gießen, die Fasane hineinlegen und im vorgeheizten Backofen 45 Minuten schmoren, dabei gelegentlich mit Bratensaft übergießen. Aus dem Ofen nehmen, mit Rotwein übergießen und weitere 15 Minuten im Backofen schmoren, bis sie gar sind. Um zu prüfen, ob das Fleisch gar ist, ein Messer zwischen den Beinen und dem Körper einstechen. Wenn klarer Saft austritt, sind die Fasane fertig.

3 Das Fleisch aus dem Ofen nehmen, mit Alufolie bedecken und 15 Minuten ruhen lassen. Auf 4 Teller verteilen und mit gegrillter Pastinake, Bratkartoffeln und Rosenkohl servieren.

Wachteln mit Weintrauben

Für 4 Personen

Vorbereitung
30 Minuten, plus
10–15 Minuten Kühlzeit
Garzeit
1 Stunde

Sie haben noch nie Wachteln gegessen? Dann müssen Sie dieses wunderbare Rezept unbedingt einmal ausprobieren. Die fruchtige Traubensauce, kombiniert mit dem spanischen Weinbrand, ist wie Balsam für die Seele.

Zutaten
- 4 EL Olivenöl
- 8 küchenfertige Wachteln
- 280 g kernlose grüne Weintrauben
- 225 ml Traubensaft
- 2 Knoblauchzehen
- 150 ml Wasser
- Salz und Pfeffer
- 2 EL spanischer Weinbrand

Kartoffelpfannkuchen
- 600 g Kartoffeln
- Salz und Pfeffer
- 35 g Butter oder Schweineschmalz
- 1½ EL Olivenöl

1 Zuerst die Kartoffeln in der Schale für den Pfannkuchen 10 Minuten vorkochen. Abtropfen und vollständig abkühlen lassen, dann schälen, grob reiben und mit Salz und Pfeffer abschmecken. Beiseitestellen.

2 Das Öl in einer gusseisernen Pfanne oder einer feuerfesten Kasserolle, in der alle Wachteln nebeneinander Platz haben, auf mittlerer Stufe erhitzen. Die Wachteln hineingeben und goldbraun anbraten.

3 Den Backofen auf 230 °C vorheizen. Weintrauben, Traubensaft, Knoblauchzehen, so viel Wasser, dass die Wachteln zur Hälfte darin liegen, sowie Salz und Pfeffer nach Geschmack zugeben. Abdecken und 20 Minuten köcheln lassen. Wachteln und Bratensaft in einen Bratentopf geben (falls keine Kasserolle verwendet wird) und mit Weinbrand besprenkeln. Im vorgeheizten Backofen ohne Deckel 10 Minuten garen.

4 Inzwischen Butter bzw. Schmalz und Öl für den Kartoffelpfannkuchen in einer Pfanne mit Antihaftbeschichtung auf hoher Stufe erhitzen. Wenn das Fett heiß ist, die Kartoffelmasse hineingeben und gleichmäßig verteilen. Die Hitze reduzieren und

10 Minuten garen. Einen großen Teller auf die Pfanne legen und beide mit Ofenhandschuhen wenden, sodass der Pfannkuchen auf den Teller fällt. Den Pfannkuchen zurück in die Pfanne gleiten lassen und weitere 10 Minuten garen, bis er knusprig ist. Aus der Pfanne gleiten lassen und in 4 Stücke schneiden. Warm halten.

5 Auf jeden Teller ein Pfannkuchenstück und 2 Wachteln legen. Die Traubensauce abschmecken, über die Wachteln geben und servieren.

VARIATION

Sie können die Wachteln auch mit Reis statt mit Kartoffelpfannkuchen servieren. Kochen Sie den Reis in Gemüsebrühe, der Sie etwas Safran zugeben.

Hirschsteaks vom Grill

Hirschfleisch hat ein unverwechselbar kräftiges Aroma und ist ideal zum Grillen. Hier lässt man die Hirschsteaks zunächst in einer Marinade aus Rotwein, Öl, Zucker und Kräutern ziehen.

Für 4 Personen

Vorbereitung
15 Minuten, plus 8 Stunden Marinieren
Garzeit
12–20 Minuten

Zutaten
- 4 Hirschsteaks
- 150 ml Rotwein
- 2 EL Sonnenblumenöl
- 1 EL Rotweinessig
- 1 Zwiebel, gehackt
- frische Zweige glatte Petersilie
- 2 frische Thymianzweige
- 1 Lorbeerblatt
- 1 TL Zucker
- ½ TL milder Senf
- Salz und Pfeffer

Zum Servieren
- Folienkartoffeln
- grüne Salatblätter
- Kirschtomaten

1 Die Hirschsteaks in eine flache Schale aus Glas oder Porzellan legen.

2 Wein, Öl, Essig, Zwiebel, Petersilie, Thymian, Lorbeerblatt, Zucker, Senf, Salz und Pfeffer zusammen in ein Schraubglas füllen, verschließen und kräftig schütteln, bis alles gut vermischt ist. Alternativ die Zutaten in eine Schüssel füllen und mit einer Gabel verquirlen.

3 Die Steaks mit der Marinade übergießen, abdecken und im Kühlschrank über Nacht marinieren. Dabei die Steaks gelegentlich in der Marinade wenden.

4 Die Steaks auf der heißesten Stelle des Grills etwa 2 Minuten von jeder Seite grillen.

5 Das Fleisch an den Rand des Grills schieben, wo es nicht so heiß ist, und je nach Geschmack weitere 4–10 Minuten von jeder Seite grillen. Mit einer Messerspitze in das Fleisch stechen, um zu testen, ob es gar ist – ist das Fleisch innen noch roh, sind die austretenden Säfte rötlich, je garer das Fleisch wird, desto klarer werden die Säfte.

6 Die Steaks mit Folienkartoffeln, grünen Salatblättern und Kirschtomaten servieren.

TIPP

Hirschfleisch ist das ganze Jahr über erhältlich und ist in fast jedem Supermarkt zu finden. Marinieren Sie es über Nacht, um es zarter zu machen.

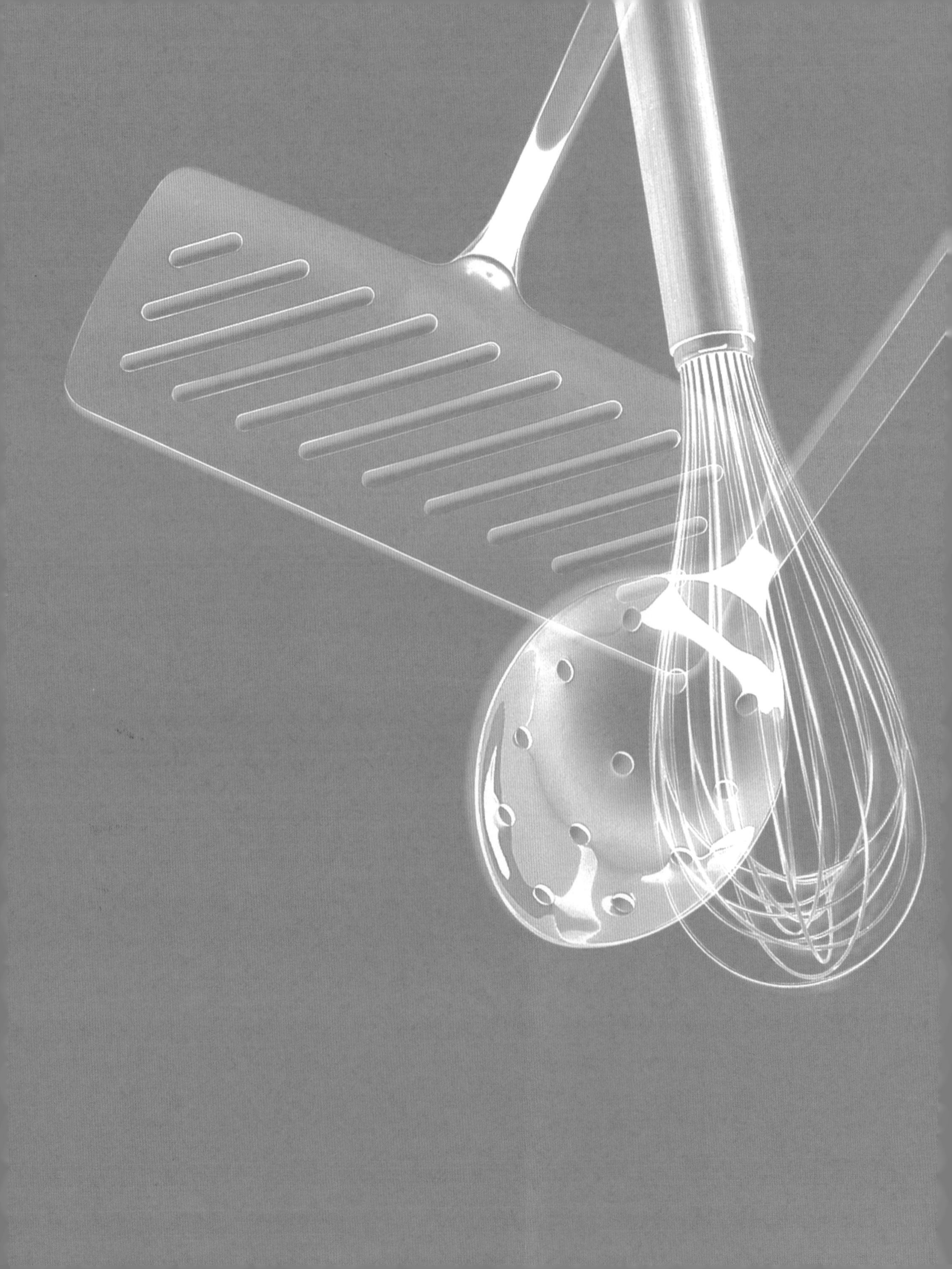

Kapitel 5

Gemüse und Salate

Gemüse und Salate sind erfrischend und gesund – und lassen sich außerdem äußerst abwechslungsreich zubereiten: Gemüse kann man nicht nur kochen und dünsten, sondern auch braten, backen, grillen und schmoren – oder einfach roh verzehren. Auch bei der Präsentation des Gemüses sind keine Grenzen gesetzt: geraspelt oder püriert, als Julienne oder in Würfeln ist Gemüse vielseitig und wandelbar.

Einführung

Gemüse ist ein wichtiger Bestandteil einer gesunden Mahlzeit: Es ist reich an Vitaminen und Mineralstoffen und enthält nur wenig Fett. Aus Gemüse lassen sich köstliche Gerichte schnell und einfach zubereiten.

■ Kauf und Lagerung von Gemüse

Gemüse der Saison schmeckt meist am besten. Damit das Gemüse immer möglichst frisch ist, kauft man es besser häufiger und in kleineren Mengen – frisches Gemüse schmeckt nicht nur besser, sondern enthält auch mehr Nährstoffe. Hier eine Übersicht über die wichtigsten Gemüsesorten.

Wurzel- und Knollengemüse

Diese Gemüsearten sind geschmacklich sehr abwechslungsreich und bilden zudem einen hübschen Farbkontrast zu grünem Blattgemüse.

Karotten

Karotten sind ganzjährig erhältlich. Sie sollten erst geschält werden. Anschließend können sie roh in Salate geraspelt oder in Stücke geschnitten und gekocht werden. Sie lassen sich auch dünsten, pfannenrühren oder braten.

Rote Bete

Die ganzjährig erhältliche Rote Bete kann roh in Salat geraspelt werden. Auch als Ganzes gekocht oder gebraten schmeckt sie vorzüglich. Rote Bete wird auch fertig gegart angeboten.

Radieschen

Radieschen sind ganzjährig in verschiedenen Größen, Farben und Formen erhältlich. Meist sind sie klein und rot, von rund bis oval. Salaten verleihen Sie eine charakteristisch scharfe Note. Ganz oder aufgeschnitten werden sie auch gern als Garnierung verwendet.

Knollensellerie

Dieses knollige Gemüse hat in Herbst, Winter und Frühjahr Saison. Geschält, gekocht und zerstampft schmeckt er köstlich. Man kann Knollensellerie auch halb gar kochen und anschließend braten.

Pastinaken

Frische Pastinaken haben im Herbst und Winter Saison, sind oft aber auch ganzjährig erhältlich. Roh sind sie nicht genießbar. Man kann sie kochen und zerstampfen oder halb gar kochen und braten. Sie lassen sich auch dünsten, sautieren oder in Suppen geben.

Kartoffeln

Ganzjährig erhältlich und als fest kochend oder mehlig klassifiziert, ist dieses vielseitige, beliebte Gemüse in vielen Formen, Größen und Farben erhältlich. Die kleinen neuen Kartoffeln sind ideal zum Kochen und für Salate, große kann man für Ofenkartoffeln oder Pommes frites verwenden. Die delikate Süßkartoffel ist botanisch nicht mit der Speisekartoffel verwandt, kann diese in vielen Rezepten jedoch ersetzen. Man kann Kartoffeln entweder vor oder erst nach dem Kochen schälen oder mit Schale verzehren. Die nährstoffreiche Kartoffelschale ist jedoch auch einzeln zubereitet sehr delikat. Um die Nährstoffe zu erhalten, sollte man Kartoffeln in der Schale kochen, es sei denn, man möchte Kartoffelbrei zubereiten. Kartoffeln kann man kochen, in der Pfanne und im Backofen braten, zerstampfen und backen. Man kann sie heiß oder kalt servieren. Sie sollten an einem kühlen, dunklen Ort gelagert werden.

Kohlrübe

Dieses ganzjährig erhältliche Wurzelgemüse wird zunächst geschält und dann gekocht. Man kann die Kohlrübe kochen und zerstampfen oder halb gar kochen und braten. Köstlich schmeckt sie als Püree mit Karotten.

Weiße Rübe

Die weiße Rübe ist zwar ganzjährig erhältlich, hat aber im Winter Saison. Wie die Kohlrübe wird die weiße Rübe am besten geschält und gekocht und anschließend püriert. Man kann sie auch halb garen und dann braten.

Prinzess

Frühkartoffeln

Blattgemüse und -salate

Ernährungsspezialisten empfehlen den regelmäßigen Verzehr von Blattgemüse und -salaten. Sie lassen sich lecker zubereiten und sind eine erfrischende Beilage zu vielen Gerichten.

Blattsalate

Blattsalate sind sehr beliebt und werden heute in großer Vielfalt angeboten. Häufige Sorten sind Kopfsalat, Romana, Frisée, Endivien- und Eisbergsalat sowie die roten Sorten Lollo rosso und Radicchio. Kopfsalat enthält viel Eisen, Kalzium und Vitamin A und D, jedoch kaum Kalorien und Fett. Er wird roh als Salat gegessen, einzelne Blätter verwendet man gern als Garnierung. Rucola, Feldsalat und Brunnenkresse sind weitere beliebte Salatsorten.

Spinat

Obwohl Spinat viel Eisen und Vitamin A und C enthält, verhindert die ebenfalls im Spinat enthaltene Oxalsäure die Aufnahme von Eisen und Kalzium. Aus diesem Grund sollte er nur mit Bedacht gegessen werden. Junge Spinatblätter können Salaten zugegeben werden, ansonsten kann man Spinat kochen, pfannenrühren, dünsten oder sautieren. Beim Kochen verliert er erheblich an Volumen, dies muss man beim Zubereiten einer Mahlzeit berücksichtigen. Spinat ist auch tiefgefroren im Handel erhältlich.

Sieglinde

Spinat

Roseval

Kopfsalat

Kohlgemüse

Gekocht, gedünstet oder pfannengerührt schmeckt Kohlgemüse exzellent. Kochen Sie es nicht zu lange – am besten schmeckt Kohlgemüse, wenn es zart ist, aber noch etwas Biss hat.

Kohl

Ganz gleich ob weiß, grün oder rot: Kaufen Sie nur frische, feste Kohlköpfe, die schwer in der Hand liegen. Man kann Kohl kochen, dünsten oder pfannenrühren. Einige Sorten wie Rot- und Weißkohl schmecken auch roh köstlich in Salaten.

Brokkoli

Dieses beliebte, nährstoffreiche Gemüse ist ganzjährig im Handel. Es kann gekocht, gedünstet, pfannengerührt, sautiert oder gebacken werden.

Chinakohl

Der Chinakohl mit seinen weißen, runzligen Blättern ist ebenfalls ganzjährig erhältlich. Er kann roh in Salate gegeben oder als Gemüse sautiert, gedünstet, braisiert oder gebacken werden. Er ist auch eine beliebte Zutat in Pfannengerührtem.

Rosenkohl

Mit der Kohlfamilie verwandt, ähnelt Rosenkohl kleinen Kohlköpfen. Er hat im Herbst und Winter Saison; tiefgefroren ist er ganzjährig erhältlich. Gekocht, gedünstet oder zerkleinert in Pfannengerührtem ist er sehr beliebt. Sein hoher Schwefelgehalt verleiht ihm einen sehr eigenen Geschmack.

Blumenkohl

Auch Blumenkohl gibt es in verschiedenen Farben: Weiß, Grün und Rot, wobei der weiße am meisten verbreitet ist. Man kann ihn roh essen oder kochen, dünsten, pfannenrühren, sautieren oder backen.

Pak Choi

Dieses asiatische Blattgemüse ist ganzjährig im Handel. Es hat knackige weiße Stängel und dunkelgrüne Blätter. Botanisch ist er mit dem Chinakohl verwandt. Wie dieser wird er roh in Salaten verwendet oder als Gemüse pfannengerührt, sautiert, gedünstet, braisiert oder gebacken.

Chinakohl

Brokkoli

Kohlblatt

Rosenkohl

Blumenkohl

Zwiebel- und Lauchgewächse

Zwiebelgemüse enthalten Schwefelstoffe, die ihnen ihr unverwechselbares Aroma und den typischen Geschmack verleihen, der von mild bis stechend scharf variiert.

Porree

Die Größe von Porreestangen (Lauch) variiert von klein und dünn bis zu groß und dick. Porree kann gekocht, gedünstet, sautiert, pfannengerührt oder gebacken werden. Es kann mit seinem milden Zwiebelgeschmack die Zwiebel ersetzen.

Knoblauch

Die vielseitige Knolle wurde bereits von den alten Ägyptern wegen ihrer medizinischen Qualitäten geschätzt. Auch in die moderne Küche hat der Knoblauch Einzug erhalten. Ein hoher Schwefelgehalt verleiht ihm seinen typischen köstlich würzigen Geschmack. Er kann gekocht, gedünstet, sautiert, pfannengerührt, gebacken und gebraten werden. In Wein gekocht, ergibt er eine exzellente Würze für Suppen und Saucen. Gerne wird er auch für Salatdressings verwendet.

Zwiebeln

Zwiebeln sind ganzjährig in verschiedenen Sorten erhältlich, deren Farbe von Gelb über Weiß bis Rot variiert. Ihre Größe reicht von sehr kleinen Perlzwiebeln über die mittelgroße Speisezwiebel bis zu den großen Gemüsezwiebeln. Geschmacklich sind sie leicht scharf bis sehr stechend. Gehackt kann man sie roh in Salate geben oder als Garnierung verwenden, gekocht passt sie zu zahlreichen Gerichten, von Pfannengerührtem bis Aufläufen.

Schalotten

Diese kleinen Zwiebeln ähneln geschält den Knoblauchzehen. Geschmacklich sind sie milder als Zwiebeln. In Pfannengerührtem und gebackenen Gerichten sowie in Kebabs sind sie exzellent.

Frühlingszwiebeln

Diese jungen Zwiebeln sind am besten im Frühjahr und Sommer. Roh werden sie klein geschnitten in Salaten oder als Garnierung verwendet. Gekocht, gedünstet, sautiert oder gebacken sind sie ebenfalls exzellent, vor allem in Pfannengerührtem und in Suppen.

Porree

Knoblauch

Frühlingszwiebeln

Speisezwiebel

rote Zwiebel

Schalotten

Fruchtgemüse

Der Geschmack dieser Gemüsesorten reicht von den mild-cremigen Avocados bis zur feurigen Schärfe der Chillies. Sie werden als Zutat für viele internationale Gerichte verwendet.

Auberginen

Auberginen gibt es in verschiedenen Größen und Farben, am beliebtesten ist die große, dunkelviolette Sorte. Roh können sie nicht verzehrt werden. Wenn sie nicht für ein Gericht verwendet werden, das viel Flüssigkeit enthält, sollte man ihnen die Bitterstoffe entziehen. Dazu schneiden Sie die Aubergine in etwa 1 cm dicke Scheiben, legen sie auf einem großen Teller aus und bestreuen sie mit reichlich Salz. Nach 30 Minuten werden die Scheiben in einem Abtropfsieb unter reichlich kaltem, fließendem Wasser abgespült. Mit Küchenpapier trockentupfen und nach Rezept verarbeiten.

Avocados

Dieses birnenförmige, grüne oder purpur- bis schwarze Fruchtgemüse hat ein butterweiches Fruchtfleisch. Kaufen Sie reife Avocados, die dem Druck des Fingers leicht nachgeben und frei von Druckstellen sind. Man kann Avocadohälften als Vorspeise servieren, als Scheiben in Salaten oder püriert in Dips. Angeschnittene Avocados verfärben sich schnell, deswegen sollte man sie sofort verzehren oder mit Zitronensaft bestreichen.

Chillies

Die feurigen Chillies gibt es in Rot und Grün und in vielen Größen und Formen, von 5 mm bis 30 cm Länge. Generell gilt: Je kleiner, desto schärfer sind sie. Die kleinen können sogar auf der Haut Verbrennungen verursachen. Tragen Sie bei ihrer Zubereitung immer Schutzhandschuhe, und reiben Sie sich keinesfalls die Augen. Chili verleiht vielen Rezepten eine außergewöhnliche Schärfe, besonders geeignet ist sie für Saucen, Pfannengerührtes und Gerichte wie Chili con Carne. Vor der Verwendung kann man die Samen entfernen, um die Schärfe zu reduzieren.

Paprika

Junge Paprika sind grün, im Verlauf ihrer Reifung färben sie sich von Gelb über Orange bis zu Rot und werden immer süßer. Vor dem Verzehr müssen Samenstand und Samen entfernt werden. In Scheiben geschnitten kann Paprika roh in Salaten oder als Rohkost gereicht werden. Man kann sie auch braten und grillen – so kommt ihr süßer Geschmack gut zur Geltung –, ferner sautieren, pfannenrühren, dünsten, braisieren und backen.

Tomaten

Tomaten sind ganzjährig, in verschiedenen Größen und Formen erhältlich. Die Sorten reichen von den winzigen süßen Kirschtomaten bis zu den großen Fleischtomaten. Strauchtomaten werden an ihren Rispen hängend angeboten. Kaufen Sie nur feste Tomaten. Roh eignen sie sich für Salate und Snacks, gekocht sind sie die Grundlage für exzellente Saucen, Suppen und Pizzabeläge. Sautiert, pfannengerührt, gegrillt und gebacken schmecken sie ebenfalls hervorragend.

Erbsen

Zuckererbsen

grüne Bohnen

Hülsenfrüchte

Hülsenfrüchte sind wertvolle Proteinquellen, haben einen köstlichen Geschmack und sind sehr vielseitig verwendbar. Sie sind frisch und getrocknet, gefroren oder in Dosen erhältlich.

Frische Hülsenfrüchte

Frische, junge grüne Bohnen und Erbsen haben einen exzellenten süßlichen Geschmack. Sie können gedünstet, gekocht, sautiert oder pfannengerührt werden. Zuckererbsen besitzen eine so zarte Hülse, dass sie ganz verzehrt werden.

Gepalte frische Hülsenfrüchte

Hier handelt es sich um Samen, die sich in der Hülse entwickeln und geschält werden. Dazu gehören Gartenerbsen, Petit pois (feine grüne Erbsen) und die grünen, leicht nierenförmigen dicken Bohnen. Sie können gekocht oder gedünstet werden.

Weitere Gemüsesorten

Pilze und Mais sind köstlich in Salaten, Risottos und Pfannengerührtem. Experimentieren Sie auch mit exotischeren Sorten wie asiatischem Gemüse und Algen.

Exotisches Gemüse

Heutzutage ist eine Vielzahl exotischer Gemüsesorten aus allen Teilen der Welt im Handel erhältlich. Zu den beliebtesten gehören Kombu, eine getrocknete Alge, die in der japanischen Küche verwendet wird; Mooli, ein weißer, würziger Rettich sowie Wakame, eine weitere essbare Alge, die beide in Asien beliebt sind.

Mais

Der beliebteste Mais ist heute der Zuckermais. Vor der Zubereitung müssen Hüllblätter und Fäden entfernt werden, dann kann man den ganzen Kolben in Salzwasser kochen oder die Maiskörner auslösen und einzeln kochen. Mais hat in den Sommermonaten Saison. Tiefgefroren oder in Dosen ist er ganzjährig erhältlich. Die gekochten Maiskörner sind eine beliebte Zutat für Salate, Suppen und Aufläufe. Baby-Maiskolben können gekocht, gedünstet oder pfannengerührt werden.

Pilze

Sowohl Zucht- als auch Wildpilze sind ganzjährig im Handel. Zu den Ersteren gehören weiße und braune Champignons, Shiitake- und Austernpilze. Wildpilze variieren enorm in Größe, Form und Farbe. Zu ihnen zählen Steinpilze, Pfifferlinge und Morcheln. Man bekommt sie frisch oder getrocknet. Da Pilze schnell Wasser aufsaugen, ist es besser, sie mit einem feuchten Tuch abzuwischen, als sie zu waschen. Pilze können sautiert, pfannengerührt, im Teigmantel frittiert, gegrillt oder gebacken werden.

Kürbisgewächse

Man unterscheidet zwischen Sommer- und Winterkürbissen. Zu den Sommerkürbissen zählen Zucchini und Gurken, der große Gelbe Zentner zählt dagegen zu den Winterkürbissen.

Zucchini

Die gurkenförmige Zucchini kommt in verschiedenen Grünschattierungen vor, manchmal auch mit gelben Streifen. In der Größe kann die Frucht zwischen 10 cm und 60 cm variieren, wobei die kleineren Sorten geschmacklich am ausgeprägtesten sind. Die vielseitigen Zucchini erhält man ganzjährig. Man kann sie dünsten, im Backofen oder über Holzkohlenfeuer grillen, pfannenrühren, sautieren, frittieren, backen und rösten. Roh kann man sie in Salate geben. Zucchiniblüten sind bei uns nicht sehr verbreitet, schmecken aber gefüllt und gekocht oder im Teigmantel frittiert ausgezeichnet.

Salatgurke

Die Gurke gilt zwar als Salatgemüse, gehört aber zur Familie der Kürbisse. Sie kann mit oder ohne Schale als Rohkost gereicht werden und roh mit Dips oder leicht sautiert oder pfannengerührt serviert werden.

Winterkürbis

Kürbissorten mit meist dicker harter Schale und weichem, häufig faserigem Fruchtfleisch zählen zu den Winterkürbissen, die ab Herbst erhältlich sind. Aus den großen Kürbissen wie Gelber Zentner werden die beliebten Halloween-Masken geschnitzt. Die kleineren, orangefarbenen Sorten mit ihrem süßeren Geschmack sind zum Kochen besser geeignet. Butternuss-Kürbis, Acorn und Hokkaido gehören dabei zu den beliebtesten Winterspeisekürbissen. Wenn die Samenkerne entfernt sind, kann man sie geschält und ganz oder in Stücke geschnitten braten, backen oder dünsten. Püriert lassen sich aus dem Kürbisfleisch wunderbar cremige und aromatische Suppen zubereiten. Kürbistorte ist ebenfalls ein beliebtes Gericht. Man kann aus gedämpftem Kürbisfleisch und gehackten Nüssen auch köstlich süße Desserts zaubern.

Mais

Champignons

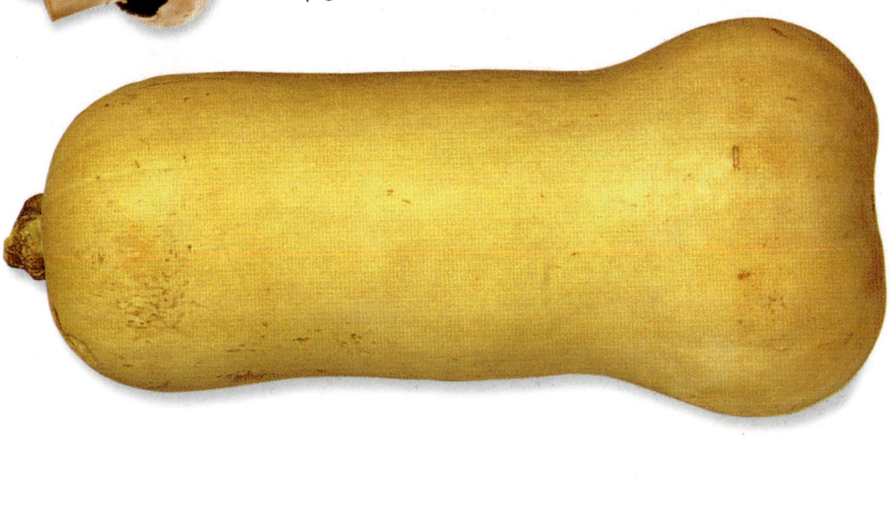

Butternuss-Kürbis

Kartoffel-Porree-Suppe

Für 4 Personen

Vorbereitung
15–20 Minuten, plus
10 Minuten Kühlzeit
Garzeit
35 Minuten

Kartoffeln und Porree sind zusammen mit Crème fraîche immer eine wundervolle Kombination, doch diese delikate und gehaltvolle Suppe bekommt durch die aromatischen Kräuter und den geräucherten Käse noch einen besonderen Pfiff.

Zutaten

- 500 g Kartoffeln
- 2 EL Butter
- 2 Knoblauchzehen, gehackt
- 3 große Porreestangen, in Ringen
- 1 EL frisch gehackter Oregano
- 1 Lorbeerblatt
- 2 EL frisch gehackte Petersilie
- 850 ml Gemüsebrühe
- Salz und Pfeffer
- 200 g Crème fraîche
- 100 g frisch geriebener harter Räucherkäse
- frischer Schnittlauch, zum Garnieren
- knusprige dicke Brotscheiben, zum Servieren

1 Die Kartoffeln schälen und in mundgerechte Stücke schneiden. Die Butter in einem großen Topf auf mittlerer Stufe zerlassen. Den Knoblauch zufügen und 1 Minute unter Rühren andünsten. Den Porree zugeben und unter Rühren 2 weitere Minuten dünsten. Kartoffeln, Oregano, Lorbeerblatt, die Hälfte der Petersilie und die Brühe zufügen und mit Salz und Pfeffer abschmecken. Zum Kochen bringen, die Hitze reduzieren, abdecken und 25 Minuten köcheln lassen. Vom Herd nehmen, 10 Minuten abkühlen lassen, dann das Lorbeerblatt entfernen.

2 Die Hälfte der Suppe in eine Küchenmaschine geben und pürieren (am besten in kleinen Partien). Wieder in den Topf füllen, die Crème fraîche einrühren und langsam erhitzen. Mit Salz und Pfeffer abschmecken.

3 Vom Herd nehmen und den Käse einrühren. In Suppenschalen füllen und mit Schnittlauch und der restlichen Petersilie garnieren. Mit frischen Brotscheiben servieren.

VARIATION

Sie können den Räucherkäse durch einen ungeräuchterten Käse wie zum Beispiel Gouda ersetzen. Statt Crème fraîche können Sie Sahne nehmen.

Französische Zwiebelsuppe

Für 4 Personen

Vorbereitung
20 Minuten
Garzeit
1 Stunde 10–15 Minuten

Zutaten
- 80 g Butter
- 2 EL Olivenöl
- 750 g Zwiebeln, in dünnen Scheiben
- 1 TL Zucker
- ½ TL Salz
- 1½ EL Mehl
- 600 ml heiße Rindfleischbrühe
- 4 EL Weinbrand
- Salz und Pfeffer
- 120 g frisch geriebener Gruyère oder je zur Hälfte Gruyère und Parmesan

Croûtes
- 8 Scheiben französisches Brot, je etwa 1 cm dick
- 1 Knoblauchzehe, halbiert

TIPP

Croûtes lassen sich hervorragend aus altbackenem Baguette zubereiten. Achten Sie darauf, dass die Scheiben nicht zu dick werden, da sie ansonsten die gesamte Flüssigkeit aufsaugen.

Dieser weltberühmte Klassiker versetzt einen in Gedanken direkt nach Paris. Der kleine Schuss Weinbrand in jeder Portion mag einer der Gründe für die legendäre stärkende Wirkung dieser Suppe sein, die eher einem deftigen Eintopf als einer Brühe ähnelt.

1 Die Butter mit dem Öl in einen großen Topf geben und bei mittlerer Hitze zerlassen. Zwiebeln, Zucker und Salz zufügen, gründlich mischen und die Hitze reduzieren. Den Topf abdecken und die Zwiebeln 20–30 Minuten dünsten, bis sie goldbraun gefärbt sind. Zunächst nur gelegentlich umrühren, sobald die Zwiebeln zu bräunen beginnen, den Deckel abnehmen und ständig rühren, damit nichts anbrennt.

2 Die Zwiebeln mit dem Mehl bestäuben und unter Rühren weitere 2 Minuten dünsten. Die heiße Brühe zugießen, den Topf halb abdecken und die Zwiebeln weitere 15 Minuten kochen. Eventuellen Schaum, der dabei an die Oberfläche steigt, abschöpfen.

3 Für die Croûtes den Backofengrill vorheizen. Die Brotscheiben auf den Grillrost legen und 1–2 Minuten von jeder Seite goldbraun und knusprig rösten. Alternativ das Brot im Toaster rösten. Die noch heißen Croûtes von einer Seite mit den Schnittflächen der halbierten Knoblauchzehe einreiben und zur Seite stellen.

4 Den Weinbrand zur Suppe gießen und alles mit Salz und Pfeffer abschmecken. Die Suppe kann nun beiseitegestellt und

bis zu einem Tag im Kühlschrank aufbewahrt werden. Kalte Suppe muss vor der weiteren Verarbeitung aufgewärmt werden.

5 Den Backofen auf 200 °C vorheizen. Die Croûtes auf 4 hitzebeständige Schalen verteilen. Die heiße Suppe darübergießen. Jede Portion mit einem Viertel des Käses bestreuen und etwa 20 Minuten in den vorgeheizten Backofen geben, bis der Käse Blasen wirft und goldbraun geworden ist. Die fertige Suppe vor dem Servieren etwas abkühlen lassen.

Ratatouille

Die französische Ratatouille hat im Vergleich zu vielen anderen Gemüsebeilagen den Vorteil, dass sie nicht „auf den Punkt" gekocht werden muss, sondern auch eine Zeit lang warm gehalten werden kann.

Für 4 Personen

Vorbereitung
15 Minuten, plus
30 Minuten Ruhezeit
Garzeit
45 Minuten

Zutaten
- 1 Aubergine, ca. 250 g
- Salz
- 4 EL Olivenöl
- 2 Knoblauchzehen, gehackt
- 1 große Zwiebel, gehackt
- 2 rote Paprika, in mundgerechten Stücken
- 800 g gehackte Tomaten aus der Dose
- 2 Zucchini, in Scheiben
- 1 Selleriestange, in Scheiben
- 1 TL Zucker
- 2 EL frisch gehackter Thymian
- frische Thymianzweige, zum Garnieren
- Pfeffer

1 Die Aubergine putzen und in mundgerechte Stücke zerteilen. In einen Durchschlag geben, mit Salz bestreuen und 30 Minuten ziehen lassen.

2 Das Öl in einem großen Topf auf mittlerer Stufe erhitzen. Knoblauch und Zwiebel hinzufügen und 3 Minuten unter Rühren andünsten. Die Aubergine abspülen und gut abtropfen lassen. Dann mit der Paprika in den Topf geben. Die Hitze reduzieren und unter gelegentlichem Rühren 10 Minuten köcheln lassen.

3 Tomaten, Zucchini, Sellerie, Zucker und Thymian hinzufügen und mit Salz und Pfeffer abschmecken. Zum Kochen bringen, die Hitze reduzieren, abdecken und 30 Minuten sanft köcheln lassen.

4 Den Topf vom Herd nehmen, die Ratatouille auf Servierteller verteilen und mit frischen Thymianzweigen garnieren.

VARIATION

Die Dosentomaten können auch durch 500 g enthäutete und entkernte frische Tomaten ersetzt werden. Statt Thymian kann man auch frisches Basilikum verwenden.

Pikante Kartoffeln vom Blech

Für 4 Personen

Vorbereitung
10 Minuten
Garzeit
1½ Stunden

Was für ein Duft in der Küche! Im Backofen liegen knusprig geröstete Kartoffelstücke, die außen goldbraun und knusprig und innen herrlich weich sind. Gewürzt mit ein wenig Paprikapulver sind sie unwiderstehlich und werden im Nu verschwunden sein.

Zutaten

- 1 kg mehlig kochende Kartoffeln
- ½ TL Salz
- 1 TL edelsüßes Paprikapulver
- Pfeffer
- 100 ml Öl

1 Den Backofen auf 200 °C vorheizen. Die Kartoffeln schälen, dann halbieren oder vierteln, wenn sie recht groß sind, und auf einem Backblech verteilen. Mit Salz bestreuen und mit Paprikapulver und Pfeffer würzen.

2 Das Öl über die Kartoffeln träufeln, dann mehrmals wenden, bis alle Kartoffeln mit Öl überzogen sind. Im vorgeheizten Backofen 1½ Stunden rösten, dabei gelegentlich wenden. Wenn sie goldbraun und gar sind, aus dem Ofen nehmen und sofort servieren.

VARIATION

Abwechslung muss sein, daher geben Sie doch einmal 1 zerdrückte Knoblauchzehe und 1 Esslöffel Zitronensaft zusammen mit dem Öl über die Kartoffeln. Das Aroma dieser Kartoffeln ist einfach unwiderstehlich.

Knoblauch-Kartoffelpüree

Für 4 Personen

Vorbereitung
20 Minuten
Garzeit
1 Stunde

Zutaten
- 2 ganze Knoblauchknollen
- 1 EL Olivenöl
- 1 kg mehlig kochende Kartoffeln
- 125 ml Milch
- 60 g Butter
- Salz und Pfeffer
- frische Petersilie, zum Garnieren

Hier einmal ein Kartoffelpüree der besonderen Art. Diese mit gerösteten Knoblauchzehen und Petersilie verfeinerten Stampfkartoffeln werden garantiert Begeisterung auslösen und Ihren Gästen lange im Gedächtnis bleiben.

1 Den Backofen auf 180 °C vorheizen. Die Knoblauchknollen in einzelne Zehen zerteilen, auf ein großes Stück Alufolie legen und mit Öl beträufeln. Die Knoblauchzehen locker in die Alufolie und im vorgeheizten Backofen 1 Stunde backen, bis sie sehr weich sind. Leicht abkühlen lassen.

2 20 Minuten vor Ende der Garzeit die Kartoffeln schälen, in Stücke schneiden und in Salzwasser 15 Minuten weich kochen.

3 Anschließend die abgekühlten Knoblauchzehen aus ihren Schalen pressen und durch ein Sieb in einen Topf passieren. Milch, Butter, Salz und Pfeffer zufügen. Langsam erhitzen, bis die Butter geschmolzen ist.

4 Die gekochten Kartoffeln abgießen und im Topf zerstampfen. Die Knoblauchmischung dazugeben und unter Rühren vorsichtig erwärmen, bis die Zutaten gut vermengt sind. Heiß, mit Petersilie garniert, servieren.

Kartoffelgratin

Für 4 Personen

Vorbereitung
20 Minuten
Garzeit
1–1½ Stunden

Dieses exquisite Kartoffelgratin lässt jeden Fan von herzhaften Backofengerichten vor Freude strahlen. Wunderbar geeignet ist es auch als Teil eines vegetarischen Gerichts zusammen mit einem gleichzeitig gebackenen Gemüseauflauf.

Zutaten
- 25 g Butter, gewürfelt, plus etwas mehr zum Einfetten
- 1 kg fest kochende Kartoffeln, in sehr dünnen Scheiben
- 1 große Zwiebel, fein gehackt
- 250 g frisch geriebener Emmentaler oder Gruyère
- Salz und Pfeffer
- 150 g Schlagsahne

1 Den Backofen auf 190 °C vorheizen. Eine Auflaufform mit Butter ausstreichen. Den Boden mit einer Schicht Kartoffelscheiben auslegen. Etwas Butter in Flocken darauf verteilen. Mit etwas Zwiebel und Käse bestreuen und mit Salz und Pfeffer würzen. 2 Esslöffel Sahne zugeben. Den Rest der Zutaten auf dieselbe Weise aufschichten; zuletzt noch mit einer Schicht Käse bestreuen. Falls Sahne übrig ist, den Käse damit übergießen.

2 Abdecken und im Backofen 1–1½ Stunden backen, bis die Kartoffeln gar sind.

3 Den Deckel abnehmen und die Auflaufform 5 Minuten unter den vorgeheizten Grill stellen, bis die oberste Schicht goldbraun ist und Bläschen wirft. Sofort servieren.

VARIATION

Für Anna-Kartoffeln 1 kg gewürzte, aufgeschichtete Kartoffelscheiben mit 250 g zerlassener Butter übergießen und 1 Stunde bei 220 °C backen.

Gefüllte Kartoffeln aus dem Backofen

Für 4 Personen

Vorbereitung
15 Minuten
Garzeit
1¼ Stunden

Zutaten

- 1 kg große Kartoffeln, abgebürstet
- 2 EL Öl
- 1 TL grobes Meersalz
- 120 g Butter
- 1 kleine Zwiebel, gehackt
- Salz und Pfeffer
- 120 g frisch geriebener mittelalter Gouda oder zerbröckelter Blauschimmelkäse
- frischer Schnittlauch, zum Garnieren

Zutaten nach Belieben

- 4 EL gekochter Schinken oder geräucherter Speck, in Würfeln
- 4 EL Mais
- 4 EL gegarte Champignons, Zucchini oder Paprika

Diese herrlichen Kartoffeln aus dem Backofen verbreiten einen unwiderstehlichen Duft im ganzen Haus und sind trotz der einfachen Zubereitung richtige kleine Kunstwerke. Für eine vegetarische Variante lassen Sie einfach den Schinken weg.

1 Den Backofen auf 190 °C vorheizen. Die Kartoffeln mit einer Gabel einstechen, mit Öl beträufeln, mit Salz bestreuen und auf einem Backblech 1 Stunde backen. Sie sind fertig, sobald die Schale knusprig und das Innere weich ist, wenn man mit einer Gabel hineinsticht.

2 In einer kleinen Pfanne 1 Esslöffel Butter zerlassen. Die Zwiebel zufügen und 4–5 Minuten andünsten, bis sie weich und goldbraun ist. Beiseite stellen.

3 Die Kartoffeln aus dem Ofen nehmen und längs halbieren. Das Innere in eine große Schüssel kratzen und die Schale aufbewahren. Die Backofentemperatur auf 200 °C erhöhen.

4 Die Kartoffelmasse grob zerstampfen und mit der Zwiebel und der restlichen Butter vermischen. Mit Salz und Pfeffer würzen und 1 oder mehrere der Zutaten nach Belieben zufügen. Die Masse wieder in die Schalen füllen und mit dem Käse bestreuen.

5 Die Kartoffeln wieder in den Ofen geben und 10 Minuten backen, bis der Käse goldbraun wird. Mit Schnittlauch garniert servieren.

Gebackenes Sommergemüse

Die mediterrane Küche versteht es wie kaum eine andere, Gemüsegerichte zu einem einzigartigen Genuss zu machen. Hier wird das Gemüse mit frischem Rosmarin und einem guten Olivenöl im Backofen goldbraun geröstet.

Für 4 Personen

Vorbereitung
15 Minuten
Garzeit
20–25 Minuten

Zutaten

- 2 EL Olivenöl
- 2 rote Zwiebeln
- 1 Fenchelknolle
- 2 Fleischtomaten
- 1 Aubergine
- 2 Zucchini
- 1 gelbe Paprika
- 1 rote Paprika
- 1 orangefarbene Paprika
- 4 Knoblauchzehen
- 4 frische Rosmarinzweige
- Salz und Pfeffer
- knuspriges Brot, zum Servieren

1 Den Backofen auf 200 °C vorheizen. Eine große Auflaufform mit etwas Öl einfetten. Die Zwiebeln schälen und zusammen mit Fenchel und Tomaten in Spalten schneiden. Aubergine und Zucchini putzen und in dicke Scheiben schneiden, dann die Paprika entkernen und ebenfalls in Stücke schneiden. Das ganze Gemüse in die Form geben und darin verteilen. Die Knoblauchzehen schälen und mit den Rosmarinzweigen dazwischenstecken. Alles mit dem restlichen Öl beträufeln und mit Salz und Pfeffer würzen.

2 Das Gemüse 10 Minuten im Backofen garen, dann aus dem Ofen nehmen und mit einem Schaumlöffel wenden. Anschließend das Gemüse weitere 10–15 Minuten backen, bis es gar und leicht gebräunt ist.

3 Das fertige Sommergemüse sofort aus der Form heraus servieren oder auf einem vorgewärmten Servierteller anrichten. Dazu knuspriges Brot reichen.

VARIATION

Ersetzen Sie das Olivenöl nach Belieben durch ein Kräuteröl, wie Estragon-, Knoblauch- oder Rosmarinöl.

Asiatische Gemüsepfanne mit Nudeln

Für 4 Personen

Vorbereitung
15 Minuten
Garzeit
15–20 Minuten

Die Chinesen wählen die Gemüsesorten für ihre Gerichte sehr sorgfältig aus und achten dabei auf Farbe, Konsistenz und Geschmack. Ist das Gemüse erst einmal klein geschnitten, geht der Rest in Windeseile.

Zutaten

- Erdnuss- oder Sonnenblumenöl, zum Frittieren
- 120 g Reis-Vermicelli, in 7,5 cm großen Stücken
- 120 g grüne Bohnen, in kurzen Stücken
- 2 Karotten, in Stiften
- 2 Zucchini, in Stiften
- 120 g Shiitake-Pilze, in Scheiben
- 2,5-cm-Stück frische Ingwerwurzel, in dünnen Streifen
- ½ kleiner Chinakohl, in Streifen
- 4 Frühlingszwiebeln, in Streifen
- 100 g Bohnensprossen
- 2 EL dunkle Sojasauce
- 2 EL chinesischer Reiswein
- 1 große Prise Zucker
- 2 EL frisch gehackter Koriander

1 Einen vorgeheizten Wok oder eine tiefe Pfanne zur Hälfte mit Öl füllen. Das Öl auf 180–190 °C erhitzen (ein Brotwürfel sollte darin in 30 Sekunden braun werden).

2 Die Reisnudeln portionsweise in das heiße Öl geben und 1½–2 Minuten darin frittieren, bis sie knusprig sind und sich aufgebauscht haben. Anschließend aus dem Wok nehmen und auf Küchenpapier abtropfen lassen. Sind alle Nudeln frittiert, das gesamte Öl bis auf 2 Esslöffel aus dem Wok abgießen.

3 Das restliche Öl bei starker Hitze erneut erwärmen. Die Bohnen zufügen und 2 Minuten pfannenrühren.

4 Dann Karotten, Zucchini, Pilze und Ingwer in den Wok geben und weitere 2 Minuten pfannenrühren.

5 Zuletzt Chinakohl, Frühlingszwiebeln und Bohnensprossen einrühren und abermals 1 Minute braten.

6 Sojasauce, Reiswein und Zucker mischen, in den Wok gießen und etwa 1 Minute darin erhitzen; dabei ständig rühren, damit sich die Sauce gut mit dem Gemüse verbindet.

7 Nudeln und Koriander zugeben. Alles noch einmal gründlich vermengen und das fertige Gericht sofort servieren.

TIPP

Besonders appetitlich wirkt diese Gemüsepfanne, wenn Sie die Nudeln als kleines Nest auf dem Gemüse anrichten, anstatt sie, wie in Schritt 7 beschrieben, mit dem Gemüse zu vermengen.

Gemüsegratin

Für 6 Personen

Vorbereitung
15 Minuten
Garzeit
1¼ Stunden

Herrlich einfach zuzubereiten ist dieses vegetarische Gericht aus verschiedenen aromatischen Gemüsesorten. Wenn alles vorbereitet ist, schiebt man es nur noch in den Backofen und wartet darauf, dass einem verlockende Düfte in die Nase steigen.

Zutaten

- 2 Pastinaken, in Scheiben
- 2 EL Olivenöl
- 1 Aubergine, gewürfelt
- 1 Knoblauchzehe, fein gehackt
- 2 TL frisch gehackter Thymian
- Salz
- 20 g Butter
- 2 Schalotten, gehackt
- 4 Artischockenherzen aus der Dose, abgetropft
- 4 Sellerieherzen, in Scheiben
- 50 g frisch geriebener Emmentaler
- 50 g frisch geriebener Pecorino

1 Den Backofen auf 180 °C vorheizen. Die Pastinaken 4 Minuten über einem Topf mit köchelndem Wasser dämpfen, bis sie fast gar sind. Abtropfen und abkühlen lassen.

2 Das Öl in einer Pfanne erhitzen. Die Auberginenwürfel hineingeben und unter häufigem Rühren 5 Minuten anbraten. Knoblauch und Thymian zugeben, nach Belieben salzen und weitere 3 Minuten garen. Die Auberginenmischung mit einem Schaumlöffel in eine große Schüssel geben. Die Butter in der Pfanne schmelzen und die Schalotten mit 1 Prise Salz zugeben. Bei sehr geringer Hitze unter gelegentlichem Rühren 7–10 Minuten dünsten.

3 Schalotten und Auberginenmischung in einer Auflaufform vermengen. Die Artischockenherzen achteln und mit Pastinaken, Sellerieherzen, Emmentaler und der Hälfte des Pecorino zur Mischung geben. Alles vermengen und mit dem restlichen Pecorino bestreuen. 45 Minuten im Ofen backen. Herausnehmen und heiß servieren.

VARIATION

Sie können die Zutaten des Rezepts nach Belieben variieren. Ersetzen Sie zum Beispiel die Pastinaken durch Karotten und den Thymian durch Petersilie.

Gefüllte Paprika

Für 4 Personen

Vorbereitung
15–20 Minuten
Garzeit
1¼–1½ Stunden

Gefüllte Paprika sind bei Vegetariern und Fleischliebhabern gleichermaßen beliebt. Zudem sind sie leicht zuzubereiten und sehr nahrhaft: Walnüsse und Käse liefern Proteine und das Gemüse Eisen und Vitamin C.

Zutaten

- 150 g weißer oder brauner Langkornreis
- 4 große rote Paprika
- 2 EL Olivenöl
- 1 Knoblauchzehe, gehackt
- 4 Schalotten, gehackt
- 1 Selleriestange, gehackt
- 3 EL gehackte, geröstete Walnüsse
- 2 Tomaten, enthäutet und gehackt
- 1 EL Zitronensaft
- 50 g Sultaninen
- 4 EL frisch geriebener mittelalter Gouda
- 2 EL frisch gehacktes Basilikum
- Salz und Pfeffer
- frische Basilikumblätter, zum Garnieren
- Zitronenspalten, zum Servieren

1 Den Backofen auf 180 °C vorheizen. Den Reis in einem Topf mit leicht gesalzenem, kochendem Wasser 20–35 Minuten kochen. Abtropfen, mit kaltem Wasser abspülen und wieder abtropfen lassen.

2 Den Deckel der Paprika abschneiden und beiseitelegen. Entkernen und das weiße Fleisch entfernen. Die Paprika samt Deckel in kochendem Wasser 2 Minuten blanchieren. Vom Herd nehmen und gut abtropfen lassen. Die Hälfte des Öls in einer großen Pfanne erhitzen. Knoblauch und Schalotten darin unter Rühren 3 Minuten andünsten. Sellerie, Walnüsse, Tomaten, Zitronensaft und Sultaninen zufügen und weitere 5 Minuten dünsten. Vom Herd nehmen, Reis, Käse und Basilikum einrühren und mit Salz und Pfeffer abschmecken.

3 Die Paprika mit der Reismischung füllen und auf ein Backblech stellen. Die Deckel auflegen, mit dem restlichen Öl beträufeln, locker in Alufolie einschlagen und 45 Minuten im Ofen backen. Aus dem Ofen nehmen, mit Basilikumblättern garnieren und mit Zitronenspalten servieren.

Geschmorter Rotkohl

Sein köstliches süß-pikantes Aroma und seine intensive Farbe machen diesen geschmorten Rotkohl zu einer Beilage, die die Aufmerksamkeit Ihrer Gäste garantiert auf sich lenkt. Die Äpfel verleihen ihr eine würzige Süße.

Für 6 Personen

Vorbereitung
15 Minuten
Garzeit
55 Minuten

Zutaten

- 2 EL Sonnenblumenöl
- 2 Zwiebeln, in dünnen Ringen
- 2 Äpfel, geschält, entkernt und in dünnen Scheiben
- 1 kg Rotkohl, Strunk und Außenblätter entfernt, gehobelt
- 4 EL Rotweinessig
- 2 EL Zucker
- ¼ TL gemahlene Gewürznelken
- 50 g Sultaninen
- 125 ml Rotwein
- Salz und Pfeffer
- 2 EL rotes Johannisbeergelee

1 Das Öl in einem großen Topf erhitzen. Die Zwiebeln hineingeben und unter gelegentlichem Rühren 10 Minuten weich und goldbraun braten. Die Apfelscheiben unterrühren und 3 Minuten garen.

2 Kohl, Essig, Zucker, Gewürznelken, Sultaninen und Rotwein zugeben und alles mit Salz und Pfeffer abschmecken. Unter gelegentlichem Rühren aufkochen, dann die Hitze reduzieren, abdecken und unter gelegentlichem Rühren 40 Minuten garen, bis der Kohl weich und die Flüssigkeit größtenteils verdampft ist.

3 Das Johannisbeergelee unterrühren. Rotkohl in eine vorgewärmte Schüssel füllen und servieren.

VARIATION

Einen etwas schärferen Geschmack erhält man durch die Zugabe von 1 Teelöffel frisch geriebenem Ingwer mit den Gewürznelken in Schritt 2.

Überbackene Auberginen

Für 4 Personen

Vorbereitung
15 Minuten
Garzeit
1¼ Stunden

Dieses schmackhafte Gericht stammt aus Parma und kombiniert saftige Auberginen mit Tomatensauce und Mozzarella. Lassen Sie die Tomatensauce gut einkochen, damit sie nicht zu flüssig ist und das Gericht wässrig macht.

Zutaten

- 4 Auberginen
- 3 EL Olivenöl, plus etwas mehr zum Einfetten
- 300 g Mozzarella, in dünnen Scheiben
- 4 Scheiben Parmaschinken, klein geschnitten
- 1 EL frisch gehackter Majoran
- Salz und Pfeffer
- 3 EL frisch geriebener Parmesan
- frische Zweige Salbei oder Basilikum, zum Garnieren

Tomatensauce

- 4 EL Olivenöl
- 1 große Zwiebel, in Ringen
- 4 Knoblauchzehen, zerdrückt
- 400 g gehackte Tomaten aus der Dose
- 500 g frische Tomaten, gehäutet und gehackt
- 4 EL frisch gehackte Petersilie
- 600 ml heiße Gemüsebrühe
- 1 EL Zucker
- 2 EL Zitronensaft
- 150 ml trockener Weißwein
- Salz und Pfeffer

Béchamelsauce

- 25 g Butter
- 60 g Mehl
- 1 TL Senfpulver
- 310 ml Milch
- frisch geriebene Muskatnuss
- Salz und Pfeffer

1 Für die Tomatensauce das Öl in einer großen Pfanne erhitzen und Zwiebel und Knoblauch darin glasig dünsten. Sämtliche Tomaten, Petersilie, Brühe, Zucker und Zitronensaft zufügen, abdecken und 15 Minuten köcheln, dann den Wein einrühren. Mit Salz und Pfeffer abschmecken.

2 Auberginen längs in Scheiben schneiden. Einen großen Topf mit Wasser aufkochen und die Auberginen 5 Minuten blanchieren, dann abtropfen lassen und mit Küchenpapier trocken tupfen.

3 Den Backofen auf 190 °C vorheizen. Die Hälfte der Tomatensauce in eine gefettete Auflaufform geben, mit der Hälfte der Auberginenscheiben belegen und mit dem Olivenöl beträufeln. Dann die Hälfte des Mozzarellas, des Parmaschinkens und des Majorans darübergeben und mit Salz und Pfeffer würzen. Den Vorgang mit den restlichen Zutaten wiederholen.

4 Für die Béchamelsauce die Butter in einem großen Topf zerlassen, Mehl und Senfpulver unter Rühren zufügen und 2 Minuten anschwitzen. Die Milch unter Rühren langsam zugießen und die Sauce 2 Minuten köcheln lassen. Vom Herd nehmen und mit Muskatnuss sowie Salz und Pfeffer abschmecken.

5 Den Auflauf mit Béchamelsauce bedecken und mit Parmesan bestreuen. Im Backofen 35–40 Minuten garen, bis die Oberfläche goldbraun ist. Mit Salbei oder Basilikum garniert sofort servieren.

Caesar Salad

Für 4 Personen

Vorbereitung
25 Minuten
Garzeit
15–20 Minuten

Dieser Salat wurde vom Küchenchef im „Caesar's", einem Restaurant im mexikanischen Tijuana, erfunden und hat zu Recht einen internationalen Siegeszug angetreten. Der Salat ist sowohl gesund als auch nahrhaft und steckt voller Proteine.

Zutaten
- 8 Sardellen aus der Dose
- 4 dicke Scheiben Brot vom Vortag
- 2 EL Olivenöl
- 1 Knoblauchzehe, zerdrückt
- 2 kleine Köpfe Eisbergsalat
- Parmesanspäne, zum Garnieren

Dressing
- 2 Knoblauchzehen, zerdrückt
- 1½ TL Dijon-Senf
- 1 TL Worcestersauce
- 1 Eigelb
- 1 EL Zitronensaft
- Salz und Pfeffer
- 150 ml Olivenöl
- 4 EL frisch geriebener Parmesan

1 Die Sardellen abtropfen lassen und längs halbieren. Für das Dressing Knoblauch, Senf, Worcestersauce, 4 der Sardellen, Eigelb, Zitronensaft, Salz und Pfeffer 30 Sekunden im Mixer schaumig verarbeiten. Weitermixen und das Olivenöl anfangs tropfenweise, dann in einem dünnen Strahl zugießen, bis es völlig eingearbeitet ist. Das Dressing mit ein wenig heißem Wasser verdünnen, wenn es zu dickflüssig ist. Den Parmesan einrühren, abschmecken und kalt stellen.

2 Den Backofen auf 180 °C vorheizen. Das Brot für die Croûtons in 1 cm große Würfel schneiden und in einer Schüssel mit Öl und Knoblauch vermengen. In einer Schicht auf ein Backblech geben und unter gelegentlichem Wenden 10–15 Minuten goldbraun und knusprig backen. Zum Abkühlen beiseitestellen.

3 Die Salatblätter trennen und waschen. Klein zupfen und trocken schleudern oder auf Küchenpapier abtropfen lassen, denn zu viel Feuchtigkeit verdünnt das Dressing und lässt den Salat wässrig schmecken.

4 Die Salatblätter in einer großen Schüssel gründlich mit dem Dressing vermengen. Mit den restlichen Sardellen belegen, mit Croûtons und Parmesan bestreuen und sofort servieren.

Salat mit Hähnchenstreifen und Orangendressing

Für 4 Personen

Vorbereitung
20 Minuten
Garzeit
keine

Zutaten

- 250 g junge Spinatblätter
- 1 Hand voll frische Petersilienblätter
- ½ Salatgurke, in dünnen Scheiben
- 90 g Walnüsse, geröstet und gehackt
- 400 g Hähnchenbrustfilet in dünnen Streifen
- 2 rote Äpfel
- 1 EL Zitronensaft
- frische Zweige glatte Petersilie, zum Garnieren
- Orangenspalten, zum Servieren

Orangendressing

- 2 EL natives Olivenöl extra
- Saft einer Orange
- fein abgeriebene Schale von ½ Orange
- 1 EL Crème fraîche

Dieser bunte Salat ist besonders im Sommer eine angenehm leichte, kleine Mahlzeit. Zudem ist er ideal, um die Brathähnchenreste vom Vortag in eine kleine Köstlichkeit zu verwandeln. Kombiniert mit den Orangen schmeckt er unvergesslich gut.

1 Den Spinat und die Petersilie waschen und gut abtropfen lassen. Die Spinatblätter auf einer großen Servierplatte verteilen und mit Gurke und Walnüssen belegen. Die Hähnchenstreifen dekorativ auf dem Salat verteilen.

2 Die Äpfel entkernen und halbieren. Jede Hälfte in Scheiben schneiden und mit Zitronensaft beträufeln, damit sie nicht braun werden. Die Apfelscheiben zum Salat geben.

3 Alle Dressingzutaten in ein Schraubglas füllen und gut schütteln, bis alles vermischt ist. Das Dressing über den Salat träufeln, mit Petersilie garnieren und sofort mit Orangenspalten servieren.

VARIATION

Bei diesem Salat kann man die Äpfel gut durch Birnen ersetzen. Die Birnen in Scheiben schneiden und ebenfalls mit Zitronensaft beträufeln, damit sie nicht braun werden.

Griechischer Salat

Für 4 Personen

Vorbereitung
15 Minuten
Garzeit
keine

Zutaten
- 4 Tomaten, in Spalten
- 1 Zwiebel, in Ringen
- ½ Salatgurke, in Scheiben
- 250 g Kalamata-Oliven, entsteint
- 2 EL Feta, in Würfeln
- 2 EL frischer Koriander
- frische Zweige glatte Petersilie, zum Garnieren
- Pita-Brote, zum Servieren

Dressing
- 5 EL natives Olivenöl extra
- 2 EL Weißweinessig
- 1 EL Zitronensaft
- ½ TL Zucker
- 1 EL frisch gehackter Koriander
- Salz und Pfeffer

Wo auch immer Sie in Griechenland ein Restaurant betreten – Sie werden in der Speisekarte stets auf diesen traditionellen Salat stoßen. Er kann mit Pita-Brot serviert auch eine vollwertige Mahlzeit sein.

1 Für das Dressing Öl, Essig, Zitronensaft, Zucker und Koriander in eine große Schüssel geben. Mit Salz und Pfeffer würzen und gut vermischen.

2 Tomaten, Zwiebel, Gurke, Oliven, Feta und Koriander zufügen und alles gut vermischen. Dann auf einzelne Servierteller verteilen. Mit glatter Petersilie garnieren und mit Pita-Brot servieren.

TIPP

Für einen authentisch griechischen Salat sollten Sie Kalamata-Oliven verwenden. Wenn diese nicht erhältlich sind, können Sie auch andere grüne oder schwarze Oliven nehmen.

Pikanter Tomatensalat

Tomatensalat ist eine harmonische und zugleich farbenfrohe Beilage für unzählige Gerichte. Diese pikant-scharf abgeschmeckte Variante macht sich auch gut im Picknickkorb oder bereichert ein Buffet.

Für 4 Personen

Vorbereitung
10 Minuten, plus 10 Minuten Kühlzeit
Garzeit
keine

Zutaten

- 4 große reife gelbe oder rote Tomaten
- 1 kleine rote Chili, entkernt
- 1 Knoblauchzehe
- 25 g frisches Basilikum
- 4 EL natives Olivenöl extra
- 1 EL Zitronensaft
- 2 EL Balsamico-Essig
- Salz und Pfeffer
- frische Basilikumblätter
- frisches, knuspriges Brot, zum Servieren

1 Wasser in einem Wasserkocher zum Kochen bringen. Die Tomaten in eine Auflaufform legen, dann so viel Wasser darübergießen, bis die Tomaten bedeckt sind. 2–4 Minuten ziehen lassen, herausnehmen und etwas abkühlen lassen.

2 Wenn die Tomaten abgekühlt sind, die Haut vorsichtig mit einer Messerspitze einstechen. Die Haut sollte jetzt einfach zu entfernen sein. Die Haut wegwerfen, die Tomaten hacken und in eine große Salatschüssel geben.

3 Die Chili fein hacken, den Knoblauch ebenfalls hacken. Das Basilikum waschen, fein hacken und mit Chili und Knoblauch zu den Tomaten in die Schüssel geben.

4 Öl, Zitronensaft und Balsamico-Essig in einer separaten Schüssel mischen, mit Salz und Pfeffer würzen. Das Dressing über den Salat gießen und alles gut vermischen. Mit Basilikumblättern garnieren und sofort mit frischem, knusprigem Brot servieren.

TIPP

Wählen Sie wenn möglich Strauchtomaten für dieses Gericht aus, denn diese haben viel Aroma. Wenn Sie keine Strauchtomaten finden können, suchen Sie möglichst reife und aromatische Tomaten aus.

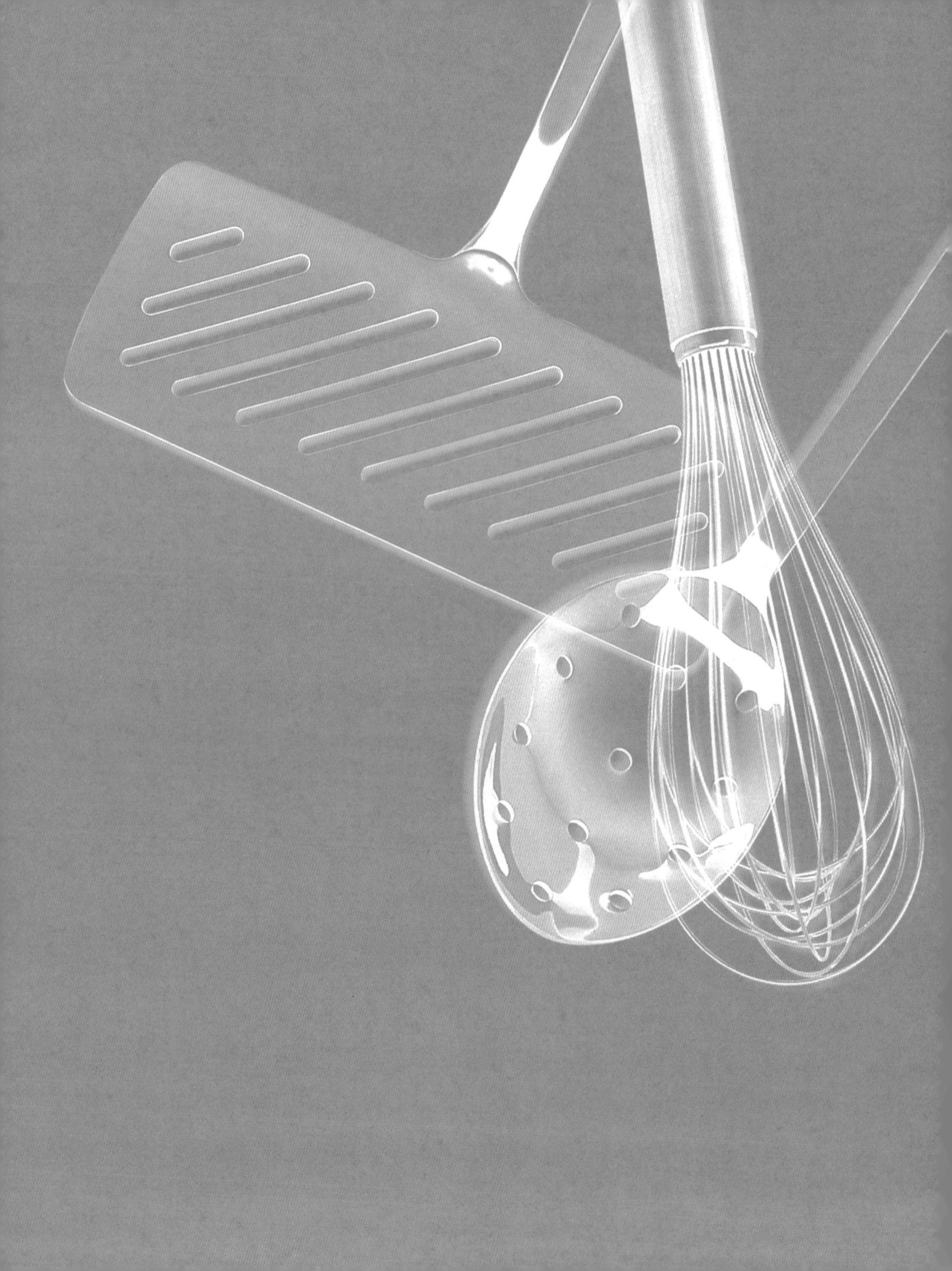

Kapitel 6

Kräuter und Gewürze

Kräuter und Gewürze liefern eine Vielfalt wundervoller Aromen, und die kleinste Zugabe eines gut gewählten Krautes oder Gewürzes kann einem Gericht eine ganz neue Geschmacksnote verleihen. Lassen Sie sich von unseren Rezepten inspirieren oder experimentieren Sie selbst und entdecken Sie neue, aufregende Geschmackskombinationen.

Einführung

Rund ums Jahr sind heute eine Vielzahl frischer Kräuter erhältlich, dazu eine große Auswahl verlockend duftender exotischer Gewürze. Wenn keine frischen Kräuter verfügbar sind, kann man sie auch tiefgefroren kaufen. Praktisch ist eine Auswahl frischer Kräuter in Töpfen auf der Fensterbank und getrockneter Kräuter und Gewürze im Vorratsschrank. Wenn Sie anstelle frischer Kräuter getrocknete verwenden, benötigen Sie nur die halbe Menge.

■ Kauf und Lagerung von Kräutern und Gewürzen

Wenn Sie frische Kräuter als Topfpflanzen kaufen, stellen Sie sie auf eine Fensterbank, wo sie viel Licht bekommen. Verpackte frische Kräuter sollten im Kühlschrank aufbewahrt werden. Wenn Sie Kräuter aus Ihrem Garten ernten, stellen Sie sie in ein Glas Wasser, bis Sie diese verwenden. Getrocknete Kräuter und gemahlene Gewürze benötigen einen kühlen, dunklen Ort – ein gut belüfteter Vorratsschrank ist ideal. Verbrauchen Sie alle frischen Kräuter vor dem Ablauf ihres Haltbarkeitsdatums, und prüfen Sie auch regelmäßig Ihr Gewürzregal. Sortieren Sie Kräuter und Gewürze aus, deren Datum abgelaufen ist.

Basilikum

■ Kräutersorten und ihre Verwendung

Wir stellen Ihnen hier die beliebtesten Kräutersorten einschließlich ihrer Verwendung vor. Frisch sind sie köstlich als Garnitur oder in Salaten, gehackt eine feine Würze für warme Gerichte.

Estragon
Die dunkelgrünen, spitzen Blätter des Estragons haben einen aromatischen, anisähnlichen Geschmack. Geflügel, Fisch, Eiern, Saucen, Salaten und Dressings verleiht er eine besondere Note. Estragon ist so dominant, dass man ihn am besten nicht mit anderen Kräutern mischt.

Basilikum
Es gibt viele verschiedene Sorten Basilikum. Es gedeiht im warmen, mediterranen Klima, in kälteren Regionen sollte es im Haus auf einer sonnigen Fensterbank platziert und reichlich gewässert werden. Sein herb-würziger Geschmack kommt besonders mit Tomaten und Mozzarella zur Geltung. Auch zu Geflügel, Fisch und Meeresfrüchten, Salaten und Saucen passt es hervorragend. Da Basilikum sehr empfindlich ist, sollte es beim Kochen erst kurz vor Ende der Garzeit zugefügt werden.

Thymian
Von diesem Kraut gibt es verschiedene Arten, die als Gewürz verwendet werden. Thymian verleiht Fleisch, Geflügel, Eiern und Kartoffelgerichten einen aromatischen, leicht scharfen Geschmack. Auch Suppen, Saucen, Braten, Schmorgerichte und Eintöpfe würzt er auf das Feinste.

BOUQUET GARNI

Mit dieser Kräuterkombination können Sie Suppen und Eintöpfe würzen. Binden Sie ein Lorbeerblatt und je einen Zweig Petersilie und Thymian am unteren Ende mit Küchengarn zusammen, oder verschließen Sie alles in einem Baumwollsäckchen. Geben Sie das Bouquet garni Ihrem Gericht während des Garens bei. Nach dem Garen wird es entfernt.

Thymian

Oregano

Oregano
Aufgrund seines scharf-würzigen Geschmacks sollte Oregano mit Vorsicht verwendet werden. Dieses grüne Kraut ist mit Majoran verwandt. Besonders in der italienischen Küche ist es auf Pizza beliebt. Fleisch, Geflügel, Eiern und Käse verleiht es einen aromatischen Geschmack.

Koriander
Dieses mild-aromatische Kraut mit seinen kräftig grünen Blättern wird besonders in der mediterranen und der asiatischen Küche geschätzt. Sein charakteristischer Geschmack kommt besonders in Salaten, gekochtem Gemüse und Pfannengerührtem zur Geltung.

Fenchel
Fenchel zeichnet sich durch einen starken Anisgeschmack aus. Seine Knolle wird gekocht und wie ein Gemüse verwendet; das gefiederte Kraut wird klein geschnitten in Suppen und Saucen gegeben und passt exzellent zu Fisch und Eiergerichten.

Majoran
Dieses Kraut hat hellgrüne Blätter und einen delikaten mild-süßen Geschmack. Es passt ideal zu Fleisch, Geflügel, Käse, Tomaten, Eiern und Dressings.

Rosmarin
Die silbernen, nadelförmigen Blätter des Rosmarins haben einen kräftigen, aromatischen Geschmack. Er wird in Suppen, Salaten, Braten, Füllungen, Dressings und Marinaden sowie auf Pizza verwendet. Rosmarin schmeckt exzellent zu Kartoffeln und Brot, zu Fleisch, Geflügel, Fisch und Eiern.

Lorbeer
Die aromatischen Blätter des mediterranen Lorbeerbaumes verleihen Suppen, Saucen, Brühen und Schmorgerichten einen leicht scharfen Geschmack. Frisch sind sie geschmacklich stärker als getrocknet, werden aber selten angeboten. Vor dem Servieren werden sie entfernt.

Salbei
Charakteristisch für dieses Kraut sind die ovalen, silbrig-grünen Blätter und der scharfe, leicht bittere Geschmack. Es wird häufig für Füllungen verwendet und schmeckt ausgezeichnet zu Schwein, Geflügel, Bohnen, Käse, Reis und Nudeln. Salbei wird auch für Getränke verwendet.

Kerbel
Die dunkelgrünen, farnähnlichen Blätter des Kerbels haben einen aromatischen, leicht anisartigen Geschmack. Er passt besonders gut zu Huhn, Fisch und Eierspeisen.

Minze
Von den zahlreichen Sorten sind Pfefferminze und grüne Minze die bekanntesten. Pfefferminze ist etwas schärfer, grüne Minze hat einen ausgeprägteren Minzgeschmack. Das winterharte Gewächs breitet sich im Kräuterbeet schnell aus, wenn es nicht stark zurückgeschnitten wird. Minze passt zu gekochten Kartoffeln, Erbsen, Saucen, Suppen, Fleisch, Desserts und zu Getränken.

Dill
Die feinen grünen Blätter des Dills haben einen milden Geschmack, der exzellent zu Fisch, Salaten, Käsegerichten und Saucen passt.

Schnittlauch
Schnittlauch ist mit den Zwiebelgewächsen verwandt. Er hat lange, hohle Stängel und essbare lilafarbene Blüten. Die frischen Stängel werden, in kleine Stücke geschnitten, Salaten, Suppen, cremigem Weichkäse und Eierspeisen zugefügt. Man bekommt ihn auch tiefgefroren oder getrocknet.

Petersilie
Dieses vielseitige Kraut ist reich an Vitamin A und D. Von den vielen Sorten sind die krause und die glatte Petersilie am bekanntesten. Die krause Petersilie ist ganzjährig fast überall erhältlich, die glatte findet man etwas seltener. Petersilie passt zu zahlreichen Gerichten – zu Suppen, Salaten, Saucen, Pfannengerührtem und Aufläufen – und verfeinert Füllungen, Dressings und Marinaden. Sie verleiht Fleisch, Geflügel, Fisch, Eiern und Gemüse eine anhaltende Würze und hebt den schwefligen Nachgeschmack von Knoblauch auf. Petersilie ist auch eine sehr beliebte Garnierung.

Koriander

Lorbeer

Schnittlauch

Rosmarin

Dill

■ Gewürzsorten und ihre Verwendung

Gewürze waren sehr kostbar, als das Reisen noch langsam vonstatten ging und mühsam war – heute sind sie weitaus günstiger und einfacher zu bekommen.

Paprikapulver

Aus gemahlenen roten Paprika gewonnen, variiert dieses Gewürz geschmacklich von sehr mild und süß über scharf bis feurig. Es wird für Salate und zum Garnieren von Speisen verwendet, aber auch als Würze für Fleisch, Geflügel, Eier, Gemüse, Weichkäse, Nudeln, Reis und Bohnen.

Kardamom

Dieses aromatische Gewürz, ein Verwandter des Ingwers, hat einen scharfen Zitronengeschmack. Man kann die ganze Kapsel mahlen oder nur die Samen. Kardamom wird besonders in der Küche Asiens und des Nahen Ostens geschätzt und verfeinert Suppen, Eintöpfe, Currys, herzhafte Torten, Brot und Kuchen.

Piment

Von den Westindischen Inseln und aus Südamerika stammt diese kleine Beere. Der süßliche Geschmack von Piment erinnert an Muskatnuss, Zimt und Gewürznelke. Ganz oder gemahlen verfeinert er Fleisch, Zwiebeln und Fruchtdesserts sowie Kuchen und Brot.

Senf

Als ganze Körner, gemahlen oder als Paste gibt es dieses scharfe Gewürz zu kaufen. Senf passt gut zu Fleisch, Geflügel, Meeresfrüchten, Eiern, Bohnen, Käse, Sahne- und Buttersaucen, Brot, Marinaden, Chutneys und Würzsaucen.

Chilipulver

Dieses Gewürzpulver besteht meistens aus getrockneten Chillies, Kreuzkümmel, Koriander und Gewürznelken. Es ist feurig scharf; allerdings gibt es auch milde Varianten. Es wird für Suppen und Eintöpfe verwendet, passt aber auch hervorragend zu Meeresfrüchten, Fleisch, Geflügel, Gemüse (insbesondere Kartoffeln), Bohnen und Eiern.

Fenchel

Fenchelsamen gibt es gemahlen oder ganz. Sie haben einen milden, leicht anisartigen Geschmack und werden für herzhafte und süße Gerichte, für Marinaden, Pizza, Füllungen, Brot, Kuchen, Gebäck sowie Desserts und Getränke verwendet. Fenchel passt hervorragend zu Fleisch, Geflügel, Fisch, Roter Bete, Zwiebeln, Kartoffeln, Tomaten, Gurken, Bohnen, Nudeln, Reis, Käse, Eiern und Obst.

Sternanis

Diese sternförmigen braunen Früchte stammen vom asiatischen Sternanisbaum, einem Magnoliengewächs. Sternanis hat einen leicht bitteren Anisgeschmack und ist ganz oder als Pulver erhältlich. Vor allem in der chinesischen Küche wird er für Marinaden, Pfannengerührtes, Aufläufe, Kuchen, Früchte und Getränke verwendet. Besonders gut passt er zu Schwein, Geflügel und Fisch.

Kümmel

Charakteristisch für Kümmelsamen ist ihr herber anisähnlicher Geschmack. Sie sind ganz oder gemahlen erhältlich und werden besonders in der deutschen und österreichischen Küche für Suppen, Eintöpfe, Fleisch, Käse, Gemüse, Sauerkraut, Brot, Kuchen und für Kümmellikör verwendet.

Wacholder

In der Regel werden diese Beeren, die man getrocknet kauft, zerstoßen, damit sie ihren leicht bitterharzigen Geschmack freigeben. Man verwendet sie für Fleisch, Pasteten, Füllungen und Saucen.

Cayennepfeffer

Aus Chili hergestellt, verleiht dieses äußerst scharfe Gewürz südamerikanischen und karibischen Gerichten entsprechende Schärfe. Es passt zudem sehr gut zu Meeresfrüchten und Chutneys.

Pfeffer

Die getrockneten Beeren der Pfefferpflanze gibt es in Schwarz, Weiß, Rot und Grün. Schwarzer Pfeffer ist am meisten verbreitet und ist ganz, zerstoßen oder gemahlen erhältlich. Gemahlen verliert er schnell an Aroma, deswegen sollte man ihn am besten erst unmittelbar vor dem Verzehr mahlen. Der aromatische Pfeffer eignet sich für fast jedes herzhafte und auch manches süße Gericht wie zum Beispiel Balsamico-Erdbeeren.

Zimt

Dieses Gewürz stammt von der Rinde des Zimtbaums, die getrocknet und in dünne Stangen geschnitten wird. Zimt ist auch als Pulver erhältlich. Sein süßer, aromatischer Duft und Geschmack sind besonders in der Küche des Mittleren Ostens beliebt. Herzhafte und süße Gerichte wie Eintöpfe, Currys, herzhafte Torten, Brot und Kuchen sowie Desserts und Getränke werden mit Zimt verfeinert.

Kardamom-kapseln

Chilipulver

gemahlener Zimt

Zimtstangen

Muskatnuss
Die süße, duftende Muskatnuss ist ganz oder gemahlen erhältlich. Sie wird für herzhafte und süße Gerichte verwendet, von Fleisch und Geflügel über Gemüse, Bohnen, Reis und Käse bis zu Eierspeisen und Schokolade, Obst, Sahnesaucen und Getränke.

Koriander
Die getrockneten Samen des Korianders besitzen einen zitronenartigen Duft und können ganz oder gemahlen verwendet werden. Besonders für Marinaden, Chutneys, Currys und Aufläufe sind sie beliebt, passen aber auch sehr gut zu Fleisch, Geflügel, Fisch, Käse, Gemüse, Bohnen, Schokolade und Marmelade.

Safran
Safran hat einen stechenden, leicht bitteren Geschmack. Er wird aus einer violett blühenden Krokusart gewonnen und ist als Fäden oder als Pulver erhältlich. Er wird zum Färben und Würzen von Marinaden, Suppen, Eintöpfen, Reisgerichten, Brot und Aufläufen verwendet. Safran ist sehr teuer und wird oft durch Kurkuma ersetzt.

Gewürznelken
Aus dem tropischen Gewürznelkenbaum werden die Gewürznelken gewonnen. Die getrockneten braunen Knospen mit dem süßlich-scharfen Geschmack werden ganz oder gemahlen verkauft. Ganz werden sie zum Spicken von Schinken, Schweinebraten, Zwiebeln und Orangen und zum Würzen von Glühwein verwendet. Als Pulver würzen sie Suppen, Eintöpfe, Brot, Kuchen, Desserts und Chutneys.

Lebkuchengewürz
Diese Gewürzmischung enthält in der Regel Piment, Zimt, Gewürznelken, Ingwer, Koriander und Muskatnuss. Sie hat einen süßen Geschmack und ist köstlich in Fruchtdesserts, Brot, Kuchen, Gebäck und Getränken.

Kreuzkümmel
Charakteristisch für diese getrockneten Samen ist ihr scharfer, leicht bitterer Geschmack. Sie sind auch gemahlen erhältlich. Kreuzkümmel ist in der asiatischen und mexikanischen Küche beliebt und passt hervorragend zu Rind, Schwein, Lachs, Schalentieren, Bohnen, Nudeln, Eiern, Käse und Reis.

Fünf-Gewürze-Pulver
Dieses Pulver enthält Zimt, Gewürznelken, Fenchelsamen, Szechuan-Pfeffer und Sternanis. Es hat einen süßlich-scharfen Geschmack und wird besonders in der chinesischen und vietnamesischen Küche zum Würzen von Pfannengerührtem geschätzt. Die tunesische Variante dieser Gewürzmischung enthält Gewürznelken, Zimt, Muskatnuss, Pfeffer und Paradieskörner (auch bekannt als Melegueta-Pfeffer).

Currypulver
Currypulver ist eine Mischung aus Kardamom, Chili, Gewürznelken, Koriander, Bockshornkleesamen und Kurkuma. Es gibt milde und scharfe Varianten, alle werden für Currys, Sahnesaucen und Chutneys verwendet. Curry passt auch gut zu Rind, Huhn, Pute, Meeresfrüchten, Wurzelgemüse, Reis, Eiern und Käse.

Kurkuma
Dieses scharfe, leicht bittere Gewürz wird aus der Wurzel einer Tropenpflanze gewonnen. Gemahlen hat es eine helle gelb-orangene Farbe und wird deswegen nicht nur zum Würzen, sondern auch zum Färben der Speisen verwendet und dient als preisgünstige Alternative zu Safran. Kurkuma wird für Meeresfrüchte, Geflügel, Nudeln, Käse, Eier, Currys, Risotto, Chutneys, Marinaden, Brot und Bohnen verwendet.

Garam masala
Die Bestandteile dieser Gewürzmischung variieren. Oft sind Kreuzkümmel, Zimt, Gewürznelken, Kardamom, Chili, Fenchel, Bockshornkleesamen, Knoblauch, Ingwer und schwarzer Pfeffer enthalten. Diese Mischung ist besonders in der indischen Küche beliebt und wird für Currys, Gemüse, Eier, Käse und Reis verwendet.

Ingwer
Ingwer ist frisch oder getrocknet erhältlich. Die frische Wurzel hat einen zitronenartigen Geschmack und kann gehackt oder gerieben werden. Sie wird für Marinaden, Salate, Suppen, Eintöpfe und Pfannengerührtes verwendet; Ingwer wird auch zu Sirup verarbeitet. Das geschmacklich intensivere Ingwerpulver passt besonders gut zu Schokolade, Sahne, Obst, Ingwerbrot, Kuchen, Gebäck, Konfitüre, Chutneys und Getränken.

ganze Muskatnuss

Koriandersamen

Garam masala

gemahlener Ingwer

Erbsensuppe mit Minze

Die Süße der Erbsen in Kombination mit der Frische der Minze bringt Pfiff in diese pürierte Suppe. Schalotten, Porree und Kartoffeln machen die Suppe rund und gehaltvoll und somit auch ideal als kleine Zwischenmahlzeit.

Für 4 Personen

Vorbereitung
15 Minuten, plus 10 Minuten Kühlzeit
Garzeit
40 Minuten

Zutaten

- 1 EL Butter
- 3 Schalotten, gehackt
- 2 Porreestangen, fein gehackt
- 1 Kartoffel, klein geschnitten
- 500 g Erbsen, Tiefkühlware aufgetaut
- 2 EL frisch gehackte Minze
- 850 ml Gemüsebrühe
- Salz und Pfeffer
- frische Minzezweige, zum Garnieren
- frisches Mehrkornbrot in Scheiben, zum Servieren

1 Die Butter in einem großen Topf auf mittlerer Stufe zerlassen. Die Schalotten zufügen und 2 Minuten unter Rühren dünsten. Den Porree zugeben und unter Rühren weitere 2 Minuten braten. Kartoffel, Erbsen, Minze und Brühe hinzufügen und mit Salz und Pfeffer würzen. Zum Kochen bringen, die Hitze reduzieren und abgedeckt 30 Minuten köcheln lassen. Vom Herd nehmen und 10 Minuten abkühlen lassen.

2 Die Suppe in eine Küchenmaschine füllen und glatt pürieren (unter Umständen in mehreren Partien).

3 Wieder in den Topf geben, mit Salz und Pfeffer abschmecken und langsam erhitzen. Vom Herd nehmen und in Suppenschalen füllen. Mit frischen Minzezweigen garnieren und mit frischem Mehrkornbrot servieren.

TIPP

Diese Suppe lässt sich gut im Voraus zubereiten. Sie brauchen sie dann erst kurz vor dem Servieren zu erhitzen.

Pasta mit Pesto

Für 4 Personen

Vorbereitung
15 Minuten
Garzeit
10 Minuten

Pesto verfeinert aufs Wunderbarste Nudeln, Suppen und Salatdressings. Er ist in vielen Supermärkten fertig erhältlich, aber selbstgemacht schmeckt er natürlich am besten. Man kann ihn auch einen Tag im Voraus zubereiten.

Zutaten
- 40 frische Basilikumblätter
- 3 Knoblauchzehen, zerdrückt
- 25 g Pinienkerne
- 50 g frisch geriebener Parmesan
- 2–3 EL natives Olivenöl extra
- Salz und Pfeffer
- 700 g frische oder 350 g getrocknete Nudeln

1 Basilikum waschen und mit Küchenpapier trocken tupfen.

2 Basilikum, Knoblauch, Pinienkerne und Parmesan in einer Küchenmaschine oder einem Mörser zu einer glatten Paste verarbeiten.

3 Das Öl in einem dünnen Strahl zugießen und unterrühren. Oder bei der Verarbeitung von Hand das Öl portionsweise zugießen und kräftig verrühren. Mit Salz und Pfeffer abschmecken.

4 Währenddessen in einem großen Topf leicht gesalzenes Wasser zum Kochen bringen. Die Nudeln darin al dente kochen und abtropfen lassen. Pesto mit den heißen Nudeln vermengen. Auf Teller verteilen und sofort servieren.

TIPP
Die Pinienkerne nur in kleinen Mengen kaufen, da sie aufgrund ihres hohen Fettgehalts schnell ranzig werden. Pinienkerne sind überall erhältlich.

Estragonhühnchen

Für 4 Personen

Vorbereitung
5 Minuten
Garzeit
20 Minuten

Dieses klassische französische Rezept hat Stil und schmeichelt sowohl Auge als auch Gaumen. Estragon gehört zu den besonders aromatischen Kräutern und sollte sparsam eingesetzt werden, sonst überdeckt er alle anderen Aromen.

Zutaten
- 4 Hähnchenbrustfilets, je etwa 175 g
- Salz und Pfeffer
- 125 ml trockener Weißwein
- 200–300 ml Hühnerbrühe
- 1 Knoblauchzehe, fein gehackt
- 1 EL getrockneter Estragon
- 200 g Schlagsahne extra (mind. 36 %)
- 1 EL frisch gehackter Estragon
- frische Estragonzweige, zum Garnieren

1 Das Fleisch mit Salz und Pfeffer würzen und die einzelnen Stücke nebeneinander in eine große Pfanne legen. Den Wein und so viel Brühe zugießen, dass das Fleisch knapp bedeckt ist. Dann Knoblauch und getrockneten Estragon zufügen. Alles aufkochen, die Hitze reduzieren und das Fleisch 10 Minuten sanft köcheln lassen, bis es gar ist.

2 Das Fleisch mit einem Schaumlöffel aus der Pfanne nehmen, abdecken und warm stellen. Den Kochsud in eine saubere Pfanne abseihen und das an die Oberfläche steigende Fett abschöpfen. Den abgeschöpften Sud aufkochen und um etwa zwei Drittel reduzieren.

3 Die Sahne einrühren, den Sud erneut aufkochen und diesmal auf die Hälfte reduzieren. Dann den frischen Estragon einrühren. Das Fleisch in Scheiben schneiden, auf vorgewärmte Teller geben und die Sauce darübergießen. Mit Estragonzweigen garnieren und sofort servieren.

TIPP

Hähnchenbrustfilets hebt man am besten mit einer Zange aus der Pfanne. Achten Sie darauf, dass das Hähnchenfleisch beim Servieren richtig gar ist.

Kräuteromelett

Dieses leckere Omelett wird mit Petersilie, Estragon, Kerbel und Schnittlauch zubereitet. Serviert mit einem Tomatensalat oder gemischten Salat, wird es zu einem herrlich leichten Sommergericht.

Für 2 Personen

Vorbereitung
10 Minuten
Garzeit
4 Minuten

Zutaten
- 6 Eier
- 4 EL frisch gehackte Petersilie
- 4 EL frisch gehackter Estragon
- 4 EL frisch gehackter Kerbel
- 2 EL frisch gehackter Schnittlauch
- Salz und Pfeffer
- 25 g Butter
- gemischte Salatblätter, zum Servieren

1 Eier, Petersilie, Estragon, Kerbel und Schnittlauch in einer Schüssel verrühren und mit Salz und Pfeffer würzen.

2 Die Hälfte der Butter in einer kleinen Pfanne zerlassen. Die Eimischung zur Hälfte in die Pfanne gießen und mit einer Gabel verrühren. Gestockte Eimasse in Richtung Pfannenstiel schieben und die Pfanne schräg halten, damit die noch rohe Eimasse nach unten fließt. Das Omelett so lange braten, bis die Unterseite goldbraun und fest geworden, die Oberseite aber noch cremig ist.

3 Die Pfanne vom Herd nehmen und das Omelett auf einen Teller gleiten lassen, dabei die Pfanne vorsichtig drehen, damit das Omelett auf dem Teller zusammenklappt. Das fertige Omelett warm stellen. Die restliche Butter in der zuvor verwendeten Pfanne zerlassen und ein zweites Omelett wie oben beschrieben zubereiten. Anschließend beide Omeletts mit gemischten Salatblättern zusammen servieren.

TIPP

Estragon, Schnittlauch, Petersilie und Kerbel sind unter dem Namen „fines herbes" als klassische französische Kräutermischung bekannt. Wer mag, kann stattdessen Majoran, Oregano oder Dill verwenden.

Lachsfilet mit Dill

Für 4 Personen

Vorbereitung
5 Minuten
Garzeit
20–30 Minuten

Auf Grillpartys ist Lachs ganz besonders beliebt, da er schnell zubereitet und zudem sehr schmackhaft ist. Gegrillt auf einem Bett aus Kräutern und begleitet von Fenchel, wird kein Gast dieser Köstlichkeit widerstehen können.

Zutaten
- ½ Bund getrocknete Thymianzweige
- 5 frische Rosmarinzweige, 15–20 cm lang
- 8 Lorbeerblätter
- 1 kg Lachsfilet
- 1 Fenchelknolle, in 8 Stücken
- 2 EL Zitronensaft
- 2 EL Olivenöl

Zum Servieren
- knuspriges Brot
- grüner Salat

1 Den Holzkohlengrill anheizen. Auf den Grillrost eine Lage Thymian- und Rosmarinzweige sowie Lorbeerblätter geben. Alles sollte sehr dicht gelegt und groß genug für den Lachs sein.

2 Den Lachs vorsichtig auf die Kräuter legen.

3 Den Fenchel um den Fisch herumlegen.

4 Zitronensaft und Öl mischen und den Lachs damit beträufeln.

5 Den Lachs locker mit Alufolie abdecken, damit er saftig bleibt.

6 Etwa 20–30 Minuten grillen und mehrfach mit der Zitronenmarinade bestreichen.

7 Den Fisch vom Grill nehmen, in Streifen schneiden und mit dem Fenchel servieren.

8 Dazu knusprige Brotscheiben und einen grünen Salat reichen.

VARIATION

Die Auswahl der Kräuter bleibt ganz Ihrem Geschmack überlassen. Vermeiden Sie jedoch stark aromatische Kräuter wie Salbei oder Majoran, da sie nicht mit Fisch harmonieren.

Lamm-Tagine

In Marokko liebt man es, Fleisch mit Gemüse und getrockneten Aprikosen zu verfeinern und es mit einer grossen Auswahl an Kräutern und Gewürzen abzuschmecken. Servieren Sie dazu frisch zubereiteten Couscous.

Für 4 Personen

Vorbereitung
15 Minuten
Garzeit
1 Stunde 40 Minuten

Zutaten
- 1 EL Sonnenblumen- oder Maiskeimöl
- 1 Zwiebel, gehackt
- 350 g Lammfleisch ohne Knochen und Fett, in 2,5 cm großen Würfeln
- 1 Knoblauchzehe, fein gehackt
- 600 ml Gemüsebrühe
- abgeriebene Schale und Saft von 1 Orange
- 1 TL klarer Honig
- 1 Zimtstange
- 1-cm-Stück frische Ingwerwurzel, fein gehackt
- 1 Aubergine
- 4 Tomaten, gehäutet und gehackt
- 100 g getrocknete Aprikosen
- 2 EL frisch gehackter Koriander
- Salz und Pfeffer
- frisch gekochter Couscous, zum Servieren

1 Das Öl in einer großen Pfanne oder einem Bräter erhitzen. Die Zwiebel und das Fleisch darin unter Rühren bei mittlerer Hitze 5 Minuten braten, bis das Fleisch gebräunt ist. Dann Knoblauch, Brühe, Orangenschale und -saft, Honig, Zimt und Ingwer zugeben. Aufkochen, die Hitze reduzieren, abdecken und alles 45 Minuten köcheln lassen.

2 Die Aubergine längs halbieren und in dünne Scheiben schneiden. Mit den Tomaten und Aprikosen in die Pfanne geben. Abdecken und weitere 45 Minuten kochen, bis das Fleisch zart ist.

3 Den Koriander einrühren, mit Salz und Pfeffer abschmecken und das fertige Gericht mit Couscous servieren.

VARIATION

Diese typisch marokkanische Mischung aus Fleisch, Gemüse und Aprikosen mit frischen Kräutern und Gewürzen schmeckt besonders köstlich – und authentisch – mit Couscous, den man in einem Dämpfeinsatz über dem Eintopf 6–7 Minuten garen kann.

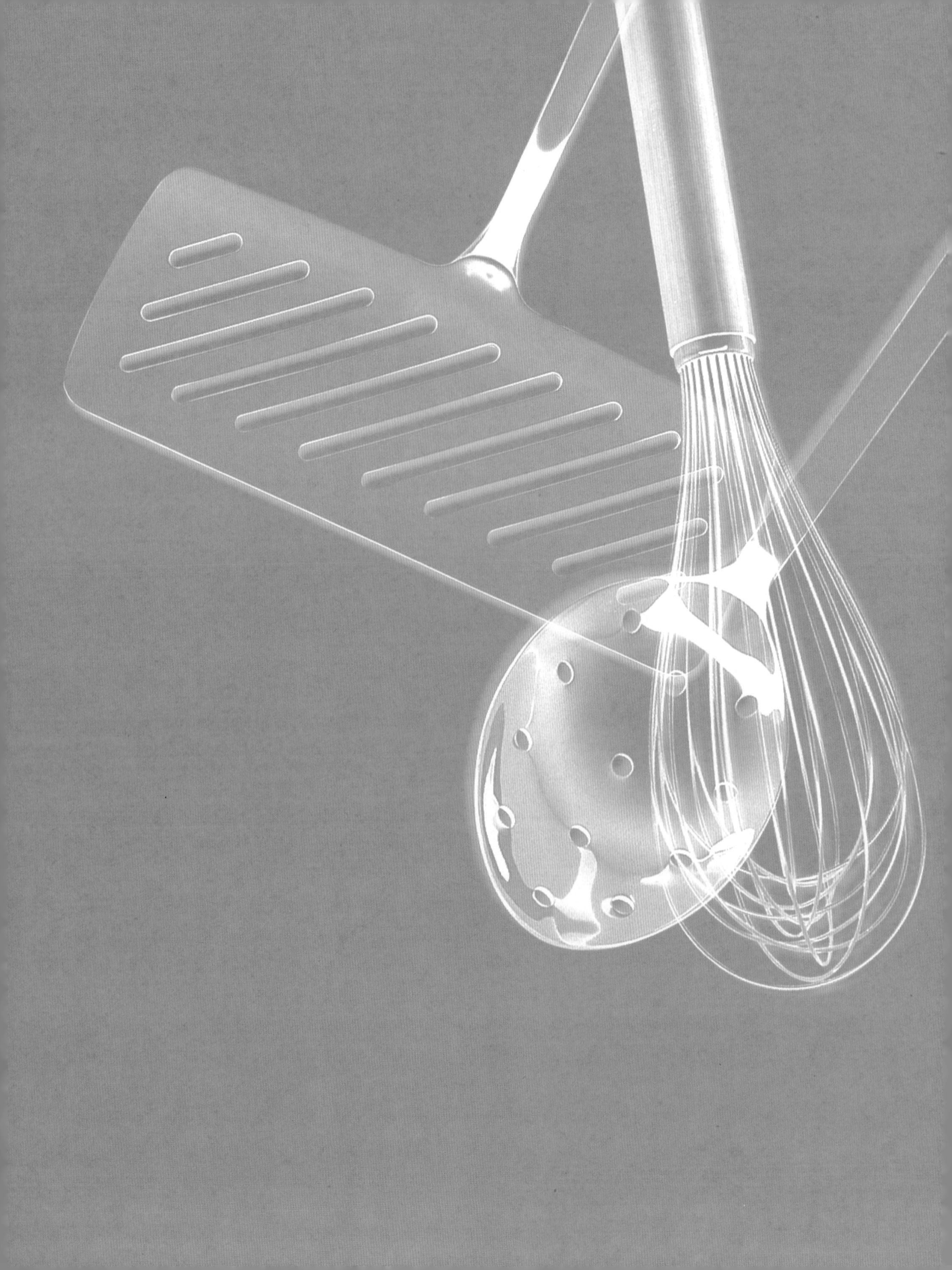

Kapitel 7

Reis, Nudeln, Hülsenfrüchte und Getreide

Die in Nudeln, Hülsenfrüchten und Getreide enthaltenen Kohlenhydrate werden vom Körper nur langsam verwertet und sind deswegen eine hervorragende Energiequelle. Da diese Lebensmittel äußerst vielseitig sind, können sie auch sehr abwechslungsreich zubereitet werden.

Einführung

Die Kohlenhydrate von Nudeln und Getreide sind eine ausgezeichnete Energiequelle; das trifft vor allem auf die Vollkornvarianten zu, die reich an wertvollen Ballaststoffen sind. In Kombination mit den proteinhaltigen Hülsenfrüchten ergeben sie eine gesunde, schmackhafte Mahlzeit.

■ Kauf und Lagerung von Nudeln

Nudeln bzw. Pasta werden in der Regel aus Hartweizen- oder Vollkorngrieß, manche Sorten auch mit Eiern hergestellt. Frische Nudeln bleiben im Kühlschrank bis zu 2 Tage frisch, getrocknete Nudeln kann man bis zu 2 Jahre bei Raumtemperatur vorrätig halten. Sie sollten jedoch vor Ablauf des Haltbarkeitsdatums verzehrt werden.

Asiatische Nudelsorten sollten an einem kühlen, trockenen Platz gelagert und vor Ablauf des Haltbarkeitsdatums verzehrt werden.

■ Zubereitung von Nudeln

Nudeln zu kochen ist schnell und einfach. Bringen Sie Salzwasser in einem großen Topf zum Kochen, geben Sie die Nudeln hinein, bringen Sie das Wasser erneut zum Kochen, und rühren Sie gelegentlich, damit die Nudeln nicht verkleben. Reduzieren Sie die Hitze etwas, und köcheln Sie die Nudeln, bis sie weich, aber noch bissfest sind – was man als „al dente" bezeichnet. Gießen Sie die Nudeln ab, und servieren Sie sie einfach mit etwas Olivenöl, einer Sauce oder zu einem Gericht Ihrer Wahl.

dünne Eiernudeln

mittelbreite Eiernudeln

breite Eiernudeln

NUDELSORTEN

Anelli kleine Ringe
Cannelloni große Röhren
Conchiglie Muscheln
Farfalle Schmetterlinge
Fettucine lange Bandnudeln
Fusilli Spiralen
Lasagne Teigblätter
Linguine schmale Bandnudeln
Lumaconi Schneckenformen
Macaroni lange oder kurze Röhrennudeln, oft gebogen
Penne schräge Röhren
Ravioli Nudeltaschen
Spaghetti lange, dünne Nudeln
Tagliatelle Bandnudeln, etwas breiter als Fettuccine
Vermicelli lange, sehr feine Haarnudeln
Rigatoni geriffelte, kurze Röhrennudeln

Glasnudeln
Diese dünnen Nudeln, auch als chinesische Vermicelli bekannt, werden aus der Stärke von Mungbohnen hergestellt. Trockene Glasnudeln werden vor dem Kochen kurz eingeweicht. Bei Gerichten, die viel Flüssigkeit enthalten wie Suppen, ist dies jedoch nicht erforderlich.

Asiatische Eiernudeln
Es gibt verschiedene Sorten dieser speziellen Eiernudeln. Sie werden gern in der chinesischen Küche in Pfannengerührtes gegeben. Beachten Sie die Packungshinweise: Manche Nudeln werden vor der Zubereitung etwa 4–5 Minuten eingeweicht, andere direkt in den Wok gegeben.

Reisnudeln
Diese delikaten, dünnen weißen Nudeln sind sehr einfach zuzubereiten. Weichen Sie sie 4–5 Minuten in heißem Wasser ein. Ausgezeichnet schmecken sie in Suppen und Pfannengerührtem. Frittiert sind sie köstlich knusprig.

Sobanudeln
Aus Weizenmehl und Buchweizen hergestellt, werden diese dünnen Nudeln in der japanischen Küche verwendet.

Udonnudeln
Diese dicken, aus Mais- oder Weizenmehl hergestellten japanischen Nudeln ähneln Spaghetti, können jedoch auch quadratisch oder rund sein und werden frisch und getrocknet angeboten.

Ramennudeln
Diese japanische Weizennudeln werden für Suppen genommen.

■ Frische Nudeln

Man kann heutzutage frische Nudeln von guter Qualität kaufen, sie selbst zu machen ist aber auch sehr einfach. Vielleicht investieren Sie sogar in eine Nudelmaschine. Damit können Sie Nudeln in allen Formen und Größen nach Wunsch herstellen.

■ Selbstgemachte Nudeln

Für 6 Personen

- 280 g Weizenmehl, plus etwas mehr zum Bestäuben
- 1 TL Salz
- 2 Eier, leicht verquirlt
- 3 TL Tomatenpüree (nur für rote Nudeln mit Tomatengeschmack)

Cannelloni

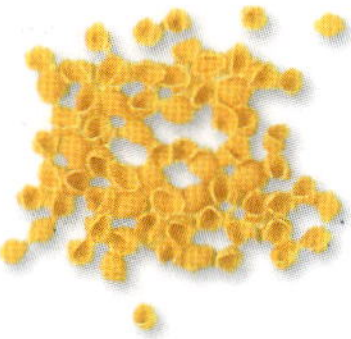

Conchigliette

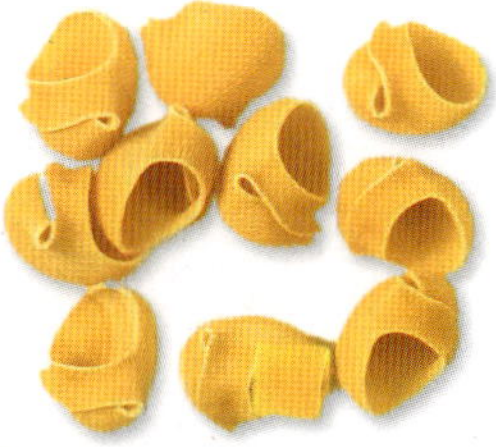

Lumaconi

Penne

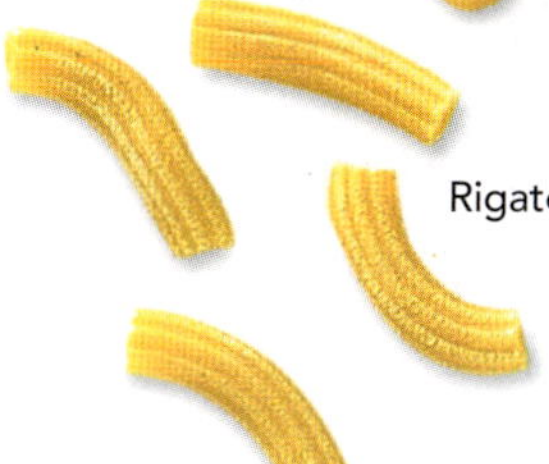

Rigatoni

Fusilli

Eine saubere Arbeitsfläche leicht mit Mehl bestäuben. Mehl und Salz zu einem Hügel auf die Arbeitsfläche sieben.

1 In der Mitte des Mehls eine Mulde formen, verquirlte Eier und gegebenenfalls Tomatenpüree hineingeben und alles zu einem festen Teig kneten. Falls nötig, einige Teelöffel Wasser unterrühren.

2 Den Teig etwa 8 Minuten kräftig kneten, dann in Frischhaltefolie wickeln und 30 Minuten oder, falls der Teig nicht sofort weiterverarbeitet wird, bis zu 2 Tage ruhen lassen. Den Teig zur gewünschten Dicke ausrollen, dann mit einem scharfen Messer in die Formen Ihrer Wahl schneiden.

3 Alternativ den Teig mit einer Nudelmaschine schneiden. Die Nudeln sind nun kochfertig.

1

2

3

■ Kauf und Lagerung von Hülsenfrüchten

Erbsen, Bohnen und Linsen zählen zu den Hülsenfrüchten. Diese proteinreichen Nahrungsmittel kann man getrocknet oder gegart in Dosen kaufen. Getrocknete Hülsenfrüchte sollten in luftdichten Behältern kühl und trocken gelagert werden. Alte und neue Bohnen haben unterschiedliche Garzeiten und sollten nicht gemischt werden. Gekochte Hülsenfrüchte sollten innerhalb von 3 Tagen verbraucht werden.

■ Zubereitung von Hülsenfrüchten

Die meisten Hülsenfrüchte müssen mindestens 8 Stunden eingeweicht werden. Anschließend werden sie 10 Minuten stark gekocht und weitere 45 Minuten, oder bis sie weich sind, bei reduzierter Hitze geköchelt. Eine Ausnahme bilden die Sojabohnen mit 12 Stunden Einweich- und 4 Stunden Kochzeit und Kichererbsen mit 8 Stunden Einweich- und 2 Stunden Kochzeit. Perlbohnen werden über Nacht eingeweicht und 1½ Stunden gekocht. Linsen und Schälerbsen werden nicht eingeweicht und sind nach 25–30 Minuten Kochzeit gar.

Kichererbsen

Sojabohnen

Schälerbsen

Augenbohnen

Kichererbsen
Diese runden Hülsenfrüchte haben einen nussigen Geschmack und sind in Suppen, Salaten, Dips und Eintöpfen ausgezeichnet. Gebraten sind sie ein leckerer Snack. Kichererbsen werden mindestens 8 Stunden vor der Verarbeitung eingeweicht. Anschließend abspülen und mit frischem Wasser bedeckt zum Kochen bringen. Dann 2 Stunden köcheln, bis sie gut durchgegart sind.

Sojabohnen
Es gibt grüne, schwarze, braune und gelbe Sojabohnen. Zum Kochen wird vor allem die blassgelbe Sorte verwendet. Sie eignet sich für Suppen und andere herzhafte Gerichte wie Currys, benötigten aber mindestens 12 Stunden Einweichzeit. Anschließend werden die Bohnen abgespült und in frischem Wasser zum Kochen gebracht. 1 Stunde kochen, dann weitere 3 Stunden köcheln, bis sie gut durchgegart sind.

Azukibohnen
Diese kleinen roten Bohnen sind exzellent in Suppen und Salaten.

Cannellinibohnen
Geben Sie diese langen, cremeweißen Bohnen in Suppen und Salate.

Schälerbsen
Diese kleinen scheibenförmigen Erbsen ähneln Linsen, sind aber entlang einer natürlichen Faser gespalten. Sie sind gelb oder grün und können gekocht und püriert, in Suppen, Aufläufen und anderen herzhaften Gerichten verwendet werden.

Linsen
Es gibt verschiedene Sorten dieser kleinen und scheibenförmigen Hülsenfrüchte. Rote Linsen werden püriert und für Suppen und Saucen verwendet, grüne und braune Linsen eignen sich für Salate, Saucen, Eintöpfe und andere herzhafte Gerichte.

Rote Kidneybohnen
Diese roten, nierenförmigen Bohnen sind ausgezeichnet in Suppen, Salaten, pikanten Eintöpfen und anderen herzhaften Gerichten wie Chili con Carne.

Perlbohnen
Für eine Vielzahl herzhafter Gerichte wie Suppen, Salate, Eintöpfe und Schmorgerichte werden diese weißen Bohnen verwendet. Gebacken serviert man sie mit Tomatensauce.

Limabohnen
Die weißen, nierenförmigen Bohnen sind exzellent in Suppen und Salaten.

Flageoletbohnen
Für Salate und als Beilage zu Fleischgerichten sind diese kleinen grünen Bohnen sehr schmackhaft.

Borlottibohnen
In Suppen, Dips und anderen herzhaften Gerichten werden diese ovalen, hellrosa bis braun gestreiften Bohnen verwendet.

Augenbohnen
Diese kleinen, beigefarbenen Bohnen haben ein rundes schwarzes „Auge". Sie eignen sich für Saucen, Pfannengerührtes und Suppen.

Langkornreis

Milchreis

Kauf und Lagerung von Reis

Im Handel werden zahlreiche Reissorten angeboten. Reis kann man in luftdichten Behältern an einem kühlen, trockenen Platz bis zu 3 Jahre aufbewahren.

Rundkornreis
Die kurzen, runden Körner des Rundkornreises sind stärkehaltiger und weicher als die des Klebe- und des Langkornreises. Beliebt sind der Arborio- und Carnarolireis, die für Risotto verwendet werden.

Klebereis
Der Klebereis ist etwas kürzer als der Langkornreis, nimmt mehr Flüssigkeit auf und klebt beim Kochen leicht zusammen. Klebereis wird für herzhafte Gerichte und Sushi verwendet.

Langkornreis
Sowohl weißer als auch brauner Langkornreis sind eine exzellente Beilage für herzhafte Gerichte. Seine Körner bleiben beim Kochen locker.

Basmatireis
Der Langkornreis aus dem Himalaja hat einen nussigen Geschmack und passt hervorragend zu herzhaften Gerichten. Es gibt weiße und braune Sorten. Beim Kochen bleibt er locker.

Jasminreis
Dieser zarte Reis hat einen köstlichen Duft und ist sehr aromatisch im Geschmack. Besonders in der Küche Vietnams und Thailands wird er geschätzt.

Arborioreis
Dieser stärkehaltige, runde, cremige Reis aus Italien ist ein idealer Risottoreis.

Carnarolireis
Oft als „König der italienischen Reissorten" bezeichnet, ist dieser Rundkornreis aufgrund seines hohen Stärkegehalts ein idealer, cremiger Risottoreis.

Milchreis
Dieser Reis hat ebenfalls einen hohen Stärkegehalt, weshalb er beim Kochen sehr klebrig und cremig wird. Er wird gern für Süßspeisen verwendet.

Roter Reis
Der rote Reis wird in der Camargue und in China angebaut. Sein nussiger Geschmack erinnert an Naturreis.

Wildreis
Wildreis ist tatsächlich ein Wassergras, kein Reis. Seine langen, schwarzen Körner haben einen nussigen Geschmack. Da Wildreis sehr teuer ist, wird er häufig mit braunem Langkornreis gemischt.

Zubereitung von Langkorn- und Basmatireis

Für 4 Personen 300 g Reis in einem Sieb unter fließendem kaltem Wasser waschen. In einen großen Topf geben und 600 ml kaltes Wasser zufügen. Eine große Prise Salz zugeben, dann das Wasser zum Kochen bringen. Die Hitze reduzieren, kurz umrühren, den Topf zudecken und den Reis köcheln lassen, bis er weich ist und die Flüssigkeit absorbiert hat. Weißer Reis benötigt etwa 15–20 Minuten, Naturreis 25–30 Minuten Garzeit. Nehmen Sie den Topf vom Herd, und lassen Sie den Reis weitere 5 Minuten bedeckt ziehen. Vor dem Servieren den Reis mit einer Gabel lockern.

Weitere Getreidesorten

Probieren Sie auch weniger gängige Getreideprodukte aus. Sie eignen sich für Salate, Suppen und Eintöpfe und können auf einer Platte mit Gemüse schmackhaft angerichtet werden.

Graupen
Perlgraupen, polierte Gerstenkörner, sind die verbreitetste Graupensorte. Im Naturkosthandel bekommt man auch unpolierte Graupen. Sie schmecken ausgezeichnet in Suppen, Schmor- und Eintöpfen.

Hirse
Dieses proteinhaltige Getreide wird vor allem in Afrika und Asien verzehrt. Es wird wie Reis gekocht.

Couscous
Bei Couscous handelt es sich um Grieß, der aus Hartweizen gewonnen wurde. Halten Sie sich bei der Zubereitung an die Packungshinweise. Couscous wird auf einer Platte schmackhaft mit Fleisch und Gemüse angerichtet.

Polenta
Polenta (Maismehl) ist besonders in der italienischen Küche beliebt. Folgen Sie den Packungshinweisen, denn die Zubereitungsmethoden und Garzeiten können variieren. Man kann Polenta kalt oder warm servieren. Serviert man sie kalt, gibt man die Masse nach dem Kochen auf ein Backblech, lässt sie abkühlen und schneidet sie zum Servieren in Quadrate. Serviert man Polenta heiß, rührt man zum Schluss einen großzügigen Löffel Butter unter, nimmt sie vom Herd und rührt kräftig, bis die Polenta fest ist.

Bulgur
Bulgur besteht aus vorgekochten Weizenkörnern. Das goldbraune Getreide hat einen nussigen Geschmack. Da es bereits vorgekocht ist, wird es nur 20–30 Minuten in reichlich kaltem Wasser eingeweicht. Dann lässt man es durch ein Sieb abtropfen und drückt so viel Wasser wie möglich aus. Bulgur schmeckt ausgezeichnet in Salaten, besonders in Tabbouleh, einem Gericht aus dem Nahen Osten.

Spaghetti bolognese

Diese vielseitige italienische Fleischsauce kommt meist mit Spaghetti und frisch geriebenem Parmesan auf den Tisch. Doch auch in Lasagne, Cannelloni und anderen Backofengerichten kommt sie zum Einsatz.

Für 4 Personen

Vorbereitung
15 Minuten
Garzeit
1 Stunde 15–20 Minuten

Zutaten

- 3 EL Olivenöl
- 2 Knoblauchzehen, zerdrückt
- 1 große Zwiebel, fein gehackt
- 1 Karotte, gewürfelt
- 250 g mageres Hackfleisch von Rind, Kalb oder Schwein
- 80 g Hühnerleber, fein gehackt
- 100 g magerer Parmaschinken, klein geschnitten
- 150 ml Marsala
- 300 g gewürfelte Tomaten aus der Dose
- 1 EL frisch gehacktes Basilikum
- 2 EL Tomatenmark
- Salz und Pfeffer
- 500 g Spaghetti

1 In einem großen Topf 2 Esslöffel Olivenöl erhitzen. Knoblauch, Zwiebel und Karotte zugeben und 6 Minuten anbraten.

2 Hackfleisch, Hühnerleber und Parmaschinken zugeben und 12 Minuten bei mittlerer Hitze bräunen.

3 Marsala, Tomaten, Basilikum und Tomatenmark einrühren und ca. 4 Minuten kochen. Mit Salz und Pfeffer abschmecken. Abdecken und etwa 30 Minuten köcheln.

4 Den Deckel abnehmen, durchrühren und weitere 15 Minuten köcheln.

5 In der Zwischenzeit Salzwasser in einem großen Topf aufkochen. Spaghetti und das restliche Öl zugeben und etwa 10–12 Minuten kochen, bis die Nudeln gar, aber noch al dente sind. Abgießen und in eine Servierschüssel geben. Die Sauce über die Nudeln geben, vermengen und heiß servieren.

VARIATION

Hühnerleber ist ein wichtiger Bestandteil der klassischen Bolognesesauce. Ihr verdankt sie ihre geschmackliche Fülle. Sie können sie aber auch durch die gleiche Menge Rinderhackfleisch ersetzen.

Gemüselasagne

In dieser farbenfrohen Lasagne werden verschiedene Gemüsesorten in Tomatensauce mit einer dicken Käsesauce im Backofen überbacken. Hier werden grüne Lasagneblätter verwendet, doch Sie können auch gelbe nehmen.

Für 4 Personen

Vorbereitung
20 Minuten, plus
20 Minuten Ruhezeit
Garzeit
55 Minuten

Zutaten
- 1 Aubergine, in dünnen Scheiben
- Salz und Pfeffer
- 3 EL Olivenöl
- 2 Knoblauchzehen, zerdrückt
- 1 rote Zwiebel, halbiert und in Scheiben
- 3 verschiedenfarbige Paprika, gewürfelt
- 220 g gemischte Pilze, in Scheiben
- 2 Selleriestangen, in Scheiben
- 1 Zucchini, gewürfelt
- ½ TL Chilipulver
- ½ TL gemahlener Kreuzkümmel
- 2 Tomaten, klein geschnitten
- 300 g passierte Tomaten
- 2 EL frisch gehacktes Basilikum
- 8 grüne Lasagneblätter

Käsesauce
- 2 EL Butter oder Margarine
- 1 EL Mehl
- 150 ml Gemüsebrühe
- 300 ml Milch
- 75 g frisch geriebener Emmentaler
- 1 TL Dijon-Senf
- 1 EL frisch gehacktes Basilikum
- 1 Ei, verquirlt

TIPP

Um die Paprika in Würfel zu schneiden, halbieren Sie sie erst und legen Sie sie dann mit der glänzenden Seite nach unten auf ein Schneidebrett, um ein Abrutschen des Messers zu vermeiden.

1 Auberginen in ein Sieb legen, mit Salz bestreuen und 20 Minuten ruhen lassen. Unter fließendem kaltem Wasser abspülen, abtropfen lassen und beiseitestellen.

2 Öl in einer Pfanne erhitzen, Knoblauch und Zwiebel darin 1–2 Minuten braten. Paprika, Pilze, Sellerie und Zucchini zugeben und unter Rühren 3–4 Minuten garen.

3 Die Gewürze einrühren und 1 Minute mitbraten. Sämtliche Tomaten und Basilikum zugeben. Mit Salz und Pfeffer abschmecken.

4 Den Backofen auf 180 °C vorheizen. Für die Sauce Butter im Topf zerlassen, Mehl einrühren. 1 Minute anschwitzen. Vom Herd nehmen, Brühe und Milch einrühren. Erneut auf den Herd stellen, die Hälfte des Käses und den Senf zugeben. Unter Rühren einkochen. Basilikum zufügen, vom Herd nehmen und das Ei einrühren.

5 Die Hälfte der Lasagneblätter in eine Auflaufform geben. Zuerst die Hälfte der Gemüsemischung, dann die Hälfte der Auberginen daraufgeben. Wiederholen und mit der Käsesauce abschließen. Mit Käse bestreuen und im Backofen 40 Minuten backen.

Gnocchi mit Tomatensauce

Für 4 Personen

Vorbereitung
25 Minuten
Garzeit
35–40 Minuten

Gnocchi sind kleine Klöße, die aus Kartoffeln und Mehl hergestellt („gnocchi di patate") und in heißem Salzwasser gegart werden. Sie können auch aus Grieß, wie Hartweizen- oder Maisgrieß, zubereitet werden, dann nennt man sie „gnocchi di semolino".

Zutaten
- 900 g mehlig kochende Kartoffeln
- 1 EL Olivenöl
- 1 TL Salz
- 1 TL Backpulver
- 300 g Mehl
- 1 Ei, verquirlt
- frischer Parmesan, zum Servieren

Tomatensauce
- ½ Gemüsebrühwürfel
- 2 EL Öl
- 1 große Zwiebel, gehackt
- 2 Knoblauchzehen, gehackt
- 400 g gehackte Dosentomaten
- Salz und Pfeffer
- 2 EL frisch gehacktes Basilikum

1 Die Kartoffeln schälen und in Stücke schneiden. In leicht gesalzenem Wasser 15 Minuten weich kochen. Gut abtropfen lassen, dann durch ein Sieb in eine große Schüssel streichen. Mit dem Öl vermischen.

2 Salz, Backpulver und 220–280 g Mehl vermischen. Die Hälfte der Mehlmischung und das Ei zu den Kartoffeln geben und vermengen. Die restliche Mehlmischung zufügen und zu einem glatten, leicht klebrigen Teig verkneten.

3 Für die Tomatensauce den Brühwürfel in 100 ml heißem Wasser auflösen. Das Öl in einer Pfanne erhitzen. Zwiebel und Knoblauch zugeben und 3–4 Minuten andünsten. Tomaten und Brühe zufügen und ohne Deckel 10 Minuten kochen lassen. Mit Salz und Pfeffer abschmecken.

4 Den Teig auf einer bemehlten Arbeitsfläche zu 2,5 cm dicken Strängen ausrollen, dann in 2 cm lange Stücke schneiden. Mit den Gabelzinken leicht einkerben.

5 Wasser in einem großen Topf zum Kochen bringen, dann die Hitze reduzieren, bis es nur noch leicht köchelt. Etwa 30 Gnocchi 1–2 Minuten ziehen lassen, bis sie an die Oberfläche steigen. Dies wiederholen, bis alle Gnocchi fertig sind.

6 Das Basilikum in die Tomatensauce einrühren und über die Gnocchi gießen. Mit Salz und Pfeffer abschmecken. Mit frisch geriebenem Parmesan bestreuen und sofort servieren.

VARIATION

Verändern Sie Farbe und Geschmack, indem Sie in Schritt 3 die Hälfte der Gemüsebrühe durch Rotwein ersetzen und 1 Esslöffel Tomatenmark zufügen.

Goldgelbe Polenta

Für 4 Personen

Vorbereitung
20 Minuten, plus
2½ Stunden Kühl- und Ruhezeit
Garzeit
1 Stunde

Zutaten
- 1,5 l Wasser
- 1½ TL Salz
- 300 g Polenta (Maismehl)
- Öl, zum Braten und Einfetten
- 2 verquirlte Eier, nach Belieben
- 125 g frische, helle Semmelbrösel, nach Belieben

Tomatensauce
- 2 EL Olivenöl
- 1 kleine Zwiebel, gehackt
- 1 Knoblauchzehe, gehackt
- 400 g gehackte Tomaten aus der Dose
- 2 EL frisch gehackte Petersilie
- 1 TL Oregano
- 2 Lorbeerblätter
- 2 EL Tomatenmark
- 1 TL Zucker
- Salz und Pfeffer

Polenta wird aus Maismehl hergestellt und ist in Norditalien sehr populär. In gekochtem Zustand kann man sie sowohl warm als auch kalt geniessen. Dieses Rezept eignet sich wunderbar als Vorspeise oder Beilage zu einem Hauptgericht.

1 Wasser mit Salz in einem großen Topf zum Kochen bringen und die Polenta nach und nach einstreuen. Dabei ständig rühren, um Klumpenbildung zu vermeiden. Leicht köcheln lassen und unter häufigem Rühren 30 Minuten garen, bis die Polenta sehr dick geworden ist und sich vom Topfrand löst.

2 Eine 28 cm x 18 cm große Form ganz einfetten und die Polenta in die Form geben. Gleichmäßig mit einem angefeuchteten Holzlöffel oder Spatel verteilen. Abkühlen lassen, dann 2 Stunden bei Zimmertemperatur ruhen lassen.

3 Die Polenta in 30–36 Quadrate schneiden. Das Öl in einer Pfanne erhitzen. Die Quadrate hineingeben und von allen Seiten goldbraun braten, dabei mehrfach wenden. Alternativ jedes Polentastück zunächst im Ei und danach in den Semmelbröseln wenden und braten. Warm halten.

4 Für die Tomatensauce das Öl in einer Pfanne auf mittlerer Stufe erhitzen. Die Zwiebel zugeben und 2 Minuten glasig dünsten. Den Knoblauch zufügen und 1 Minute dünsten. Gehackte Tomaten, Kräuter, Tomatenmark, Zucker, Salz und Pfeffer einrühren. Zum Kochen bringen, dann ohne Deckel 20 Minuten um die Hälfte reduzieren. Das Lorbeerblatt entfernen.

5 Servieren Sie die Polentastücke mit heißer Tomatensauce.

Gebratener Reis

Dieses Rezept ist die Abwandlung eines beliebten chinesischen Gerichts. Die Speckstreifen bringen westliches Flair hinein. Am besten gelingt es, wenn der Reis vor dem Braten kalt und trocken ist und nicht aneinander klebt.

Für 4 Personen

Vorbereitung
5 Minuten, plus
20 Minuten Kühlzeit
Garzeit
30 Minuten

Zutaten
- 700 ml Wasser
- ½ TL Salz
- 300 g Langkornreis
- 2 Eier
- Salz und Pfeffer
- 4 TL kaltes Wasser
- 3 EL Sonnenblumenöl
- 4 Frühlingszwiebeln, schräg geschnitten
- 1 rote, grüne oder gelbe Paprika, in kleinen Streifen
- 3–4 magere Speckscheiben ohne Schwarte, in Streifen
- 200 g Bohnensprossen
- 125 g grüne Erbsen, Tiefkühlware aufgetaut
- 2 EL Sojasauce, nach Belieben

1 Das Wasser mit Salz im Wok zum Kochen bringen. Den Reis in einem Sieb unter fließend kaltem Wasser waschen, bis das Wasser klar ist. Abtropfen lassen und in den Wok geben. Umrühren und den Wok abdecken. 12–13 Minuten köcheln. (Den Deckel während dieser Zeit nicht abnehmen. Der Wasserdampf würde sonst entweichen.)

2 Deckel abnehmen, den Reis durchrühren, auf einen großen Teller oder ein Backblech geben und abkühlen lassen.

3 Jedes Ei gesondert mit Salz und Pfeffer und 2 Teelöffeln Wasser verquirlen. 1 Esslöffel Öl im Wok erhitzen. Das erste verquirlte Ei hineingießen, den Wok leicht im Kreis bewegen und dann das Ei stocken lassen. Das Omelett herausnehmen und das zweite Omelett backen. Die Omeletts einrollen und in dünne Scheiben schneiden.

4 Das restliche Öl in den Wok geben und sehr stark erhitzen. Frühlingszwiebeln und Paprika zugeben und 1–2 Minuten anbraten. Den Speck zugeben und weitere 1–2 Minuten anbraten. Bohnensprossen und Erbsen zufügen und gut verrühren. Nach Belieben Sojasauce zugeben.

5 Reis untermischen, mit Salz und Pfeffer abschmecken und etwa 1 Minute braten, dann die Omelettstreifen zugeben und weitere 2 Minuten rühren, bis der Reis kochend heiß ist. Sofort servieren.

Risotto milanese

Für 4 Personen

Vorbereitung
10 Minuten
Garzeit
30 Minuten

Der Risotto milanese soll auf einen mailändischen Glasmaler zurückgehen, der zur Hochzeit seiner Tochter prachtvolle, mit Blattgold dekorierte Gerichte auftischen wollte. Gold war zu teuer, also wurde mit Safran gefärbt.

Zutaten
- 1 l Hühnerbrühe
- 1 l Weißwein
- 1 TL Safranfäden
- 1 EL Olivenöl
- 3 EL Butter
- 1 kleine Zwiebel, fein gehackt
- 400 g Arborioreis
- 50 g frisch geriebener Parmesan
- Salz und Pfeffer

1 Brühe und Weißwein zum Kochen bringen, dann die Hitze reduzieren, bis es leicht köchelt. Die Safranfäden zugeben und weiterköcheln lassen. Derweil den Risotto zubereiten.

2 Das Öl mit 2 Esslöffeln Butter in einem tiefen Topf auf mittlerer Stufe erhitzen, bis die Butter zerlassen ist. Die Zwiebel zufügen und dünsten, bis sie leicht golden, aber nicht braun wird.

3 Den Reis einstreuen und gut im Fett wenden, 2–3 Minuten glasig dünsten.

4 Nach und nach jeweils eine Suppenkelle der Weinbrühe hinzufügen. Die Hitze leicht erhöhen, bis die Flüssigkeit kocht. Ständig rühren und mehr Flüssigkeit zugeben, sobald der Reis sie aufgesogen hat. Insgesamt 20 Minuten köcheln lassen, bis die Flüssigkeit ganz aufgesogen ist.

5 Den Risotto vom Herd nehmen. Die restliche Butter gut untermischen, schließlich den Parmesan unterrühren. Mit Salz und Pfeffer abschmecken und sofort servieren.

VARIATION

Sie können diesen köstlichen Risotto als Basis für weitere Zutaten nehmen. Fügen Sie beispielsweise 5 Minuten vor Ende der Garzeit 2 Esslöffel Mais aus der Dose hinzu oder gewürfelte gekochte Karotten. Oder servieren Sie den Reis mit einer Handvoll gerösteten Cashewkernen.

Pilaw mit braunem Reis

Für 4 Personen

Vorbereitung
30 Minuten
Garzeit
15 Minuten

Pilaw-Gerichte sind in Asien besonders beliebt. Der Reis wird dabei zuerst in Butter oder Öl sautiert, bevor Wasser oder Brühe zum Garkochen hinzugefügt wird. Pilaw-Gerichte beinhalten oft auch Gemüse, Fleisch, Geflügel oder Fisch.

Zutaten
- 4 EL Öl
- 1 rote Zwiebel, fein gehackt
- 2 zarte Selleriestangen mit Blättern, längs geviertelt und in Würfeln
- 2 Karotten, grob gerieben
- 1 grüne Chili, entkernt und fein gehackt
- 3 Frühlingszwiebeln, fein gehackt
- 40 g ganze Mandeln, längs in Scheiben geschnitten
- 350 g gekochter brauner Basmatireis
- 150 g gekochte rote Spaltlinsen
- 175 ml Hühner- oder Gemüsebrühe
- 50 ml frisch gepresster Orangensaft
- Salz und Pfeffer
- frische Sellerieblätter, zum Garnieren

1 In einer tiefen Pfanne 2 Esslöffel Öl auf mittlerer Stufe erhitzen. Die Zwiebel darin 5 Minuten weich dünsten.

2 Sellerie, Karotten, Chili, Frühlingszwiebeln und Mandeln zugeben. 2 Minuten pfannenrühren – das Gemüse soll noch bissfest und kräftig in der Farbe sein. In eine Schüssel füllen und beiseitestellen.

3 Das restliche Öl in die Pfanne geben. Den Reis und die Linsen hineingeben. Auf mittlerer Stufe unter Rühren 1–2 Minuten braten, bis alles erwärmt ist. Die Hitze reduzieren. Die Brühe und den Orangensaft einrühren. Mit Salz und Pfeffer abschmecken.

4 Das Gemüse wieder in die Pfanne geben. Ein paar Minuten unter Rühren mit dem Reis vermischen und erhitzen. Auf vorgewärmte Teller füllen, mit Sellerieblättern garnieren und servieren.

Gemüse-Couscous

Für 4 Personen

Vorbereitung
20 Minuten
Garzeit
40 Minuten

Couscous besteht aus Hartweizengrieß und ist in Nordafrika weit verbreitet. Man kann ihn schnell zubereiten, denn er wird nur 8–10 Minuten gedämpft und ist dann gebrauchsfertig. Er kann auch mit gemischten Früchten als Dessert serviert werden.

Zutaten
- 2 EL Öl
- 1 große Zwiebel, grob gehackt
- 1 Karotte, gewürfelt
- 1 weiße Rübe, gewürfelt
- 600 ml Gemüsebrühe
- 175 g Couscous
- 125 g grüne Bohnen
- 2 Tomaten, gehäutet und geviertelt
- 2 Zucchini, gewürfelt
- 1 rote Paprika, gewürfelt
- abgeriebene Schale von 1 Zitrone
- 1 Prise gemahlene Kurkuma, nach Belieben
- Salz und Pfeffer
- 1 EL frisch gehackter Koriander

1 Das Öl in einem großen Topf erhitzen und Zwiebel, Karotte und Rübe darin 3–4 Minuten andünsten. Brühe zugeben, zum Kochen bringen, abdecken und etwa 20 Minuten köcheln lassen.

2 In der Zwischenzeit den Couscous in eine Schüssel geben und mit etwas kochendem Wasser übergießen. Durchrühren, bis die Körner aufgequollen sind und sich getrennt haben.

3 Die Bohnen klein schneiden und mit den Tomaten, Zucchini und Paprika in den Topf geben.

4 Zitronenschale und nach Belieben Kurkuma zum Couscous geben, abschmecken und durchrühren. In einen Dämpfeinsatz geben und auf den Topf mit dem Gemüse setzen. Köcheln lassen und den Couscous 8–10 Minuten dämpfen.

5 Couscous auf vorgewärmten Serviertellern anrichten. Gemüse und etwas Brühe darübergeben. Mit Koriander bestreuen und sofort servieren.

VARIATION

Ersetzen Sie den Koriander durch 1 Esslöffel fein gehackte glatte Petersilie, und garnieren Sie das Gericht mit Petersilienzweigen.

Tabbouleh

Für 4 Personen

Vorbereitung
15 Minuten, plus
30 Minuten Ruhezeit und
1 Stunde Marinieren
Garzeit
keine

Zutaten
- 175 g Bulgur
- 3 EL natives Olivenöl extra
- 4 EL Zitronensaft
- Salz und Pfeffer
- 4 Frühlingszwiebeln, fein gehackt
- 1 grüne Paprika, gewürfelt
- 4 Tomaten, gehackt
- 2 EL frisch gehackte Petersilie
- 2 EL frisch gehackte Minze

Garnierung
- 8 schwarze Oliven, entsteint
- frische Minzezweige

Dieser aus dem Nahen Osten stammende Salat erfreut sich immer größerer Beliebtheit. Klassisch wird er zu Lammgerichten serviert, doch auch zu Gegrilltem ist er eine wahre Köstlichkeit. Vegetarier kombinieren ihn einfach mit Hummus und Pita-Brot.

1 Den Bulgur in einer Schüssel mit kaltem Wasser bedecken und in 30 Minuten auf das doppelte Volumen quellen lassen. Abgießen und so viel Flüssigkeit wie möglich ausdrücken. Zum Trocknen auf Küchenpapier ausbreiten.

2 Den trockenen Bulgur in eine Salatschüssel geben. Olivenöl und Zitronensaft in einem Schraubglas durch Schütteln mischen und mit Salz und Pfeffer würzen. Die Mischung über den Bulgur gießen und 1 Stunde marinieren.

3 Die Frühlingszwiebeln mit Paprika, Tomaten, Petersilie und Minze zum Bulgur geben und alles kurz durchheben. Dann den Salat mit Oliven und frischen Minzezweigen garnieren und servieren.

TIPP

Die Bulgur-Körner sind bereits vorgekocht und müssen deshalb lediglich wieder aufquellen. Der Salat darf nicht zu lange stehen bleiben, da er sonst schnell an Biss verliert.

Cassoulet

Für 6–8 Personen

Vorbereitung
30 Minuten, plus
5–8 Stunden Marinieren
Garzeit
6½–7 Stunden

Zutaten

- 300 g getrocknete weiße Bohnen, mindestens 5 Stunden oder nach Packungsanweisung eingeweicht
- 140 g roher oder geräucherter Schweinebauch ohne Schwarte, in dicken Stücken
- 4 große Knoblauchzehen, gehackt
- 1 großes Bouquet garni aus 4 frischen Petersilienzweigen, 6 frischen Thymianzweigen und 1 Lorbeerblatt
- 1 große Prise Piment
- Pfeffer
- 8 Toulouser Würstchen
- 4 Stücke Gänse- oder Enten-Confit, insgesamt etwa 400 g
- 400 g entbeinte Schweineschulter, in 5 cm großen Stücken
- Salz
- heiße Hühner- oder Gemüsebrühe, bei Bedarf
- 200 g feine Semmelbrösel von altbackenem Baguette
- 8 EL frisch gehackte glatte Petersilie

Von diesem klassischen Bohnentopf aus der Gascogne gibt so viele Varianten, dass es unmöglich ist zu sagen, welche davon die ursprüngliche ist. Wichtig ist, kleine weiße Bohnen zu verwenden, die beim Garen nicht zerfallen.

1 Die Bohnen abspülen, in einen großen Topf geben, mit kaltem Wasser bedecken und bei starker Hitze aufkochen. Die Bohnen 10 Minuten sprudelnd kochen, dann abgießen. Den Topf ausspülen und die Bohnen darin erneut etwa 5 cm hoch mit Wasser bedecken und abermals aufkochen. Die Hitze reduzieren, bis das Wasser nur noch leicht köchelt. Den Schaum, der dabei an die Oberfläche steigt, abschöpfen.

2 Schweinebauch, Knoblauch, Bouquet garni, Piment und etwas Pfeffer zufügen. Die Hitze so regulieren, dass die Flüssigkeit am Rande des Topfes nur leicht brodelt, dann den Topf halb abdecken und die Bohnen 1–1½ Stunden oder gemäß Packungsanweisung köcheln lassen, bis sie gerade noch bissfest sind – je älter die Bohnen, umso länger die Garzeit. Die Bohnen keinesfalls sprudelnd kochen, da sie sonst aufplatzen.

3 Unterdessen den Backofengrill vorheizen. Die Würstchen darunter so lange grillen, bis sie gebräunt sind, dann beiseitestellen.

4 Etwa 2 Esslöffel Confit bei mittlerer Hitze in einer Pfanne erwärmen, das Schulterfleisch darin rundum braun anbraten und beiseitestellen.

5 Den Backofen auf 150 °C vorheizen. Die Bohnen abgießen, den Kochsud dabei auffangen und das Bouquet garni entfernen.

6 Die Hälfte der Bohnen in einen großen Schmortopf geben. Würstchen, Confit und Schulterfleisch zufügen, alles mit Salz und Pfeffer würzen und mit den restlichen Bohnen bedecken.

7 Den Topfinhalt mit dem zurückbehaltenen Kochsud bedecken. Reicht dieser nicht aus, etwas Brühe zufügen. Semmelbrösel und Petersilie vermengen und die Hälfte der Mischung über den Topfinhalt streuen.

8 Den Topf in den Backofen geben und das Gericht 4 Stunden ohne Deckel schmoren. Nach 1 Stunde die Semmelbrösel mit einem Löffelrücken leicht in den Schmorsud hineindrücken. Dies nach jeweils 1 Stunde noch zweimal wiederholen.

9 Nach 3 Stunden die restliche Semmelbröselmischung über das Cassoulet streuen, diesmal jedoch nicht andrücken. 1 weitere Stunde schmoren, bis die Semmelschicht goldbraun und knusprig ist. Falls während des Garens zu viel Flüssigkeit verdampft, am Rand des Topfes vorsichtig etwas Brühe zugießen.

Chili con carne

Für 4 Personen

Vorbereitung
15 Minuten
Garzeit
30–35 Minuten

Dieser beliebte mexikanische Klassiker sollte einen Tag im Voraus zubereitet werden, damit die Aromen richtig gut durchziehen können. Serviert wird Chili con Carne meistens mit Reis, aber auch Kartoffeln, Brot oder Tortillas passen wunderbar dazu.

Zutaten
- 2 EL Sonnenblumenöl
- 500 g Rinderhackfleisch
- 1 große Zwiebel, gehackt
- 1 Knoblauchzehe, fein gehackt
- 1 grüne Paprika, gewürfelt
- 1 TL Chilipulver
- 800 g gehackte Tomaten aus der Dose
- 800 g rote Kidneybohnen, abgespült und abgetropft
- 450 ml Rindfleischbrühe
- Salz
- 1 Hand voll frische Korianderzweige
- 2 EL saure Sahne, zum Servieren

1 Das Öl in einem großen Topf erhitzen. Das Hackfleisch darin bei mittlerer Hitze 5 Minuten unter ständigem Rühren braten, bis es rundum gebräunt ist.

2 Die Hitze reduzieren. Zwiebel, Knoblauch und Paprikawürfel zu dem Hackfleisch geben und 10 Minuten unter Rühren dünsten.

3 Chilipulver, Tomaten und Kidneybohnen untermengen. Die Brühe zugießen und alles salzen. Aufkochen, dann die Hitze reduzieren und das Chili 15–20 Minuten unter gelegentlichem Rühren köcheln lassen, bis das Fleisch gar ist.

4 Einige Korianderzweige für die Garnierung beiseitelegen, den Rest hacken und in den Topf geben. Das Chili abschmecken, mit Korianderzweigen garnieren und mit etwas saurer Sahne servieren. Oder abkühlen lassen, über Nacht in den Kühlschrank stellen und am nächsten Tag aufwärmen. So können sich die Aromen entfalten, und das Chili schmeckt noch würziger.

VARIATION

Fügen Sie in Schritt 3 statt Chilipulver 1–2 entkernte und fein gehackte Chillies zu. Mexikanische Sorten sind Anaheim (mild) und Jalapeño (scharf).

Nudeln nach Kantoneser Art

Für 2–4 Personen

Vorbereitung
10 Minuten
Garzeit
15 Minuten

Meistens wird dieses Gericht als Snack oder leichtes Essen serviert, es kann jedoch auch als Beilage zu Fleisch oder Fisch gereicht werden. Das Pfannenrühren ist eine schnelle und gesunde Art der Zubereitung, denn dabei wird nur wenig Fett verwendet.

Zutaten
- 350 g chinesische Eiernudeln
- 3 EL Öl
- 675 g mageres Rindersteak, in Streifen
- 30 g grüne Bohnen, halbiert
- 120 g Weißkohl, in dünnen Streifen
- 75 g Bambussprossen
- 6 Frühlingszwiebeln, in Ringen
- 1 EL dunkle Sojasauce
- 2 EL Rinderbrühe
- 1 EL trockener Sherry
- 1 EL brauner Zucker
- 2 EL frisch gehackte Petersilie, zum Garnieren

1 Die Nudeln in kochendem Wasser 2–3 Minuten garen. Gründlich abtropfen lassen, unter kaltem Wasser abspülen und erneut gründlich abtropfen lassen.

2 In einem heißen Wok 1 Esslöffel Öl stark erhitzen, bis es raucht.

3 Die Nudeln zugeben und 1–2 Minuten anbraten. Dann abtropfen lassen und zunächst beiseitestellen.

4 Das restliche Öl in dem Wok erhitzen. Rindfleisch und Bohnen zugeben und 2–3 Minuten anbraten. Kohl, Bambussprossen und Frühlingszwiebeln in den Wok geben und 1–2 Minuten anbraten.

5 Sojasauce, Brühe, Sherry und Zucker in den Wok geben und gut unterrühren. Die Nudeln in den Wok geben, schwenken und alles gut mischen. Dann auf Servierschüsseln verteilen, mit Petersilie garnieren und sofort servieren.

VARIATION

Ersetzen Sie die Eiernudeln durch dieselbe Menge Reisnudeln, und geben Sie in Schritt 4 ein paar Wasserkastanien aus der Dose in den Wok.

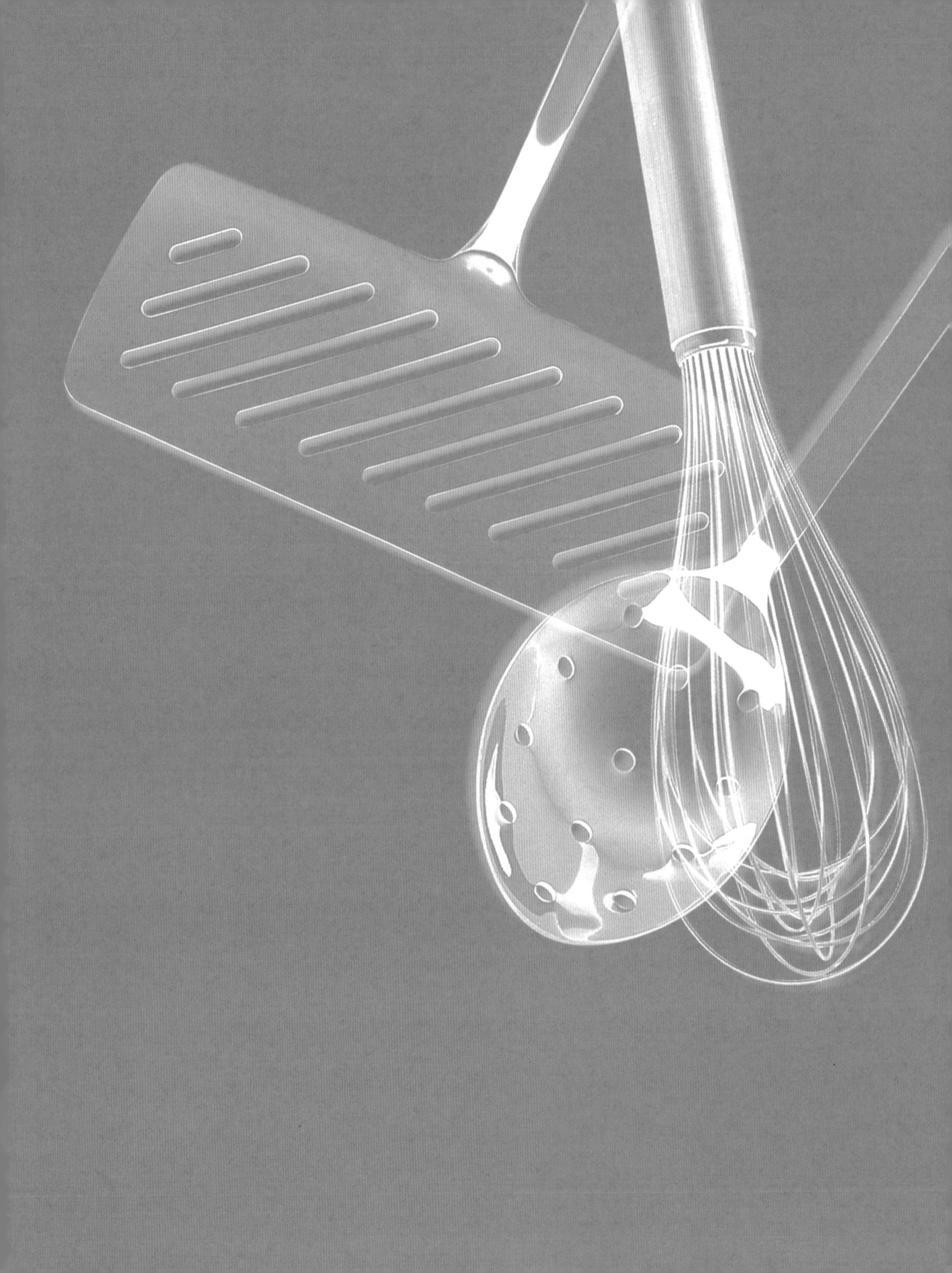

Kapitel 8

Obst

Kaum ein Nahrungsmittel vermag uns einen so reinen Genuss zu verschaffen wie Obst. Es kann entweder roh aus der Hand gegessen oder auf viele verschiedene Arten zubereitet werden und hat in süßen wie auch in herzhaften Gerichten seinen festen Platz. Das folgende Kapitel hält eine appetitanregende Sammlung von Rezepten für Sie bereit – vom kalorienarmen Dessert bis zur opulenten Kreation für besondere Gelegenheiten.

Einführung

Obst ist gesund! Es enthält viele Vitamine und sehr wenig Fett. Auch ist es sehr vielseitig – delikat in herzhaften Gerichten und Chutneys und reizvoll in zahlreichen Desserts und Kuchen.

■ Kauf und Lagerung von Obst

Manche Obstsorten wie Äpfel und Birnen kann man ganzjährig kaufen, andere wie Kirschen sind nur während ihrer Saison erhältlich. Kaufen Sie Obst so frisch wie möglich von einem Händler Ihres Vertrauens. Achten Sie darauf, dass es keine Druckstellen hat und nicht beschädigt ist. Fleischiges, makelloses Obst hat die beste Qualität. Äpfel, Birnen und Orangen kann man bei Raumtemperatur etwa 1 Woche lagern, im Kühlschrank noch länger. Anderes Obst wie Beerenobst verdirbt recht schnell. Lagern Sie es im Kühlschrank, und verzehren Sie es innerhalb von 2 Tagen.

Viele Früchte kann man auch einfrieren – zum Beispiel Bananen sowie geschälte und in Scheiben geschnittene Mangos. Auch gefrorene Weinbeeren schmecken exzellent und können anstelle von Eiswürfeln Getränke kühlen.

■ Heimisches Obst

Regional beheimatetes Obst wie Äpfel, Birnen und Pflaumen schmeckt ausgezeichnet und ist vielseitig verwendbar. Die Früchte eignen sich als Tafelobst, für Obstsalat sowie für Obstkuchen.

Äpfel

Es gibt zahllose Apfelsorten. In der Färbung variieren sie von Hellgelb bis Tiefrot, im Geschmack von süß bis säuerlich. Manche Sorten wie Golden Delicious und Braeburn schmecken roh ausgezeichnet, als Imbiss oder in Salaten; sie passen auch sehr gut zu Käse. Andere Sorten wie Boskop, Granny Smith und Cox Orange werden gern zum Backen und Kochen verwendet. Sie lassen sich zu exzellenten Desserts verarbeiten und schmecken gefüllt und gebacken oder auf Obstkuchen sehr delikat. Auch für herzhafte Currys oder Saucen und Pürees kann man sie verwenden.

Birnen

Birnen gibt es in ähnlicher Sortenvielfalt wie Äpfel. In den Handel gelangen jedoch nur einige wenige Sorten. Birnen sind sehr empfindlich und nehmen leicht Druckstellen an. Kaufen Sie sie deswegen, solange sie noch hart sind, und lassen Sie sie zu Hause ausreifen. Viele Sorten, wie die Conférence oder die Williams Christ, sind ein delikater Imbiss, schmecken aber auch köstlich in Salaten oder zu Käse. Wie Äpfel können sie gefüllt und gebacken werden. Köstlich sind sie auch geschält und in Rotwein pochiert.

Nektarinen

Nektarinen haben im Sommer und Herbst Saison. Ihre weiche Haut sollte frei von Druckstellen sowie von kräftig rotgelber Farbe sein, keinesfalls grün. Im Kühlschrank bleiben sie 5–6 Tage frisch. Man kann sie roh als Imbiss verzehren oder in Scheiben geschnitten für Desserts verwenden. Sie eignen sich auch zum Pochieren und Backen. Wenn sie noch nachreifen müssen, lagern Sie sie 1–2 Tage

Golden Delicious

Birne

Braeburn

Nektarine

Aprikose

Pflaume

bei Raumtemperatur. Sind sie dann nicht weich, empfiehlt es sich, sie zu kochen.

Pfirsiche
Sie ähneln den Nektarinen, haben jedoch eine flaumige Haut. Lagern und verwerten Sie sie wie Nektarinen.

Kirschen
Man unterscheidet Süß- und Sauerkirschen. Die großen Süßkirschen sind roh sehr delikat; die kleineren Sauerkirschen werden meist gekocht und zu exzellenten Desserts und Konfitüren verarbeitet. Die Kirschenzeit beginnt in der Regel im späten Frühjahr und dauert bis zum Frühsommer. Nach dem Kauf lagert man Kirschen am besten im Kühlschrank.

Aprikosen
Diese Steinfrucht hat gelbes oder orangefarbenes Fruchtfleisch. Manche Sorten sind so süß, dass sie roh verzehrt werden können, die säuerlichen Sorten werden zu exzellenten Desserts und Konfitüren verarbeitet und auch für herzhafte Gerichte verwendet. Auch als Trockenfrüchte sind Aprikosen beliebt. Um ihre Farbe zu erhalten, werden die orangefarbenen Sorten mit Schwefeldioxid behandelt. Unbehandelt färben sich getrocknete Aprikosen dunkelbraun, sie besitzen jedoch genauso viel, wenn nicht mehr, Geschmack und Qualität wie die behandelten.

Pflaumen
Es gibt Hunderte verschiedener Pflaumensorten. Die Farbe dieses Steinobsts variiert von Gelb oder Grün bis Rot und Violett, und sie können einen Durchmesser von bis zu 7,5 cm erreichen. Ihre Saison ist Sommer und Frühherbst. Bei Raumtemperatur kann man sie mehrere Tage lagern, im Kühlschrank etwas länger. Reife Pflaumen sind köstlich süß und saftig und können als Tafelobst oder in Salat verzehrt, aber auch gekocht und gebacken werden. Ein beliebtes Dessert ist Pflaumenstreusel, bei dem Pflaumen mit knusprigem Streuselteig gebacken werden. Pflaumen lassen sich auch zu delikater Konfitüre verarbeiten.

■ Zitrusfrüchte
Ihr Duft und ihr saftiger Geschmack machen eine reife Zitrusfrucht unwiderstehlich. Wundervoll schmecken sie auch in gekühlten und gekochten Desserts.

Orangen
Diese Zitrusfrüchte sind ganzjährig als verschiedene Sorten erhältlich. Die süßen Orangen werden gern als Tafelobst verzehrt oder in Scheiben geschnitten in Salaten und Desserts verwendet. Eine Variante davon sind die Blutorangen, die genauso süß und saftig sind, aber rotes Fruchtfleisch besitzen. Manche Orangen sind kernfrei, während andere sehr viele Kerne haben. Die Bitterorange ist weniger für den rohen Verzehr als für exzellente Marmeladen geeignet. Bei Raumtemperatur kann man Orangen etwa 1 Woche lagern; um ihren Vitamin-C-Gehalt zu bewahren, lagert man sie besser im Kühlschrank. Hier sind sie bis zu 2 Wochen haltbar. Orangen sind beliebt als Garnierung, aber auch als Zutaten für zahlreiche herzhafte und süße Gerichte.

Grapefruits
Grapefruits gibt es mit und ohne Kerne, und ihre Farbe variiert von Gelb über Rosa bis Rot. Sie sind ganzjährig erhältlich und werden meist roh verzehrt. Man kann sie auch mit Zucker bestreuen und leicht grillen.

Zitronen
Diese ovalen, gelben Früchte mit dem sauren Geschmack sind ganzjährig erhältlich und äußerst vielseitig verwendbar. Bei Raumtemperatur kann man sie etwa 1 Woche lagern, im Kühlschrank bis zu 3 Wochen. Viele Speisen werden mit Zitronensaft verfeinert, mit Zitronenscheiben garniert oder dekoriert. Man kann den Saft, die geriebene Schale und das Fleisch verwenden.

Limetten
Diese grünen Zitrusfrüchte sind kleiner als Zitronen und milder im Geschmack, können diese in vielen herzhaften und süßen Gerichten jedoch ersetzen. Als ganze Früchte bleiben sie im Kühlschrank bis zu 10 Tage frisch.

Mandarinen, Clementinen, Satsumas und Tangerinen
Diese Früchte haben während der Wintermonate Saison. Mandarinen und Tangerinen sind wegen ihrer dicken Schale leicht zu schälen. Clementinen haben dünnere Schale und sind kernfrei, genauso wie Satsumas, die ebenfalls leicht zu schälen sind. Alle diese Früchte sind roh und in Salaten beliebt und werden gern zu Weichkäse gereicht.

Zitrone

Orange

Grapefruit

Limette

■ Beerenfrüchte

Saftige Beeren sind eine köstliche Zutat für Dessertspeisen wie Sorbets, Eiscreme, Pudding und Törtchen, sie passen aber auch zu herzhaften Gerichten wie Huhn mit Brombeeren.

Erdbeeren

Diese saftigen roten Beeren bekommt man inzwischen fast ganzjährig, Saison haben sie jedoch im Frühling und Frühsommer. Frische Erdbeeren halten sich bis zu 3 Tage im Kühlschrank. Sehr delikat sind sie roh, nach Belieben mit Schlagsahne oder in Balsamico-Essig mariniert. Sie bilden die Grundlage für hervorragende Konfitüren, für Sirup und schmackhafte Desserts. Getrocknete Erdbeeren sind eine beliebte Zutat in Müslis.

Stachelbeeren

Meistens sind diese großen Beeren grün, es gibt aber auch weiße und gelbe Sorten. Sie haben während der Sommermonate Saison. Sie werden seltener roh verzehrt als gekocht und zu exzellenten Konfitüren und Kuchen verarbeitet. Im Kühlschrank kann man sie bis zu 4 Tage aufbewahren.

Brombeeren

Diese Beeren wachsen wild an Büschen, sie werden aber auch angebaut. Ihre Saison ist während der Sommermonate. Man sollte sie sofort verzehren oder bis zu 2 Tage kühl stellen. Als rohe Früchte oder gebacken bzw. gekocht sind sie auf Kuchen, in Desserts oder als Konfitüre sehr delikat. Oft kombiniert man sie mit Äpfeln.

Himbeeren

Aufgrund ihres geringen Kalorien- und Fettgehalts und ihres köstlichen Geschmacks sind Himbeeren ein beliebter Bestandteil von Diätkost. Roh und in vielen Süßspeisen sind sie äußerst schmackhaft. Im Kühlschrank kann man sie bis zu 3 Tage lagern. Gekocht eignen sie sich exzellent für Coulis, Pudding und für Konfitüre.

Heidelbeeren oder Blaubeeren

Diese kleinen, runden, dunkelblauen Beeren sind süß und roh oder gebacken auf Törtchen und in anderen Desserts sehr schmackhaft. Wie die meisten Beeren eignen sie sich hervorragend für Konfitüre. Sie haben im Sommer und im Frühherbst Saison. Im Kühlschrank bleiben sie 4–5 Tage frisch.

Preiselbeeren

Diese kleinen, leuchtend roten Beeren haben im Spätherbst Saison und können im Kühlschrank 6–8 Wochen, tiefgefroren etwa 9 Monate aufbewahrt werden. Wegen ihres sauren Geschmacks werden sie oft mit süßeren Früchten wie Äpfeln kombiniert, zum Beispiel in Saft. Gekocht bilden sie die Grundlage für eine exzellente Sauce, gebacken für leckere Törtchen und andere Desserts.

Johannisbeeren

Johannisbeeren gibt es in Rot, Schwarz oder Weiß. Weiße und Rote Johannisbeeren können roh verzehrt werden und sind eine hübsche Dekoration für Süßspeisen. Die herb-sauren Schwarzen Johannisbeeren werden meist gekocht und zu Sirup oder Konfitüre verarbeitet. Ihre Saison ist während der Sommermonate. Im Kühlschrank kann man sie 3–4 Tage aufbewahren.

Weintrauben

■ Weitere Früchte

Weitere gängige Obstsorten sind Bananen, Weintrauben und Melonen. Sie werden gern als Imbiss, aber auch für viele Desserts und Kuchen verwendet.

Weintrauben

Diese kleinen, ovalen Früchte variieren in der Farbe von Gelbgrün bis Violettschwarz. Es gibt kernhaltige und kernlose Varianten. Die süßen, saftigen Tafeltrauben sind roh oder in Obstsalat sehr delikat. Auch sind sie eine hübsche Dekoration und werden gern zu Käse gereicht. Andere Weintraubensorten werden zu Saft, Wein, Konfitüre oder Rosinen verarbeitet.

Bananen

Bananen sind zunächst grün und mit zunehmender Reife gelb. Sehr frische Bananen kann man auch im Kühlschrank lagern: Ihre Schale verfärbt sich zwar braun, das Fruchtfleisch bleibt aber frisch. Bananen, die ihre gelbe Farbe behalten sollen, können bei Raumtemperatur 1–2 Tage gelagert werden. Die nahrhaften Früchte sind roh sehr schmackhaft, sie eignen sich aber auch als Zutat für viele Desserts. Man kann sie auch leicht grillen oder backen.

Erdbeeren

Himbeeren

Rhabarber

Der im Frühjahr reifende Rhabarber hat essbare rote Stängel, die im Kühlschrank bis zu 3 Tage frisch bleiben. Da Rhabarber sehr sauer ist, wird er gekocht und gesüßt und für Konfitüre, Kuchen oder andere Süßspeisen verwendet. Er wird häufig mit Ingwer kombiniert.

Melonen

Man unterscheidet Wasser- und Zuckermelonen. Zu den beliebtesten Zuckermelonen gehören Galia, Charentais und Kantalupe. Sie werden gern als Vorspeise, manchmal mit Feigen und Schinken oder Portwein, gereicht. Sie sind auch eine beliebte Zutat für Obstsalat.

Ananas

Diese goldene, ovale Frucht hat eine feste, stachelige Außenhaut und speerförmige Blätter. Im Supermarkt bekommt man meist die große Ananas, in Delikatessengeschäften auch die Baby-Ananas. Ihr saftiges, leicht säuerliches Fleisch wird zum Servieren in Scheiben geschnitten und für Fruchtsalate oder andere Desserts verwendet. Auch leicht gegrillt oder als Kuchenbelag ist sie sehr schmackhaft. Frische Ananas hält sich im Kühlschrank bis zu 3 Tage. Es gibt sie auch in Dosen.

■ Exotische Früchte

Heutzutage bekommt man eine große Auswahl exotischer Früchte, von Litschis bis zur Sternfrucht. Wir stellen Ihnen eine kleine Auswahl der bekanntesten Exoten vor.

Mango

Diese großen ovalen Früchte variieren in der Farbe von Gelb bis Rot. Verzehren Sie sie roh, eventuell in einem Obstsalat, oder gefroren in einem Sorbet.

Sternfrucht

Diese gelben Früchte ergeben, in Scheiben geschnitten, eine sternförmige Dekoration.

Datteln

Datteln sind frisch oder getrocknet erhältlich. Getrocknete Datteln sind köstlich in Müsli und Desserts.

Kiwi

Diese ovalen Früchte haben eine braune, „haarige" Haut und weiches grünes Fleisch. Sie können das Fleisch einfach aus der aufgeschnittenen Frucht löffeln oder die Kiwi ganz schälen und in Scheiben schneiden.

Litschis

Die raue, rosafarbene Schale der Früchte ist nicht essbar, aber ihr Fleisch ist saftig und duftend.

Feigen

Roh oder pochiert schmecken diese weichen Früchte delikat. Auch getrocknete Feigen sind köstlich.

Passionsfrucht

Schneiden Sie diese runzlige Frucht mit der braunen Schale in Hälften, und löffeln Sie das Fleisch mit einem Teelöffel heraus.

Papaya

Diese große, birnenförmige Frucht wird, wenn sie noch grün und unreif ist, gekocht. Ausgereift hat sie eine goldgelbe Farbe und wird roh gegessen. Sie ist eine leckere Zutat für Salate.

Ananas

Banane

Sternfrucht

Litschis

Feige

Joghurt-Beeren-Eis

Probieren Sie einmal dieses wunderbar leichte und erfrischende Dessert, das statt mächtiger Sahne Joghurt enthält. Reichen Sie dazu eine Auswahl von frischen Sommerbeeren.

Für 4 Personen

Vorbereitung
15 Minuten, plus
4 Stunden Gefrierzeit
Garzeit
5 Minuten

Zutaten
- 125 g Himbeeren
- 60 g Brombeeren
- 60 g Erdbeeren
- 1 großes Ei
- 175 g Joghurt
- 125 ml Rotwein
- 2¼ TL gemahlene Gelatine
- frische Beeren, zum Dekorieren

1 Die Beeren in einem Mixer glatt pürieren. Anschließend das Püree durch ein Sieb in eine Schüssel passieren, um die Beerenkerne zu entfernen.

2 Das Ei aufschlagen und trennen. Eigelb und Joghurt mit dem Beerenpüree vermengen. Das Eiweiß zunächst beiseitestellen.

3 Den Wein in eine hitzebeständige Schüssel gießen. Die Gelatine einstreuen und 5 Minuten quellen lassen. Dann die Schüssel auf einen Topf mit kochendem Wasser stellen, bis die Gelatine gelöst ist. Die Mischung nach und nach unter das Beerenpüree ziehen. Anschließend das Püree in einen Gefrierbehälter füllen und etwa 2 Stunden ins Gefrierfach stellen, bis sich Eiskristalle bilden.

4 Das halb gefrorene Beerenpüree kräftig durchrühren. Das Eiweiß steif schlagen und unter das Beerenpüree ziehen. Die fertige Mischung weitere 2 Stunden ins Gefrierfach geben, bis eine feste Creme entstanden ist. Diese zum Servieren auf Gläser verteilen, mit frischen Beeren dekorieren und servieren.

TIPP

Vegetarier können für dieses Eis auch pflanzliche Gelatine aus dem Reformhaus verwenden. Beachten Sie dabei die Packungshinweise des Herstellers, und fahren Sie dann fort wie im Rezept beschrieben.

Orangensorbet

Für 4 Personen

Vorbereitung
20 Minuten, plus 4 Stunden Kühl- und Gefrierzeit
Garzeit
4 Minuten

Zutaten
- 500 ml Wasser
- 200 g Zucker
- 4 große Orangen
- 2 EL Orangenlikör, z. B. Cointreau

Sorbet, auch Halbgefrorenes genannt, ist eine Eisspeise, die aus Fruchtsaft oder -püree, Zucker und einem alkoholischen Getränk hergestellt wird. Sorbets enthalten keine Milchprodukte wie Milch und Sahne oder Eier.

1 Wasser mit Zucker in einem Topf auf niedriger Stufe unter Rühren erhitzen, bis der Zucker aufgelöst ist. Ohne Rühren 2 Minuten kochen lassen, dann in eine ofenfeste Schüssel geben. Auf Zimmertemperatur abkühlen lassen.

2 Die Schale von 2 Orangen abreiben und den Saft auspressen. 2 weitere Orangen auspressen. Saft und Schale in einer Schüssel mischen, mit Frischhaltefolie abdecken und beiseitestellen. Die ausgepressten Orangen wegwerfen. Orangensaft, -schale und -likör in den abgekühlten Sirup rühren. Mit Frischhaltefolie abdecken und 1 Stunde kalt stellen. 15 Minuten in eine Eismaschine geben.

3 Wenn Sie keine Eismaschine besitzen, füllen Sie die Mischung in einen gefrierfesten Behälter. 1 Stunde einfrieren, dann in eine Schüssel geben. Kräftig verrühren, um die Eiskristalle zu zerkleinern, dann wieder in den gefrierfesten Behälter füllen und 30 Minuten einfrieren. Dreimal wiederholen und jedes Mal kräftig verrühren und 30 Minuten einfrieren.

4 Das gefrorene Sorbet in 4 Tassen, Gläser oder Dessertschalen füllen und sofort servieren.

VARIATION

Möchten Sie das Sorbet ohne Alkohol, dann ersetzen Sie den Orangenlikör durch 2 Esslöffel frisch gepressten Orangensaft. Zum Servieren können Sie das Sorbet auch in 4 ausgehöhlte Orangen füllen statt in Tassen, Gläser oder Dessertschalen.

Exotischer Obstsalat

Was ist erfrischender und köstlicher als ein exotischer Fruchtsalat an einem heißen Sommertag? Hier bekommen die Früchte durch Zimt und Muskatnuss noch zusätzlichen Pfiff.

Für 6 Personen

Vorbereitung
20 Minuten, plus 1 Stunde Kühlzeit
Garzeit
3 Minuten

Zutaten

- 6 EL Zucker
- 420 ml Wasser
- ¼ TL Zimt
- ¼ TL frisch gemahlene Muskatnuss
- abgeriebene Schale von einer ½ Zitrone
- 1 Papaya
- 1 Mango
- 1 Ananas
- 4 Orangen, filetiert
- 200 g Erdbeeren, geviertelt
- Schlagsahne, zum Servieren, nach Belieben

1 Zucker, Wasser, Zimt, Muskat und Zitronenschale in einen Topf geben und unter Rühren 1 Minute aufkochen, bis sich der Zucker auflöst. Vom Herd nehmen und abkühlen lassen.

2 In eine Schüssel füllen, mit Frischhaltefolie abdecken und für mindestens 1 Stunde in den Kühlschrank stellen.

3 In der Zwischenzeit die Papaya halbieren, entkernen und in gleich große Scheiben schneiden. Die Papayascheiben in eine große Schüssel geben.

4 Die Mango halbieren, entsteinen und schälen, das Fruchtfleisch in Scheiben schneiden und zur Papaya geben.

5 Das obere und untere Ende der Ananas abschneiden, die Frucht schälen, längs halbieren, in Stücke schneiden, dabei das harte Innere entfernen, und ebenfalls in die Schüssel geben.

6 Filetierte Orangenscheiben und Erdbeeren zufügen und das Obst mit dem Sirup begießen. Falls gewünscht, mit Frischhaltefolie abgedeckt in den Kühlschrank stellen. Nach Belieben mit Schlagsahne servieren.

VARIATION

Kurz vor dem Servieren können Sie auch eine in Scheiben geschnittene Banane zufügen oder den Obstsalat mit Kokosraspeln bestreuen.

Apple Pie

Dieser gedeckte Apfelkuchen ist im angloamerikanischen Raum sehr beliebt und wird dort als reichhaltiges Dessert serviert. Lecker ist der Pie sowohl warm als auch kalt sowie in Kombination mit Sahne oder Vanillesauce.

Für 6 Personen

Vorbereitung
25 Minuten, plus
30 Minuten Kühlzeit
Garzeit
50 Minuten

Zutaten
- 750 g–1 kg Kochäpfel
- ca. 125 g brauner oder weißer Zucker, plus etwas mehr zum Bestreuen
- ½–1 TL Zimt oder Lebkuchengewürz oder gemahlener Ingwer
- 1–2 EL Wasser
- Milch oder verquirltes Ei, zum Glasieren

Mürbeteig
- 350 g Mehl, plus etwas mehr zum Bestäuben
- 1 Prise Salz
- 85 g Butter oder Margarine
- 85 g Pflanzenfett (z. B. Palmin)

1 Für den Mürbeteig Mehl mit Salz in eine große Schüssel sieben. Butter und Fett zufügen und mit den Fingerspitzen im Mehl verreiben, bis kleine Teigkrümel entstehen. Genügend Wasser (ca. 60 ml) zugeben, bis ein glatter Teig entsteht. Mit Frischhaltefolie abdecken und 30 Minuten in den Kühlschrank legen.

2 Den Backofen auf 220 °C vorheizen. Zwei Drittel des Teigs auf einer bemehlten Arbeitsfläche dünn ausrollen und eine tiefe Pie- oder flache Auflaufform (20–23 cm Ø) damit ganz auslegen, den Teig am Rand überlappen lassen. Teigreste aufbewahren.

3 Die Äpfel schälen entkernen und in Scheiben schneiden. Mit Zucker und Gewürz mischen und die Form bis über den Rand damit füllen. Wenn die Äpfel zu trocken sind, noch etwas Wasser hinzufügen.

4 Für den Deckel den restlichen Teig ausrollen. Die Teigränder in der Form mit Wasser bestreichen, den Deckel auflegen und die Ränder gut miteinander verbinden. Den Teigrand begradigen und Wellen einkerben. Aus den Teigresten Blätter oder andere Formen ausstechen und dekorativ auf dem Teigdeckel verteilen. Vorher die Unterseiten befeuchten und festdrücken. Den Pie mit Milch oder Ei bestreichen und oben 1–2 Schlitze in den Teig stechen. Auf ein Backblech geben.

5 20 Minuten backen, dann die Hitze auf 180 °C reduzieren und weitere 30 Minuten backen, bis der Teig leicht goldbraun ist. Heiß oder kalt und mit Zucker bestreut servieren.

Duftende Bratäpfel

Für 4 Personen

Vorbereitung
10 Minuten
Garzeit
45 Minuten

Zutaten
- 25 g blanchierte Mandeln
- 50 g getrocknete Aprikosen
- 1 Ingwerpflaume, abgetropft
- 1 EL klarer Honig
- 1 EL Ingwersirup
- 4 EL Haferflocken
- 4 große Kochäpfel

Im Winter sind Bratäpfel, die die Küche mit ihrem wunderbaren Duft erfüllen, in jeder Familie äußerst beliebt. Hier werden sie auf raffinierte Weise mit Ingwerpflaume, Mandeln, Honig, getrockneten Aprikosen und Haferflocken gefüllt.

1 Den Backofen auf 180 °C vorheizen. Die Mandeln mit einem scharfen Messer sehr fein hacken. Aprikosen und Ingwerpflaume ebenfalls sehr fein hacken. Beiseite stellen.

2 Honig und Sirup in einen Topf geben und erhitzen, bis der Honig geschmolzen ist. Die Haferflocken einrühren und auf niedriger Stufe 2 Minuten köcheln. Vom Herd nehmen und die Mandeln, Aprikosen und den Ingwer zufügen.

3 Die Äpfel ausstechen, die obere Öffnung leicht vergrößern und jeden Apfel mit einem Messer horizontal ringsum einritzen, damit die Schale beim Backen nicht platzt. Die Äpfel in eine Auflaufform geben und die Füllung in die ausgestochenen Äpfel füllen. So viel Wasser in die Form gießen, dass etwa ein Drittel der Äpfel bedeckt ist. Im vorgeheizten Ofen 40 Minuten backen, sofort servieren.

VARIATION

Ersetzen Sie den Ingwer durch 1 zusätzlichen Esslöffel Honig und die Mandeln durch Walnüsse. Fügen Sie noch ½ Teelöffel Zimt hinzu.

Tarte au citron

Dieses klassische französische Dessert ist nicht ohne Grund so beliebt, denn es rundet ein Menü auf unvergleichlich köstliche Weise ab, ohne zu schwer zu sein. Gerade im Sommer ist es wunderbar erfrischend.

Für 6–8 Personen

Vorbereitung
25 Minuten, plus 1 Stunde Kühlzeit
Garzeit
35 Minuten

Zutaten
- abgeriebene Schale von 2–3 großen Zitronen
- 150 ml Zitronensaft
- 100 g Zucker
- 125 g Crème double oder Crème fraîche, plus etwas mehr zum Servieren
- 3 große Eier
- 3 große Eigelb
- Puderzucker, zum Bestäuben
- frische Himbeeren, zum Servieren

Teig
- 175 g Mehl
- ½ TL Salz
- 115 g Butter, gewürfelt
- 1 Eigelb, verrührt mit 2 EL eiskaltem Wasser

1 Für den Teig Mehl und Salz in eine Schüssel sieben. Mit den Fingerspitzen die Butter einreiben, bis die Mischung aus feinen Krümeln besteht. Verrührtes Eigelb zugießen und alles zu einem Teig verkneten.

2 Den Teig zu einer Kugel formen, in Frischhaltefolie einwickeln und für mindestens 1 Stunde in den Kühlschrank stellen.

3 Den Backofen auf 200 °C vorheizen. Den Teig auf einer leicht mit Mehl bestäubten Oberfläche ausrollen. In eine gerillte Tarte-Form (25 cm Ø) geben. Den Teig mit einer Gabel überall einstechen, mit Backpapier abdecken und Backbohnen darauf verteilen.

4 Im vorgeheizten Ofen 15 Minuten blindbacken, bis der Boden fest ist. Papier und Bohnen entfernen. Den Ofen auf 190 °C herunterschalten.

5 Zitronenschale, -saft und Zucker verrühren. Die Crème double unterrühren. Eier und Eigelb nacheinander zugeben.

6 Die Tarte-Form auf ein Backblech setzen und die Füllung zugießen, wieder in den heißen Ofen schieben und 20 Minuten backen, bis die Füllung fest ist.

7 Auf einem Kuchengitter vollständig auskühlen lassen. Die Tarte mit Puderzucker bestäuben, mit einem Löffel Crème double und Himbeeren servieren.

VARIATION

Sie können dieses Dessert auch mit anderen Obstsorten servieren – zum Beispiel mit Erdbeeren statt Himbeeren. Oder dekorieren Sie es mit kandierten Zitrusschalen.

Duftender Apfelauflauf

Besonders im Winter steht uns der Sinn nach Süßem und Warmem – daher ist dieser Apfelauflauf genau das Richtige. Wer es gern weniger süß mag, kann die Zuckermenge ganz nach Geschmack auch reduzieren.

Für 4 Personen

Vorbereitung
15 Minuten
Garzeit
30–35 Minuten

Zutaten

- 500 g Kochäpfel
- 1 TL Zimt
- 2 EL Sultaninen
- 120 g Weizenvollkornbrot
- 125 g fettarmer Hüttenkäse
- 4 EL brauner Zucker
- 250 ml fettarme Milch

1 Den Backofen auf 220 °C vorheizen. Die Äpfel schälen, die Kerngehäuse entfernen und das Fruchtfleisch in 1 cm große Stücke schneiden. In eine große Schüssel geben und mit Zimt und Sultaninen vermischen.

2 Die Kruste vom Brot entfernen und das Brot in 1 cm große Stücke schneiden. Zusammen mit dem Hüttenkäse und 3 Esslöffeln Zucker zu den Äpfeln geben und vermischen. Die Milch einrühren.

3 Die Mischung in eine Auflaufform füllen und mit dem restlichen Zucker bestreuen. Im vorgeheizten Backofen 30–35 Minuten goldbraun backen und heiß servieren.

VARIATION

Falls gewünscht, kann der Hüttenkäse auch durch Sahnequark oder Ricotta ersetzt werden und die Sultaninen durch Korinthen.

Tropisches Früchtedessert

Fruchtpürees haben eine wunderbar cremige Konsistenz und werden durch den Zusatz von gehackten Früchten noch aufregender. Sie können die Mango auch durch Papaya ersetzen.

Für 4 Personen

Vorbereitung
20 Minuten, plus
20 Minuten Kühlzeit
Garzeit
keine

Zutaten
- 1 Mango
- 2 Kiwis
- 1 Banane
- 2 EL Limettensaft
- ½ TL fein abgeriebene Limettenschale, plus etwas mehr zum Dekorieren
- 2 Eiweiß
- 450 g fettarmer Vanillepudding (Fertigprodukt)
- 2–3 Tropfen Vanillearoma
- 2 Passionsfrüchte

1 Die Mango schälen, das Fruchtfleisch vom flachen Stein in der Mitte lösen und grob hacken. Dann mit dem Pürierstab oder im Mixer pürieren oder die Mangostücke mit einer Gabel zerdrücken.

2 Die Kiwis schälen, das Fruchtfleisch fein würfeln und in eine Schüssel geben. Die Banane schälen, würfeln und zu den Kiwis geben. Dann beides mit Limettensaft beträufeln, damit die Früchte sich nicht braun verfärben, und mit Limettenschale bestreuen.

3 In einer Schüssel das Eiweiß steif schlagen. Vanillepudding und Vanillearoma unterheben.

4 Die gewürfelten Früchte, das Mangopüree und die Vanillepudding-Eischnee-Mischung in Portionsgläser schichten. Für 20 Minuten in den Kühlschrank stellen.

5 Die Passionsfrüchte halbieren. Kerne entfernen und Früchte auf die Dessertgläser verteilen. Mit abgeriebener Limettenschale bestreuen und servieren.

VARIATION

Köstlich schmeckt dieses Dessert auch mit Papayapüree, Ananas- und Dattelwürfeln und Tamarillo- oder Granatapfelkernen. Für eine sommerliche Variante können Sie Himbeeren und Brombeeren, Erdbeerpüree und Kirschen kombinieren.

Apfelstrudel mit warmer Cidresauce

Für 2–4 Personen

Vorbereitung
25 Minuten
Garzeit
15–20 Minuten

Dieser vor allem in Deutschland und Österreich populäre Dessert-Klassiker ist wohl die bekannteste der Strudelvarianten. Ein Vorteil dieses Apfelstrudels ist der geringe Fettgehalt, sodass Sie ihn ohne weiteres auch während einer Diät genießen können.

Zutaten
- 8 Äpfel, geschält, entkernt und gewürfelt
- 1 EL Zitronensaft
- 85 g Sultaninen
- 1 TL Zimt
- ½ TL frisch gemahlene Muskatnuss
- 1 EL brauner Zucker
- 6 Blätter Filo-Teig
- Öl aus der Sprühflasche
- Puderzucker

Cidresauce
- 1 EL Speisestärke
- 450 ml Cidre

1 Den Backofen auf 190 °C vorheizen. Ein Backblech mit Backpapier auslegen. Die Äpfel in einer Schüssel mit Zitronensaft, Sultaninen, Zimt, Muskat und Zucker mischen.

2 Ein Blatt Filo-Teig ausbreiten, mit etwas Öl einsprühen, ein zweites Blatt darauflegen. Wieder einsprühen, ein drittes Blatt darauflegen. Die Hälfte der Apfelmischung darauf verteilen, den Teig längs aufrollen und die Enden unterschlagen. Einen zweiten Strudel ebenso vorbereiten. Auf das Backblech legen, mit Öl einsprühen und 15–20 Minuten backen.

3 Für die Sauce die Speisestärke in einem Topf mit etwas Cidre glatt rühren. Den restlichen Cidre zufügen und langsam unter ständigem Rühren erhitzen, bis die Mischung kocht und eindickt. Die Strudel halbieren und warm oder kalt mit Puderzucker bestreut servieren. Die Sauce dazu reichen.

TIPP
Decken Sie die unverarbeiteten Filo-Teigblätter mit einem sauberen, feuchten Tuch ab, damit sie nicht austrocknen.

Dattel-Aprikosen-Tarte

Diese dekorative Tarte hat nicht nur einen vortrefflichen Geschmack, sondern ist auch noch gesund, da sie reich an Proteinen und Ballaststoffen ist. Sie muss nicht gesüßt werden, denn die getrockneten Früchte enthalten genug natürliche Süße.

Für 8 Personen

Vorbereitung
25 Minuten, plus
30 Minuten Kühlzeit
Garzeit
45–50 Minuten

Zutaten

- 225 g Weizen-Vollkornmehl
- 50 g gemischte Nüsse, gemahlen
- 100 g Pflanzenmargarine, in kleinen Stücken
- 4 EL Wasser
- 250 g getrocknete Aprikosen, gehackt
- 250 g Datteln, entsteint und gehackt
- 425 ml Apfelsaft
- 1 TL Zimt
- abgeriebene Schale von 1 Zitrone
- Vanillesauce aus Sojamilch, nach Belieben

1 Mehl und Nüsse in eine große Schüssel geben. Die Margarine mit den Fingern darin verreiben, bis ein krümeliger Teig entsteht. Das Wasser zufügen und alles zu einem glatten Teig verarbeiten. Den Teig 30 Minuten kalt stellen.

2 Aprikosen, Datteln, Apfelsaft, Zimt und Zitronenschale in einen kleinen Topf geben. Zum Kochen bringen, abdecken und 15 Minuten köcheln lassen, bis die Früchte zu einem weichen Mus zerfallen.

3 Den Backofen auf 200 °C vorheizen. Etwas Teig für die Gitterstreifen beiseitelegen. Den restlichen Teig auf einer bemehlten Arbeitsfläche ausrollen und in eine Springform (24 cm Ø) einpassen.

4 Die Fruchtfüllung auf dem Teig in der Form verteilen. Den restlichen Teig ausrollen und in 1 cm breite Streifen schneiden. Die Streifen verzwirbeln und gitterartig über die Fruchtmasse legen. Die Enden der Streifen mit Wasser befeuchten und am Kuchenrand festdrücken.

5 Den Kuchen im vorgeheizten Backofen 25–30 Minuten goldbraun backen. In Scheiben schneiden und nach Belieben mit Vanillesauce servieren.

VARIATION

Für eine edlere Version ersetzen Sie die Vanillesauce durch einige Löffel Mascarpone, bestreut mit etwas Zimt.

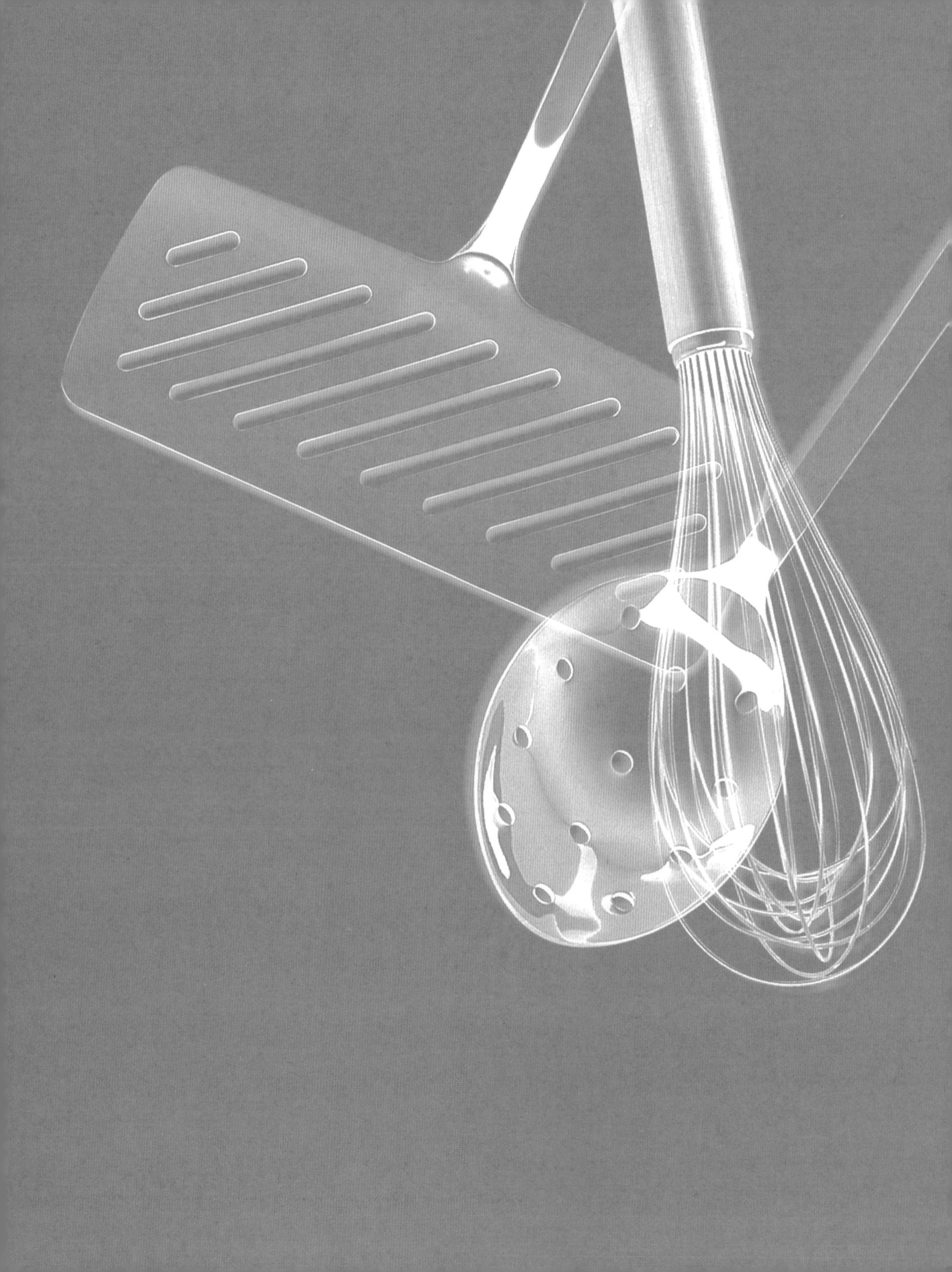

Kapitel 9

Backen

Der Duft von frischem, selbstgebackenem Brot und Gebäck ist einfach unwiderstehlich und wird früher oder später alle Mitglieder Ihres Haushalts in die Küche locken. Dieses Kapitel stellt Ihnen Brotrezepte vor, die Sie bestimmt begeistern werden, sowie eine abwechslungsreiche Auswahl weiterer Backwaren, von herzhaften Pasteten bis zu süßen Brötchen.

Einführung

Nichts ist so appetitanregend wie der Duft frischer Backwaren – seien es Brot, Pastete, Kuchen oder Gebäck. Selbst zu backen macht nicht nur Spaß, sondern ist auch eine äußerst befriedigende Tätigkeit.

■ Brot selbst backen

Brotbacken ist ganz einfach. Entscheidend ist die Wahl der richtigen Zutaten und der korrekten Backtemperatur. Verwenden Sie immer kräftiges Brotmehl, nicht einfaches Haushaltsmehl: Der aus Brotmehl zubereitete Teig wird wegen des höheren Glutengehalts viel elastischer. Man kann frische Hefe oder Trockenhefe verwenden, aber beachten Sie, dass damit jeweils eine andere Zubereitungsart verbunden ist. Auch müssen die Mengen sorgfältig aufeinander abgestimmt sein: Mit 20 g frischer Hefe oder 1 Esslöffel getrockneter Hefe kann man einen Laib mit bis zu 750 g Mehl aufgehen lassen. Zugefügtes Wasser darf nur lauwarm sein, da zu heißes Wasser die Hefebakterien zerstört.

Frische Hefe
Die Hefe in einem Gefäß mit etwas warmem Wasser zerdrücken, dann zudecken und gehen lassen, bis sie schäumt.

Trockenhefe
Trockenhefe muss in der Regel nicht erst zu einem Vorteig angerührt werden, sondern kann sofort mit dem Mehl vermischt werden. Nur wenn besonders viele Zutaten oder Vollkornmehl verwendet werden, empfiehlt es sich, einen Vorteig anzusetzen, damit der Teig nicht zu schwer wird.

Trockenhefe

Brot

■ Die wichtigsten Techniken für den perfekten Teig

Den perfekten Teig herzustellen mag einfach erscheinen, man sollte für ein gutes Ergebnis aber bestimmte Vorgehensweisen einhalten.

Rühren

Mehl und Salz in eine Rührschüssel sieben. In die Mitte eine Mulde drücken und die Hefe und lauwarmes Wasser hineingeben. Nach und nach Mehl vom Rand der Mulde zufügen und unterrühren. Sofern erforderlich, mehr lauwarmes Wasser zugeben, damit ein weicher Teig entsteht (siehe Abbildung 1 auf der nächsten Seite).

Kneten

Durch das Kneten wird der Teig weich und elastisch. Dazu den Handballen in den Teig drücken und vom Körper wegschieben. Das hintere Teigende nach oben ziehen und vorne wieder einkneten. Den Teig um 45° drehen und die Knetbewegung wiederholen. Den Teig etwa 5 Minuten kneten (siehe Abbildung 2 auf dieser Seite). Einfacher und schneller ist dieser Arbeitsschritt mit dem Knethaken eines elektrischen Handrührgeräts oder einer Küchenmaschine. Mit diesen Küchengeräten dauert das Kneten nur etwa 3 Minuten.

Gehen lassen

Nach dem Kneten den Teig in eine mit Öl eingefettete Schüssel legen, diese mit Frischhaltefolie abdecken und an einen warmen Platz stellen, zum Beispiel in die Nähe eines Heizkörpers. Den Teig auf das Doppelte seines Volumens aufgehen lassen (siehe Abbildung 3 unten).

Abschlagen

Bei diesem Schritt schlägt man mit der Faust auf den Teig ein, damit er zusammenfällt und die aufgenommene Luft freigibt. Dann den Teig auf eine bemehlte Arbeitsfläche geben (eventuell muss er aus der Schüssel geschabt werden) und nochmals 1 Minute kneten, bis er sich warm und geschmeidig anfühlt.

Erneut gehen lassen

Bei diesem Arbeitsschritt wird geprüft, ob die Hefe noch aktiv ist. Zu diesem Zweck den Teig nach dem Abschlagen wie gewünscht zerteilen und formen (siehe unten). Wie zuvor bedecken und ein zweites Mal, nun jedoch kürzer, gehen lassen, bis der Teig das doppelte Volumen angenommen hat.

Formen

Den Teig nun mit der Hand für die Brotbackform zu einem Oval formen, dann die beiden kurzen Enden in die Mitte schlagen, den Teig wenden und, mit dem Spalt nach unten, in eine eingefettete Brotbackform legen (siehe Abbildung 4 unten). Für Brötchen gleich große Teigstücke zwischen den Handflächen zu Kugeln rollen und auf ein eingefettetes Backblech legen.

■ Backen und Lagern von Brot

Der Teig kann vor dem Backen zugedeckt im Kühlschrank bis zu 1 Tag aufbewahrt werden. Vor dem Backen wird der Backofen vorgeheizt. Nicht ganz durchgegartes Brot ist feucht und schmeckt mehlig; daher ist es besser, den Teig etwas länger zu backen. Um zu prüfen, ob das Brot fertig durchgebacken ist, heben Sie es aus der Backform, und klopfen Sie mit den Fingerknöcheln auf die Unterseite. Wenn es hohl klingt, ist es fertig. Andernfalls backen Sie es weitere 5 Minuten oder bis es durchgebacken ist. Anschließend nehmen Sie es aus dem Backofen und lassen es auf einem Kuchengitter abkühlen. Wenn die Kruste weich sein soll, bedecken Sie den Laib während des Abkühlens mit einem sauberen Geschirrtuch. Frisch gebackenes Brot hält sich bei Raumtemperatur 2–3 Tage, nicht jedoch länger, da ihm keine Konservierungsstoffe zugesetzt wurden. Im Kühlschrank kann man es eingewickelt bis zu 1 Woche aufbewahren. In einem Gefrierbeutel eingefroren hält es sich bis zu 1 Monat.

1

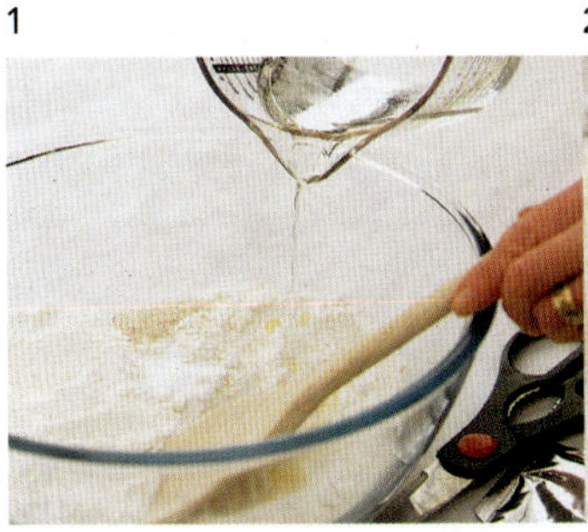

2

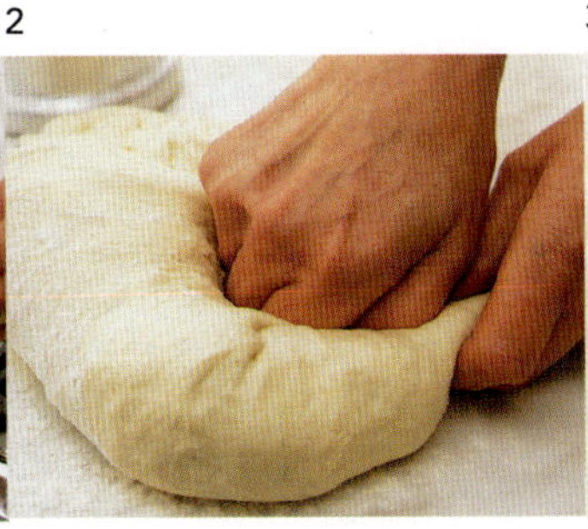

3

4

■ Teighüllen und -böden

Die Wahl des richtigen Teigs ist entscheidend: Mürbeteig eignet sich für herzhafte und süße Pies sowie Obstkuchen und Törtchen, Brandteig für Windbeutel und Eclairs, hauchdünner Filo-Teig für Frühlingsrollen und für Apfelstrudel, Blätterteig für pikante Pasteten und viele Süßspeisen.

■ Ungesüßter Mürbeteig

Das Rezept ist für eine Springform von 20 cm Durchmesser berechnet.

175 g Mehl
90 g Butter, in Stücken
2–3 EL kaltes Wasser

1. Das Mehl sieben.
2. Mit den Fingerspitzen die Butter einreiben, bis der Teig feinen Brotkrumen ähnelt. Nach und nach Wasser zugeben, bis der Teig weich ist.
3. Den Teig zu einer Kugel formen. In Frischhaltefolie wickeln und kühl stellen. Anschließend auf eine saubere, bemehlte Arbeitsfläche geben.
4. Mit einer Teigrolle auf die gewünschte Dicke ausrollen.

Variation: Für einen süßen Mürbeteig 1 Esslöffel Zucker unter das gesiebte Mehl rühren und die Hälfte des Wassers durch 2 verquirlte Eigelb ersetzen.

■ Brandteig

Die Menge ist ausreichend für 24 kleine Windbeutel.

185 ml Wasser
75 g Butter
115 g Mehl
½ TL Salz
½ TL Puderzucker
3 Eier, plus 1 kleines verquirltes Ei zum Bestreichen

Den Backofen auf 200 °C vorheizen. Wasser und Butter in einen Topf geben. Langsam aufkochen. Mehl und Salz in eine Schüssel sieben, dann den Puderzucker unterrühren. In einer anderen Schüssel die Eier verquirlen.

Wenn das Wasser mit der Butter zu kochen beginnt, den Topf von der Herdplatte nehmen und die Mehlmischung unterrühren. Zu einer weichen Masse weiterrühren, dann wieder auf die Herdplatte stellen und rühren, bis sich die Mischung vom Topfrand löst. Von der Herdplatte nehmen und die Eier einzeln unterrühren, bis die Masse einen dicken, glänzenden Teig bildet.

Mit einem Esslöffel 24 Teighäufchen auf Backpapier setzen und die Oberseiten mit etwas verquirltem Ei bestreichen. Im vorgeheizten Backofen 20 Minuten goldgelb backen. Herausnehmen und abkühlen lassen.

Serviervorschlag: Die abgekühlten Windbeutel horizontal in Hälften schneiden und mit geschlagener, gesüßter Sahne füllen. Man kann sie auch mit Schokoladenkuvertüre bestreichen.

■ Kuchen- und Gebäckteig

Je nach Zutaten und Rührmethode wird der Teig fester oder lockerer. Für Kuchen und Gebäck kommen vier der folgenden Grundtechniken zur Anwendung.

Cremig rühren

Diese Methode eignet sich für leichte Biskuitkuchen. Butter und Zucker

1

2

3

4

zu einer leichten Masse verquirlen, dann die Eier unterrühren und das Mehl unterheben. Verwenden Sie hierzu weiche Butter oder Margarine.

Schnellverfahren
Diese Methode zur Herstellung von Biskuitteig spart Zeit und Mühe. Alle Zutaten in eine Rührschüssel geben und gründlich mischen, bis sie weich sind. Alternativ die Zutaten mit einem elektrischen Handrührgerät oder einer Küchenmaschine 2–3 Minuten bei niedriger Stufe rühren, bis der Teig weich ist.

Einkneten
Diese Methode ist ideal für süßes Gebäck und Mürbeteig. Kneten Sie mit den Fingerspitzen die Butter in das Mehl, bis es feinen Brotkrumen ähnelt. Dann Zucker, Ei und die flüssigen Zutaten untermischen und das Mehl vom Schüsselrand aus einkneten.

Zerlassen
Diese Methode eignet sich für saftige Kuchen und Biskuits. Butter, Zucker und andere lösliche Zutaten in einem Topf zerlassen. Von der Herdplatte nehmen und leicht abkühlen lassen. Das Mehl in eine Schüssel sieben und eine Mulde in die Mitte drücken. Eier und Milch verquirlen und in die Mulde geben, dann die Buttermasse zufügen und das Mehl vom Schüsselrand aus einrühren.

■ Rührteig

Die angegebene Menge ist für zwei Springformen von 20 cm Durchmesser berechnet.

225 g weiche Butter oder Margarine, plus etwas mehr zum Einfetten
225 g Zucker
4 Eier
225 g Mehl, gesiebt
2 TL Backpulver
1 Prise Salz

Den Backofen auf 190 °C vorheizen. Die Springformen einfetten. Butter oder Margarine in eine große Schüssel geben, dann den Zucker zufügen und mit einem Holzlöffel zu einer glatten, lockeren Masse verrühren. Die Eier einzeln unterrühren.

In eine zweite Schüssel Mehl, Backpulver und Salz sieben, dann mit der Bewegung einer Acht unter die Eiermasse heben. Die Masse gleichmäßig auf die Springformen aufteilen und etwa 25 Minuten backen, bis der Teig goldgelb und leicht aufgegangen ist. Aus dem Ofen nehmen und etwa 5 Minuten in den Formen abkühlen lassen, anschließend auf ein Kuchengitter stürzen und vollständig abkühlen lassen.

Variation: Für einen schokoladenbraunen Rührteig ersetzen Sie 1 Esslöffel Mehl durch 1 Esslöffel ungesüßtes Kakaopulver.

■ Shortbread

Die angegebene Menge ergibt 8 große oder 16 kleinere Stücke Shortbread.

175 g Mehl
40 g Reismehl
125 g weiche Butter, plus etwas mehr zum Einfetten
50 g Zucker, plus etwas mehr zum Bestreuen

Den Backofen auf 160 °C vorheizen. Eine Springform von 20 cm Durchmesser einfetten. Mehl und Reismehl in eine große Schüssel sieben.

In einer zweiten Schüssel Butter und Zucker zu einer cremigen Masse verquirlen, dann das gesiebte Mehl unterrühren. Die Masse in die vorbereitete Kuchenform geben und die Oberfläche glatt streichen. Leicht mit Zucker bestreuen, dann die ganze Fläche mit einer Gabel einstechen. Mit einem scharfen Messer die Oberfläche nach Belieben in 8 große oder 16 kleine Stücke unterteilen, dann im vorgeheizten Ofen 30 Minuten hellgold backen.

Nach dem Backen das Gebäck in der Form 5 Minuten abkühlen lassen. Dann vom Blech lösen und mit einem scharfen Messer entlang der Schnittlinien in kleine Stücke schneiden. Auf einem Kuchengitter abkühlen lassen und sofort servieren oder in einem luftdichten Behälter bis zu 1 Woche aufbewahren.

Knuspriges Weißbrot

Ergibt 1 mittelgroßes Brot

Vorbereitung
30 Minuten, plus
1½ Stunden Ruhezeit
Garzeit
30 Minuten

Viele Hobbyköche schrecken vor dem Brotbacken zurück und halten es für kompliziert. Dabei kann es so einfach sein! Dieses Rezept wird Sie davon überzeugen und Sie vielleicht sogar zu einer neuen Leidenschaft führen.

Zutaten
- 1 Ei
- 1 Eigelb
- handwarmes Wasser, Menge nach Bedarf
- 500 g Weizenmehl (Type 550 oder 812), plus etwas mehr zum Bestäuben
- 1½ TL Salz
- 2 TL Zucker
- 1 TL Trockenhefe
- 25 g Butter, in Stücken
- Öl, zum Einfetten

1 Ei und Eigelb in einer Schüssel leicht verquirlen. Die Masse mit warmem Wasser zu 300 ml auffüllen. Gut verrühren.

2 Mehl, Salz, Zucker und Hefe in eine große Schüssel geben. Die Butter zufügen und mit den Fingerspitzen verreiben, bis kleine Teigkrümel entstehen. In die Mitte eine Vertiefung drücken, die Eimischung hineingeben und alles zu einem weichen Teig verkneten.

3 Den Teig auf eine leicht bemehlte Arbeitsfläche legen und 10 Minuten kneten, bis er glatt und elastisch ist. Den Teig in eine eingeölte Schüssel geben, mit Frischhaltefolie abdecken und an einem warmen Ort 1 Stunde gehen lassen, bis sich die Größe verdoppelt hat.

4 Eine Brotform einfetten. Den Teig auf eine leicht bemehlte Fläche geben und 1 Minute durchkneten. Den Teig auf einmal die Länge und dreimal die Breite der Form ausrollen. Dann von der kurzen Seite aus zweimal falten und mit der Nahtstelle nach unten in die Form legen. Abdecken und an einem warmen Ort weitere 30 Minuten gehen lassen, bis der Teig über die Form hinaus aufgegangen ist. Derweil den Backofen auf 220 °C vorheizen.

5 Das Brot im vorgeheizten Backofen 30 Minuten backen, bis es goldbraun und knusprig ist. Wenn das Brot beim Klopfen auf die Unterseite hohl klingt, ist es fertig. Auf ein Kuchengitter geben und vor dem Servieren vollständig abkühlen lassen.

Weizenvollkornbrot

Ergibt 1 kleines Brot

Vorbereitung
30 Minuten, plus
1½ Stunden Ruhezeit
Garzeit
30 Minuten

Zutaten
- 225 g Weizenvollkornmehl, plus etwas mehr zum Bestäuben
- 1 EL Magermilchpulver
- 1 TL Salz
- 2 EL brauner Zucker
- 1 TL Trockenhefe
- 1½ EL Sonnenblumenöl, plus etwas mehr zum Einfetten
- 175 ml handwarmes Wasser

Dieses Vollkornbrot steckt voller gesunder Ballaststoffe und ist unkompliziert in der Zubereitung. Folgen Sie einfach den einzelnen Arbeitsschritten, schieben Sie den Teig in den Ofen, und holen Sie nach 30 Minuten einen herrlich duftenden Brotlaib heraus.

1 Mehl, Milchpulver, Salz, Zucker und Hefe in eine große Schüssel geben. Öl und Wasser zugeben und zu einem weichen Teig verkneten.

2 Den Teig auf eine leicht bemehlte Arbeitsfläche legen und 10 Minuten kneten, bis er weich ist. Den Teig in eine eingefettete Schüssel geben, mit Frischhaltefolie abdecken und an einem warmen Ort 1 Stunde gehen lassen, bis sich die Größe verdoppelt hat.

3 Eine kleine Brotform einfetten. Den Teig auf eine leicht bemehlte Fläche geben und 1 Minute durchkneten. Den Teig auf einmal die Länge und dreimal die Breite der Form ausrollen. Dann von der kurzen Seite aus zweimal falten und mit der Nahtstelle nach unten in die Form legen. Abdecken und an einem warmen Ort weitere 30 Minuten gehen lassen, bis der Teig über die Form hinaus aufgegangen ist. Derweil den Backofen auf 220 °C vorheizen.

4 Das Brot im vorgeheizten Backofen 30 Minuten backen, bis es goldbraun und knusprig ist. Wenn das Brot beim Klopfen auf die Unterseite hohl klingt, ist es fertig. Auf ein Kuchengitter geben und vor dem Servieren vollständig abkühlen lassen.

Mehrkornbrot

Ergibt 1 mittelgroßes Brot

Vorbereitung
30 Minuten, plus
1½ Stunden Ruhezeit
Garzeit
30 Minuten

Zutaten
- 375 g Weizenmehl (Type 550), plus etwas mehr zum Bestäuben
- 125 g Roggenmehl (Type 1370)
- 1½ EL Magermilchpulver
- 1½ TL Salz
- 1 EL brauner Zucker
- 1 TL Trockenhefe
- 1½ EL Sonnenblumenöl, plus etwas mehr zum Einfetten
- 2 TL Zitronensaft
- 300 ml handwarmes Wasser
- 1 TL Kümmel
- ½ TL Mohnsamen
- ½ TL Sesamsaat

Zum Bestreuen
- 1 Eiweiß
- 1 EL Wasser
- 1 EL Sonnenblumen- oder Kürbiskerne

Dieses Mehrkornbrot ist herrlich aromatisch. Zudem enthält es viel Kalzium und ist reich an Proteinen und gesunden Omega-3-Fettsäuren. Haben Sie jetzt nicht Lust, sofort zur Rührschüssel zu greifen?

1 Mehl, Milchpulver, Salz, Zucker und Hefe in eine große Schüssel geben. Öl, Zitronensaft und Wasser hineingießen. Die Samen zufügen und alles zu einem weichen Teig verkneten.

2 Den Teig auf eine leicht bemehlte Arbeitsfläche geben und 10 Minuten kneten, bis er glatt und elastisch ist. Den Teig in eine eingefettete Schüssel legen, mit Frischhaltefolie abdecken und an einem warmen Ort 1 Stunde gehen lassen, bis sich das Volumen verdoppelt hat.

3 Eine kleine Brotform einfettete. Den Teig auf eine leicht bemehlte Fläche geben und 1 Minute durchkneten. Den Teig auf einmal die Länge und dreimal die Breite der Form ausrollen. Dann von der kurzen Seite aus zweimal falten und mit der Nahtstelle nach unten in die Form legen. Abdecken und an einem warmen Ort weitere 30 Minuten gehen lassen, bis der Teig über die Form hinaus aufgegangen ist. Derweil den Backofen auf 220 °C vorheizen.

4 Das Eiweiß leicht mit dem Wasser verquirlen und das Brot kurz vor dem Backen damit bestreichen. Die Sonnenblumen- und Kürbiskerne oben vorsichtig in den Teig drücken.

5 Das Brot im vorgeheizten Backofen 30 Minuten backen, bis es goldbraun und knusprig ist. Wenn das Brot beim Klopfen auf die Unterseite hohl klingt, ist es fertig. Auf ein Kuchengitter geben und vor dem Servieren vollständig abkühlen lassen.

Brot mit Oliven und getrockneten Tomaten

Für 4 Personen

Vorbereitung
20 Minuten, plus
2¼ Stunden Ruhezeit
Garzeit
40 Minuten

Dieses saftig-knusprige Brot steckt randvoll mit verführerischen mediterranen Aromen. Die delikaten schwarzen Oliven und die in der heißen Sonne getrockneten Tomaten lassen Erinnerungen an den letzten Urlaub im Süden wach werden.

Zutaten
- 400 g Mehl, plus etwas mehr zum Bestäuben
- 1 TL Salz
- 1 Tütchen Trockenhefe
- 1 TL brauner Zucker
- 1 EL frisch gehackter Thymian
- 200 ml warmes Wasser (ca. 50 °C)
- 4 EL Olivenöl, plus etwas mehr zum Einfetten
- 50 g schwarze Oliven, entkernt
- 50 g grüne Oliven, entkernt
- 100 g getrocknete Tomaten in Öl, abgetropft und in Streifen
- 1 Eigelb, verquirlt

1 Mehl, Salz und Hefe in einer Schüssel vermischen, dann Zucker und Thymian zufügen. In die Mitte eine Vertiefung drücken und langsam so viel Wasser und Öl einarbeiten, bis ein Teig entstanden ist. Die Oliven in Scheiben schneiden und mit den Tomaten unter den Teig mischen. Den Teig 5 Minuten kneten und zu einer Kugel formen. Eine Schüssel mit Öl ausstreichen und den Teig hineingeben. Mit Frischhaltefolie abdecken und an einem warmen Ort 1½ Stunden gehen lassen, bis sich die Größe verdoppelt hat.

2 Ein Backblech mit Mehl bestäuben. Den Teig leicht kneten, dann halbieren und jede Hälfte oval oder rund formen. Auf das Backblech legen und mit Frischhaltefolie bedecken. An einem warmen Ort weitere 45 Minuten gehen lassen, bis sich die Größe verdoppelt hat.

3 Den Backofen auf 200 °C vorheizen. Jedes Teigstück schräg dreimal einritzen und mit dem Eigelb bestreichen. 40 Minuten backen, bis die Brote gar sind – sie sollen oben goldbraun sein und sich hohl anhören, wenn man auf die Brotunterseite klopft. Auf 2 Kuchengitter zum Abkühlen geben. In einem luftdichten Behälter sind sie bis zu 3 Tage haltbar.

VARIATION

Ein griechisches Aroma erhalten Sie, wenn Sie Kalamata-Oliven nehmen und den Thymian durch frisch gehackten Koriander ersetzen.

Bananen-Orangen-Brot

Ergibt 1 mittelgroßes Brot

Vorbereitung
30 Minuten, plus
1½ Stunden Ruhezeit
Garzeit
30 Minuten

Zutaten

- 500 g Weizenmehl (Type 550), plus 1–2 EL mehr bei klebrigem Teig, plus etwas mehr zum Bestäuben
- 1 TL Salz
- 1 TL Trockenhefe
- 40 g Butter, in Stücken
- 2 kleinere reife Bananen oder 1 große reife Banane, zerdrückt
- 3 EL flüssiger Honig
- 4 EL Orangensaft
- 200 ml handwarme Buttermilch oder Wasser
- 1½ EL Magermilchpulver, nach Belieben
- Öl, zum Einfetten
- Milch, zum Glasieren, nach Belieben

Der verführerisch süße Geschmack der Banane und die Zitrusfrische der Orange sind der Clou in diesem delikaten Brot. Nur mit Butter bestrichen oder mit fettarmer Margarine wird es zu einem wahren Gaumenschmaus.

1 Mehl, Salz und Hefe in eine große Schüssel geben. Die Butter in der Mehlmischung verreiben, dann Bananen und Honig zufügen. In die Mitte eine Vertiefung drücken und Orangensaft sowie Buttermilch oder Wasser nach und nach untermischen. Nach Belieben Milchpulver hinzugeben und alles zu einem weichen Teig verkneten.

2 Den Teig auf eine leicht bemehlte Arbeitsfläche geben und 5–7 Minuten kneten, bis er glatt und elastisch ist. Wenn der Teig sehr klebrig ist, noch 1–2 Esslöffel Mehl unterkneten. (Die Klebrigkeit variiert je nach Reifegrad der Bananen.) Den Teig in eine eingefettete Schüssel legen, mit Frischhaltefolie abdecken und an einem warmen Ort 1 Stunde gehen lassen, bis sich das Volumen verdoppelt hat.

3 Eine kleine Brotform einfetten. Den Teig auf eine leicht bemehlte Fläche geben und 1 Minute durchkneten. Den Teig auf einmal die Länge und dreimal die Breite der Form ausrollen. Dann von der kurzen Seite aus zweimal falten und mit der Nahtstelle nach unten in die Form legen. Abdecken und an einem warmen Ort weitere 30 Minuten gehen lassen, bis der Teig über die Form hinaus aufgegangen ist. Derweil den Backofen auf 220 °C vorheizen.

4 Kurz vor dem Backen den Teig nach Belieben zum Glasieren mit Milch bestreichen.

5 Das Brot im Backofen 30 Minuten backen, bis es goldbraun und knusprig ist. Wenn das Brot beim Klopfen auf die Unterseite hohl klingt, ist es fertig. Auf ein Kuchengitter geben und vor dem Servieren vollständig abkühlen lassen.

Croissants

Ergibt 12 Croissants

Vorbereitung
40 Minuten, plus 2 Stunden Ruhe- und Kühlzeit
Garzeit
15–20 Minuten

Zutaten

- 500 g Mehl, plus etwas mehr zum Bestäuben
- 50 g Feinzucker
- 1 TL Salz
- 1 Tütchen Trockenhefe
- 310 ml lauwarme Milch
- 300 g weiche Butter, plus etwas mehr zum Einfetten
- 1 Ei, leicht verquirlt mit 1 EL Milch, zum Bestreichen

Womit kann man Sie am Sonntagmorgen aus dem Bett locken? Natürlich mit dem unwiderstehlichen Duft von frisch gebackenen Croissants! Da sie am Abend zuvor zubereitet werden, brauchen Sie nicht einmal früh aufzustehen.

1 Den Backofen auf 200 °C vorheizen. Die Trockenzutaten in einer großen Schüssel mischen und eine Vertiefung in die Mitte drücken. Die Milch hineingießen und alles zu einem weichen Teig verarbeiten. Auf einer bemehlten Arbeitsfläche 5–10 Minuten kneten, bis der Teig glatt ist. In einer großen gefetteten Schüssel abgedeckt an einem warmen Ort gehen lassen, bis der Teig sein Volumen verdoppelt hat. Die Butter zwischen 2 Bögen Backpapier zu einem etwa 5 mm dicken Rechteck ausrollen. In den Kühlschrank legen und hart werden lassen.

2 Den Teig 1 Minute kneten. Die Butter etwas weich werden lassen. Den Teig auf einer bemehlten Arbeitsfläche zu einem 45 cm x 15 cm großen Rechteck ausrollen. Die Butter in das mittlere Drittel legen, die Teigränder darüberschlagen und vorsichtig zusammendrücken. Das Teigrechteck wenden und so legen, dass die kurze Seite vorn liegt. Das obere Teigdrittel in die Mitte schlagen, das untere Drittel darüber. Den Teig im Uhrzeigersinn um 90° drehen, zu einem Rechteck ausrollen und auf dieselbe Weise falten. Falls die Butter zu weich wird, den Teig in Frischhaltefolie eingewickelt im Kühlschrank ruhen lassen. Das Ausrollen und Falten zweimal wiederholen. Den Teig in drei gleiche Rechtecke teilen. Zwei davon wieder in den Kühlschrank geben, das eine zu einem 5 mm dicken 20 cm x 20 cm großen Quadrat ausrollen und zweimal diagonal in 4 gleich große Dreiecke schneiden. Mit den beiden anderen Teigstücken ebenso verfahren.

3 Den Backofen auf 200 °C vorheizen. Die Dreiecke dünn mit der Eiermilch bestreichen und zu Hörnchen aufrollen. Die Spitze an der Unterseite festdrücken. Die Croissants mit der Eiermilch bestreichen und auf einem Backblech gehen lassen, bis sie ihr Volumen verdoppelt haben. Im vorgeheizten Backofen 15–20 Minuten goldbraun backen.

Blini

Ergibt 8 Stück

Vorbereitung
20 Minuten, plus
1 Stunde Ruhezeit
Garzeit
20 Minuten

Zutaten
- 115 g Buchweizenmehl
- 115 g Mehl (Type 550)
- 7 g Trockenhefe
- 1 TL Salz
- 425 ml lauwarme Milch
- 2 Eier, davon 1 getrennt
- Pflanzenöl, zum Braten

Zum Servieren
- saure Sahne
- Kaviar
- Räucherlachs

Blini sind russische Hefepfannkuchen, die man mit Buchweizenmehl zubereitet – das macht ihre besondere geschmackliche Note aus. Probieren und servieren Sie zur Abwechslung Blini einmal mit Kaviar statt mit Räucherlachs.

1 Die beiden Mehlsorten in eine Schüssel sieben. Hefe und Salz unterrühren. Dann die Milch, das ganze Ei sowie das Eigelb zugeben und alles glatt rühren. Die Schüssel abdecken und den Teig 1 Stunde an einen warmen Ort stellen.

2 Das Eiweiß in einer sauberen, fettfreien Schüssel steif schlagen; dann unter den vorbereiteten Teig ziehen. Etwas Öl in eine Pfanne geben und bei mittlerer Hitze erwärmen. Sobald die Pfanne heiß ist, so viel Teig hineingeben, dass man einen dünnen Pfannkuchen von etwa dem Durchmesser einer Untertasse erhält.

3 Sobald die Teigoberfläche kleine Bläschen wirft, die Blini wenden und von der anderen Seite braten, bis auch diese gebräunt ist. Die fertigen Blini in ein sauberes Küchentuch wickeln und warm halten, während der restliche Teig verarbeitet wird. Anschließend die Blini warm mit saurer Sahne, Kaviar und etwas Räucherlachs servieren.

VARIATION

Falls Buchweizenmehl nicht erhältlich sein sollte, können Sie ersatzweise auch Weizenvollkornmehl verwenden.

Porree-Zwiebel-Quiches

Mögen Sie auch so gern Quiches? Dann sind diese Mini-Varianten genau das Richtige für Sie, denn sie sind unglaublich vielseitig einsetzbar: im Picknickkorb, auf dem Buffet, für die Mittagspause im Büro oder als Hauptgericht mit einem knackigen Salat.

Für 6 Personen

Vorbereitung
30 Minuten, plus 30 Minuten Kühlzeit
Garzeit
40 Minuten

Zutaten
- Butter, zum Einfetten
- 250 g ungesüßter Mürbeteig (Fertigprodukt)
- Mehl, zum Bestäuben

Füllung
- 25 g Butter
- 1 Zwiebel, in dünnen Ringen
- 500 g Porree, in dünnen Ringen
- 2 TL frisch gehackter Thymian
- 60 g frisch geriebener Gruyère
- 3 Eier
- 300 g Crème double
- Salz und Pfeffer

1 6 Tortelettsförmchen (10 cm Ø) mit Butter einfetten. Den Teig auf einer leicht bemehlten Arbeitsfläche ausrollen und 6 Teigkreise (13 cm Ø) ausstechen. Die Formen vorsichtig mit dem Teig auslegen und den Boden einstechen. 30 Minuten kalt stellen. Derweil den Backofen auf 190 °C vorheizen.

2 Den Teig mit Backpapier auslegen, mit Backbohnen belegen und 8 Minuten blindbacken. Papier und Bohnen entfernen und weitere 2 Minuten backen. Die Formen zum Abkühlen auf ein Kuchengitter stellen. Die Ofentemperatur auf 180 °C reduzieren.

3 Inzwischen die Füllung zubereiten. Die Butter in einer großen Pfanne zerlassen. Die Zwiebel hineingeben und unter ständigem Rühren 5 Minuten weich dünsten. Porree und Thymian zugeben und unter Rühren 10 Minuten weich dünsten. Die Füllung auf die Teigformen verteilen und mit dem Gruyère bestreuen.

4 Eier und Crème double leicht verquirlen und nach Belieben mit Salz und Pfeffer abschmecken. Die Tortelettförmchen auf ein Backblech stellen und die Eimasse auf die Quiches verteilen. Im Ofen 15 Minuten backen, bis die Füllung gestockt und goldbraun ist. Die Quiches auf einem Kuchengitter leicht abkühlen lassen, dann aus den Förmchen nehmen und servieren.

VARIATION

Man kann den Porree auch durch 450 g in Scheiben geschnittene Zucchini ersetzen, um einen etwas milderen Geschmack zu erzielen.

Fleischpastete mit Nierchen

Für 4 Personen

Vorbereitung
40 Minuten
Garzeit
4–5 Stunden

Dieses typisch englische Gericht (Steak & Kidney Pudding) lässt die Herzen aller Liebhaber von gehaltvollen, herzhaften Speisen höher schlagen. Wenn Sie für den Teig kein Nierenfett bekommen können, greifen Sie auf Schweineschmalz zurück.

Zutaten
- Butter, zum Einfetten
- 500 g Roastbeef, in 2,5 cm große Würfel geschnitten
- 2 Lammnierchen, alle inneren Sehnen und Häute entfernt und in 2,5 cm großen Stücken
- 60 g Mehl
- Salz und Pfeffer
- 1 Zwiebel, fein gehackt
- 100 g große Champignons, in Scheiben, nach Belieben
- 1 EL frisch gehackte Petersilie
- etwa 300 ml Fleischbrühe oder eine Mischung aus Bier und Wasser

Pastetenteig
- 350 g Mehl
- 3½ TL Backpulver
- 175 g Nierenfett
- Salz und Pfeffer
- 250 ml kaltes Wasser

1 Eine runde Auflaufform (1,2 l Inhalt) mit Butter einfetten.

2 Fleisch und Nieren mit Mehl, Salz und Pfeffer in einen großen Plastikbeutel füllen und gut schütteln, bis das Fleisch ganz bemehlt ist. Zwiebel, Pilze (nach Belieben) und Petersilie zufügen und nochmals schütteln.

3 Für den Pastetenteig Mehl, Backpulver, Nierenfett und ein wenig Salz und Pfeffer vermischen. Genug kaltes Wasser unterrühren, bis ein weicher Teig entsteht.

4 Ein Viertel des Teigs beiseitelegen und den Restteig so weit rund ausrollen, bis er die Auflaufform ganz auskleiden kann. Der Teig sollte am oberen Rand noch etwa 1 cm überhängen.

5 Die Fleischmischung in die Form geben und so viel Brühe zufügen, bis das Fleisch bedeckt ist.

6 Das Teigviertel zu einem Deckel ausrollen. Den Rand des Teigs anfeuchten, dann auf die Form legen. Die Teigränder sorgfältig andrücken.

7 Mit Backpapier bedecken, darüber Alufolie legen, etwas Spielraum lassen, da die Pastete im Ofen aufgeht, und gut verschließen. In einen Dämpfer oder einen großen Topf geben, der zur Hälfte mit kochendem Wasser gefüllt ist. Die Pastete 4–5 Stunden dämpfen, dabei regelmäßig Wasser nachfüllen.

8 Die Form aus dem Dämpfer nehmen und die Abdeckung entfernen und servieren.

TIPP
Wenn Sie keine Nierchen mögen, erhöhen Sie einfach die Menge des Roastbeefs.

Pilz-Spinat-Taschen

Diese Blätterteigtaschen sind einfach zuzubereiten und zergehen auf der Zunge. Sie ergeben zusammen mit einer Suppe ein leichtes Mittagessen und sind heiß oder kalt ein wunderbarer Snack für Zwischendurch.

Für 4 Personen

Vorbereitung
25 Minuten
Garzeit
30–35 Minuten

Zutaten
- 25 g Butter
- 1 rote Zwiebel, halbiert und in Ringen
- 2 Knoblauchzehen, zerdrückt
- 250 g Champignons, in Scheiben
- 180 g junger Spinat
- 1 Prise frisch geriebene Muskatnuss
- 4 EL Crème double
- Salz und Pfeffer
- 250 g Blätterteig, Tiefkühlware aufgetaut
- Mehl, zum Bestäuben
- 1 Ei, verquirlt
- 2 TL Mohnsamen

1 Die Butter in einer Pfanne zerlassen. Zwiebel und Knoblauch zugeben und bei geringer Hitze 3–4 Minuten unter Rühren dünsten, bis die Zwiebel weich ist.

2 Pilze, Spinat und Muskat zugeben und das Ganze bei mittlerer Hitze weitere 2–3 Minuten unter gelegentlichem Rühren dünsten. Die Crème double zugießen und gründlich unterrühren. Anschließend das Gemüse mit Salz und Pfeffer würzen und vom Herd nehmen.

3 Den Backofen auf 200 °C vorheizen. Den Teig auf einer leicht bemehlten Arbeitsfläche ausrollen und 4 Kreise von je 15 cm Durchmesser daraus ausschneiden. Ein Viertel der Füllung auf je eine Hälfte der Teigscheiben geben. Den Teig über der Füllung zusammenklappen, die Teigränder mit Ei bestreichen und fest zusammendrücken. Dann die Taschen mit Mohnsamen bestreuen.

4 Die Taschen auf ein angefeuchtetes Backblech legen (siehe Tipp) und im vorgeheizten Backofen 20 Minuten goldbraun backen.

5 Die fertigen Taschen auf vorgewärmte Teller verteilen und servieren, solange sie noch heiß sind.

TIPP

Durch Anfeuchten des Backblechs entsteht in der Hitze des Backofens Dampf, der das Aufgehen und Festigen des Blätterteigs erleichtert.

Gemüsestrudel

Für 4 Personen

Vorbereitung
30 Minuten
Garzeit
40–45 Minuten

Strudel kennt man meist als süße Köstlichkeit, die mit Früchten und Mandeln oder Nüssen gefüllt wird. Hier stellen wir Ihnen eine wunderbar herzhafte Strudelvariante mit einer Gemüsefüllung vor, die auch äußerlich beeindruckt.

Zutaten
- 2 EL Butter oder Margarine
- 1 Porreestange, klein gehackt
- 2 Knoblauchzehen, zerdrückt
- 1 rote Paprika, in Streifen
- 1 gelbe Paprika, in Streifen
- 50 g Pilze, in Scheiben
- 75 g kleine grüne Spargelspitzen
- 2 EL Mehl
- 60 ml Gemüsebrühe
- 60 ml Milch
- 4 EL trockener Weißwein
- 1 EL frisch gehackter Oregano
- Salz und Pfeffer
- 500 g Blätterteig
- Mehl, zum Bestäuben
- 1 Ei, verquirlt

1 Butter oder Margarine in einer Pfanne zerlassen. Porree und Knoblauch darin unter häufigem Wenden 2 Minuten anbraten. Restliches Gemüse zugeben und unter Rühren 3–4 Minuten garen.

2 Mehl zugeben und 1 Minute anschwitzen. Die Pfanne vom Herd nehmen, in einen Topf geben und Gemüsebrühe, Milch und Weißwein einrühren. Unter Rühren zum Kochen bringen und eindicken. Oregano einrühren, mit Salz und Pfeffer abschmecken.

3 Den Backofen auf 200 °C vorheizen. Die Hälfte des Blätterteigs auf einer leicht bemehlten Fläche zu einem 38 cm x 15 cm großen Rechteck ausrollen.

4 Restlichen Teig etwas größer ausrollen. Das kleinere Rechteck auf ein mit feuchtem Backpapier ausgelegtes Backblech legen.

5 Die Füllung auf dem kleineren Rechteck verteilen. Dabei einen Rand von 1 cm lassen. Mit einem scharfen Messer diagonal parallele Schlitze in das große Rechteck schneiden. Dabei an den langen Seiten 2,5 cm Rand lassen.

6 Die Ränder des kleineren Rechtecks mit verquirltem Ei bestreichen und das große Rechteck darauflegen. Die Ränder fest zusammendrücken. Den Strudel mit Ei bestreichen und im Backofen ca. 30–35 Minuten backen, bis der Teig aufgegangen und goldbraun ist. Auf einem vorgewärmten Servierteller servieren.

VARIATION

Ersetzen Sie den Porree durch dünne Zwiebelringe und eine der Paprikaschoten durch Gurkenscheiben.

Gefüllte Pasteten

Ergibt 4 Stück

Vorbereitung
35 Minuten
Garzeit
50 Minuten

Diese köstlichen Pasteten sind mit Kartoffeln, Fleischwürfeln und Porree gefüllt und bilden – heiß oder kalt serviert – eine sättigende kleine Mahlzeit zu jeder Tageszeit. Sie machen sich auch gut bei einem Picknick oder einer Grillparty.

Zutaten

- Öl, zum Einfetten
- 250 g fest kochende Kartoffeln, gewürfelt
- 1 kleine Karotte, gewürfelt
- 250 g Rindersteak, gewürfelt
- 1 Porreestange, gehackt
- Salz und Pfeffer
- 250 g ungesüßter Mürbeteig (Fertigprodukt)
- Mehl, zum Bestäuben
- 15 g Butter
- 1 Ei, verquirlt
- grüner Salat oder Zwiebelsauce, zum Servieren

1 Ein Backblech leicht einfetten. Kartoffeln, Karotte, Fleisch und Porree in einer Schüssel gut mischen. Mit Salz und Pfeffer abschmecken.

2 Den Backofen auf 200 °C vorheizen. Den Mürbeteig in 4 gleich große Portionen aufteilen und auf einer leicht bemehlten Arbeitsfläche zu 4 runden Fladen von ca. 20 cm Durchmesser ausrollen.

3 Die Füllung jeweils auf die Fladen verteilen, dabei einen ca. 1 cm breiten Rand lassen. Auf jeden Fladen ein Viertel der Butter geben. Den Teigrand mit etwas verquirltem Ei einpinseln.

4 Den Teig über der Füllung zusammenklappen und an den Rändern gut andrücken. Die Pasteten auf das Backblech legen und mit dem restlichen Ei einpinseln.

5 Im vorgeheizten Backofen bei 200 °C 20 Minuten backen, dann die Temperatur auf 160 °C reduzieren und weitere 30 Minuten backen. Die Pasteten mit grünem Salat oder Zwiebelsauce servieren.

VARIATION

Verwenden Sie statt des Rindersteaks z.B. Schweine- oder Hähnchenfleisch, oder geben Sie in Schritt 1 gewürfelte Äpfel zu.

Profiteroles

Diese berühmten kleinen französischen Windbeutel sind ein wahrer Hochgenuss. Gefüllt mit Sahne und serviert mit verlockender Schoko-Weinbrand-Sauce sind sie die Krönung eines delikaten Menüs.

Für 4 Personen

Vorbereitung
25 Minuten, plus 5 Minuten Kühlzeit
Garzeit
35 Minuten

Zutaten

Brandteig
- 70 g Butter, plus etwas mehr zum Einfetten
- 225 ml Wasser
- 115 g Mehl
- 3 Eier, verquirlt

Sahnefüllung
- 300 g Schlagsahne extra (mind. 36 %)
- 3 EL Feinzucker
- 5 Tropfen Vanillearoma

Schoko-Weinbrand-Sauce
- 125 g Halbbitterschokolade, in kleinen Stücken
- 35 g Butter
- 90 ml Wasser
- 2 EL Weinbrand

1 Den Backofen auf 200 °C vorheizen. Ein großes Backblech mit Butter einfetten.

2 Für den Brandteig Wasser und Butter in einem Topf zum Kochen bringen. Unterdessen das Mehl in eine Schüssel sieben. Den Herd ausstellen und das Mehl unterrühren, bis ein weicher Teig entsteht. 5 Minuten abkühlen lassen.

3 Genug verquirltes Ei unterrühren, bis der Teig weich und zähfließend ist und sich vom Topfrand löst. In einen Spritzbeutel mit einer 1 cm großen, glatten Tülle füllen. Kleine Windbeutel auf das Backblech spritzen. 25 Minuten backen.

4 Aus dem Ofen nehmen. Jeden Windbeutel mit einem Spieß einstechen, um den Dampf entweichen zu lassen.

5 Für die Füllung die Sahne mit Zucker und Vanillearoma steif schlagen. Die Windbeutel in der Mitte durchschneiden und mit der Sahne füllen.

6 Für die Sauce Schokolade, Butter und Wasser vorsichtig in einem kleinen Topf schmelzen. Dabei ständig rühren. Den Weinbrand einrühren. Die Profiteroles auf mehrere Servierteller verteilen. Die Sauce darübergießen und sofort servieren.

VARIATION

Geben Sie den Windbeuteln einen außergewöhnlichen Geschmack, indem Sie das Vanillearoma durch Mandelaroma und den Weinbrand durch dunklen Rum ersetzen.

Sirup-Sahne-Kuchen

Für 8 Personen

Vorbereitung
25 Minuten, plus 30 Minuten Kühlzeit
Garzeit
35–40 Minuten

Zutaten
- 250 g ungesüßter Mürbeteig (Fertigprodukt)
- Mehl, zum Bestäuben
- 350 g heller Zuckerrübensirup
- 125 g frische Semmelbrösel
- 125 g Crème double
- abgeriebene Schale von ½ Zitrone oder Orange
- 2 EL Zitronen- oder Orangensaft
- Vanillesauce, zum Servieren

Dieser köstliche Kuchen wird in England traditionell als Dessert gereicht. Wenn Sie fertigen Mürbeteig aus dem Supermarkt verwenden, ist er schnell vorbereitet und kann kurz nach dem Backen schon serviert werden.

1 Den Backofen auf 190 °C vorheizen. Den Mürbeteig auf einer leicht bemehlten Arbeitsfläche ausrollen und eine flache Obstkuchenform (20 cm Ø) damit auslegen. Teigreste aufbewahren. Den Teig mit einer Gabel einstechen und 30 Minuten im Kühlschrank ruhen lassen.

2 Für die Dekoration aus den Teigresten kleine Formen wie Herzen, Blätter oder Sterne ausstechen.

3 Sirup, Semmelbrösel, Crème double, Zitronenschale und Zitronensaft in einer kleinen Schüssel vermischen.

4 Die Mischung auf den Teigboden geben und die Ränder mit den ausgestochenen Formen dekorieren.

5 Im vorgeheizten Ofen 35–40 Minuten backen, bis die Füllung fest ist.

6 Den Kuchen leicht in der Form abkühlen lassen, dann herausnehmen und mit Vanillesauce servieren.

VARIATION

Sie können den Kuchen auch mit einem Teiggitter verzieren, indem Sie einzelne Teigstreifen schräg übereinanderlegen.

Manhattan Cheesecake

Die aromatische Sauce aus Blaubeeren gibt diesem amerikanischen Käsekuchen einen besonderen Pfiff. Er ist einfach zuzubereiten und lässt sich bis zur Verwendung einige Stunden im Kühlschrank aufbewahren.

Für 8–10 Personen

Vorbereitung
30 Minuten, plus 10 Stunden Kühl- und Ruhezeit
Garzeit
35 Minuten

Zutaten
- Sonnenblumenöl, zum Einfetten
- 75 g Butter, zerlassen
- 200 g Vollkornkekse, zerstoßen
- 400 g Frischkäse
- 2 große Eier
- 165 g Feinzucker
- 8 Tropfen Vanillearoma
- 450 g saure Sahne

Blaubeersauce
- 60 g Zucker
- 4 EL Wasser
- 250 g frische Blaubeeren
- 1 TL Pfeilwurzelmehl

1 Den Backofen auf 190 °C vorheizen. Eine hohe Springform (20 cm Ø) mit Öl einfetten. Butter und Kekskrümel mischen und auf dem Boden der Form verteilen. Käse, Eier, 100 g Zucker sowie 3 Tropfen Vanillearoma glatt rühren. Dann über die Kekskrümelmischung gießen und glatt streichen. Anschließend alles 20 Minuten in den vorgeheizten Backofen geben, bis die Creme gestockt ist. Dann herausnehmen und 20 Minuten ruhen lassen; den Backofen aber nicht ausstellen.

2 Saure Sahne, restlichen Zucker und Vanillearoma in einer Schüssel mischen und auf der Käsecreme verstreichen. Weitere 10 Minuten backen, dann abkühlen lassen und für mindestens 8 Stunden oder über Nacht in den Kühlschrank stellen.

3 Für die Sauce den Zucker mit der Hälfte des Wassers in einen Topf geben und bei geringer Hitze unter Rühren erwärmen, bis er gelöst ist. Die Hitze erhöhen und die Blaubeeren zugeben. Abdecken und einige Minuten kochen. Dann vom Herd nehmen. Das Pfeilwurzelmehl mit dem restlichen Wasser verrühren und zu den Früchten geben. Die Sauce glatt rühren und bei geringer Hitze erneut erhitzen, bis sie eindickt und klar wird, dann abkühlen lassen.

4 Den Kuchen 1 Stunde vor dem Servieren aus dem Kühlschrank nehmen. Die Blaubeersauce auf dem Kuchen verteilen und den Kuchen bis zum Verzehr kühlen.

VARIATION

Nach Möglichkeit sollte man den Käsekuchen am Ende von Schritt 2 über Nacht in den Kühlschrank stellen.

Ingwerbrot

Ergibt 12 Stück

Vorbereitung
25 Minuten, plus
50 Minuten Kühlzeit
Garzeit
35–40 Minuten

Dieses köstlich würzige Ingwerbrot wird durch die Zugabe von frisch gehackten Äpfeln außerordentlich saftig. Es ist ein leckerer Snack für Zwischendurch. Kinder lieben es, passen Sie also auf, dass Sie auch noch ein Stück davon bekommen.

Zutaten

- 175 g Butter, plus etwas mehr zum Einfetten
- 175 g brauner Zucker
- 2 EL Zuckerrübensirup
- 225 g Mehl
- 1 TL Backpulver
- 2 TL Speisenatron
- 2 TL Ingwerpulver
- 170 ml Milch
- 1 Ei, verquirlt
- 2 Äpfel, geschält, entkernt, gehackt und mit 1 EL Zitronensaft beträufelt

1 Den Backofen auf 170 °C vorheizen. Eine quadratische Backform (23 cm x 23 cm) einfetten und mit Backpapier auslegen.

2 Butter, Zucker und Sirup in einem kleinen Topf bei geringer Hitze schmelzen. Dann abkühlen lassen.

3 Mehl, Backpulver, Natron und Ingwer in einer Schüssel mischen.

4 Zunächst Milch, Ei und Buttermischung, dann die Äpfel zu den trockenen Zutaten geben.

5 Vorsichtig vermengen, dann den Teig in die vorbereitete Form geben. 30–35 Minuten im vorgeheizten Backofen backen, bis das Brot aufgegangen ist und ein in die Mitte gestochener Metallspieß teigfrei bleibt.

6 Das Ingwerbrot in der Form leicht abkühlen lassen, dann herausnehmen und zum Servieren in 12 Stücke schneiden.

VARIATION

Geben Sie für ein stärkeres Ingweraroma bei Schritt 3 zusätzlich 25 g fein gehackten kandierten Ingwer zum Teig.

Muffins mit Schokostücken

Ergibt 12 Stück

Vorbereitung
15 Minuten, plus
30 Minuten Kühlzeit
Garzeit
25 Minuten

Zutaten
- 100 g weiche Margarine
- 225 g Feinzucker
- 2 große Eier
- 160 g Naturjoghurt
- 50 ml Milch
- 275 g Mehl
- 1 TL Speisenatron
- 175 g Zartbitter-Schokoladenraspel

Muffins werden immer populärer und sind zudem ganz leicht herzustellen. Da sie in mundgerechten Portionen angeboten werden, sind sie bei Kindern und Erwachsenen beliebt, passen in jeden Picknickkorb und erfreuen auch die Arbeitskollegen.

1 Den Backofen auf 190 °C vorheizen. Die Vertiefungen einer Muffin-Form mit Papierkapseln auslegen.

2 Margarine und Zucker zu einer hellen, lockeren Masse verquirlen. Nach und nach Eier, Joghurt und Milch einrühren.

3 Mehl und Speisenatron in die Mischung sieben und rühren, bis ein glatter Teig einsteht.

4 Die Schokoladenraspel unterrühren und den Teig auf die Förmchen verteilen. Im vorgeheizten Backofen 25 Minuten backen, bis ein in den Teig gestochener Holzspieß sauber bleibt. Die Muffins 5 Minuten stehen lassen, dann aus der Form nehmen und auf einem Kuchengitter vollständig abkühlen lassen.

VARIATION

Mit diesem Teig können Sie auch 6 große oder 24 Mini-Muffins backen. Die Backzeit für die kleinen Muffins liegt bei 10 Minuten.

Erdnuss-Cookies

Ergibt 20 Stück

Vorbereitung
15 Minuten, plus
30 Minuten Kühlzeit
Garzeit
15 Minuten

Diese knusprigen amerikanischen Cookies mit ihrem verlockenden Erdnussgeschmack lassen die Herzen von Kindern und Erwachsenen gleichermaßen höher schlagen. Und das Beste: Erdnüsse sind gesund – da kann man also beherzt zugreifen!

Zutaten

- 125 g weiche Butter, plus etwas mehr zum Einfetten
- 150 g grobe Erdnusscreme
- 225 g Zucker
- 1 Ei, leicht verquirlt
- 150 g Mehl
- ½ TL Backpulver
- 1 Prise Salz
- 75 g ungesalzene Erdnüsse, gehackt

1 2 Backbleche leicht einfetten. Butter und Erdnusscreme in einer großen Schüssel vermengen. Nach und nach den Zucker zugeben und gut unterrühren.

2 Langsam das Ei zufügen und gründlich untermischen.

3 Mehl, Backpulver und Salz in die Erdnusscreme-Mischung sieben. Die Erdnüsse zugeben und alles zu einem weichen Teig verarbeiten. Den Teig in Frischhaltefolie einwickeln und 30 Minuten im Kühlschrank kalt stellen.

4 Den Backofen auf 190 °C vorheizen. 20 Kugeln aus dem Teig formen. Die Kugeln mit einem Abstand von 5 cm auf die vorbereiteten Bleche legen und mit der Hand etwas flach drücken.

5 Die so vorbereiteten Kekse im vorgeheizten Backofen 15 Minuten goldbraun backen und vor dem Servieren auf einem Rost auskühlen lassen.

TIPP

Wenn man die Plätzchen vor dem Backen mit etwas braunem Rohzucker bestreut, werden sie knuspriger und glänzen mehr.

Mandel-Biscotti

Ergibt 20–24 Stück

Vorbereitung
40 Minuten, plus
20 Minuten Kühlzeit
Garzeit
25 Minuten

Zutaten
- 250 g Mehl, plus etwas mehr zum Bestäuben
- 1 TL Backpulver
- 1 Prise Salz
- 150 g hellbrauner Feinzucker
- 2 Eier, verquirlt
- fein abgeriebene Schale von 1 Orange
- 100 g blanchierte ganze Mandeln, leicht geröstet

Biscotti sind doppelt gebackene italienische Kekse, die traditionell nach einer Mahlzeit in süßen Weißwein (Vin santo) gedippt werden. Sie schmecken aber auch ausgezeichnet zu einer Tasse Kaffee oder als knusprige Beilage zu Vanille- oder Mandeleis.

1 Ein Backblech leicht mit etwas Mehl bestäuben und den Backofen auf 180 °C vorheizen. Dann Mehl, Backpulver und Salz in eine Schüssel sieben. Zucker, Eier und Orangenschale zufügen und alles zu einem Teig verarbeiten. Zuletzt die Mandeln einkneten.

2 Den fertigen Teig zu einer Kugel formen, diese halbieren und jede Hälfte zu einem etwa 4 cm dicken Strang formen. Die Stränge auf das vorbereitete Backblech legen und 10 Minuten backen. Anschließend 5 Minuten abkühlen lassen.

3 Die Teigstränge mit einem Brotmesser in 1 cm dicke schräge Scheiben schneiden. Die Scheiben auf das Blech zurückgeben und weitere 15 Minuten backen, bis sie leicht goldbraun gefärbt sind. Anschließend zum Abkühlen auf Kuchengitter legen.

VARIATION

Statt der Mandeln können Sie auch Haselnüsse oder eine Mischung aus Mandeln und Pistazien verwenden.

Schokoladen-Brownies

Es gibt ihn tatsächlich, den fettarmen Schokogenuss! Das Püree aus Trockenobst sorgt dafür, dass Sie kein Backfett brauchen. Also können Sie sich ohne schlechtes Gewissen dem Genuss dieser Köstlichkeit hingeben.

Ergibt 12 Stück

Vorbereitung
45 Minuten, plus 30 Minuten Kühlzeit
Garzeit
35–40 Minuten

Zutaten
- Butter, zum Einfetten
- 60 g ungesüßte Datteln, gehackt
- 60 g Trockenpflaumen, gehackt
- 60 ml ungesüßter Apfelsaft
- 4 Eier, verquirlt
- 300 g brauner Zucker
- 5 Tropfen Vanillearoma
- 4 EL fettarmes Schokoladen-Getränkepulver, plus etwas mehr zum Bestäuben
- 2 EL Kakaopulver
- 175 g Mehl
- 60 g Zartbitter-Schokoraspel

Glasur
- 125 g Puderzucker
- 1–2 TL Wasser
- 5 Tropfen Vanillearoma

1 Eine flache Backform (18 cm x 28 cm) einfetten und mit Backpapier auslegen. Datteln, Pflaumen und Apfelsaft in einem kleinen Topf aufkochen, dann abdecken und 10 Minuten köcheln lassen, bis die Früchte weich sind. Alles zu einer glatten Paste verrühren und zum Abkühlen beiseitestellen.

2 Den Backofen auf 180 °C vorheizen. Die abgekühlte Fruchtmasse in eine Schüssel geben und mit Eiern, Zucker und Vanillearoma mischen. Schokoladen-Getränkepulver, Kakaopulver und Mehl einsieben, dann die Schokoraspel unterziehen und gründlich verrühren.

3 Den Teig in die vorbereitete Form geben, glatt streichen und im vorgeheizten Backofen 25–30 Minuten backen, bis er fest ist. Dann den Teig in 12 Stücke schneiden und 10 Minuten in der Form abkühlen lassen. Zum völligen Auskühlen auf ein Kuchengitter stellen.

4 Für die Glasur den Puderzucker in eine Schüssel sieben. Mit ausreichend Wasser und dem Vanillearoma zu einer geschmeidigen, nicht zu dünnflüssigen Glasur verrühren.

5 Die Glasur über die Brownies träufeln und erkalten lassen. Die fertigen Brownies vor dem Servieren mit etwas Schokoladen-Getränkepulver bestreuen.

TIPP

Bereiten Sie die doppelte Menge zu, und frieren Sie die Hälfte der Brownies ein. So haben Sie für jede Gelegenheit immer einen kleinen Vorrat zur Hand.

Glossar

Das Glossar erklärt in aller Kürze die gängigsten Begriffe der Küchenpraxis, erhebt aber keinen Anspruch auf Vollständigkeit. Viele dieser Begriffe werden nicht nur hier, sondern auch in den einzelnen Kapiteln erklärt.

A

ablöschen Angebräuntes Fleisch, Gemüse oder Bratenansatz wird mit kalter Brühe, Wein oder Wasser begossen, um die Röststoffe vom Pfannenboden zu lösen.

Agar-Agar Geliermittel, das aus Algen gewonnen wird. Eine vegetarische Alternative zu Gelatine.

al dente Der italienische Begriff bezeichnet die Garstufe zum Beispiel von Nudeln, wenn sie außen weich, innen aber noch bissfest sind.

anschwitzen Garmethode, bei der Kochgut, meist Gemüse oder Mehl, in etwas Fett bei mittlerer Temperatur erhitzt wird, sodass es ohne zu bräunen gart.

Antipasto Italienische Bezeichnung für eine warme oder kalte Vorspeise.

Arborioreis Rundkornreis aus Norditalien, ideal für Risotto, da seine Körner aufgrund ihres hohen Stärkegehalts Flüssigkeit absorbieren und gleichzeitig fest bleiben.

Aspik Klares Gelee aus Fleisch-, Fisch- und Geflügel-, seltener auch aus Gemüse- oder Obstbrühe. Fleisch, Fisch und andere Zutaten werden in einer Form in Aspik eingelegt.

aufgießen Kräuter, Gewürze, Tee oder Kaffee mit einer heißen bis kochenden Flüssigkeit begießen und ziehen lassen.

B

Backpulver Backtriebmittel, das zum Backen von Kuchen, Gebäck und Brot verwendet wird. Es besteht in der Regel aus Natriumhydrogencarbonat und einem Säuerungsmittel wie Weinsäure.

Balsamico-Essig Dunkelbrauner Essig aus Italien. Er wird aus dem eingedickten und fermentierten Saft weißer Trauben gewonnen, der in Holzfässern reift.

Basmatireis Feinkörniger, cremegelber Langkornreis mit nussigem Geschmack, der zu Füßen des Himalaya angebaut wird.

Béchamelsauce Einfache, cremige, weiße französische Sauce, bestehend aus Mehl und Butter, in die Milch eingerührt wird.

Beignet Mit Fleisch, Fisch, Gemüse oder Obst gefülltes, knusprig frittiertes Gebäck.

Beurre manié Eine Mischung aus Mehl und Butter, die zum Binden von Saucen verwendet wird.

blanchieren Zubereitungsmethode, bei der Zutaten kurz in kochendes Wasser getaucht und anschließend in kaltem Wasser abgeschreckt werden, um den Kochvorgang abzubrechen. Dadurch lässt sich die Haut von Gemüse wie zum Beispiel Tomaten leichter entfernen, und Farbe und Geschmack bleiben erhalten.

blindbacken Backen von Teigböden ohne Füllung. Mit getrockneten Backbohnen beschwertes Backpapier bedeckt den Teig, damit der Teigrand beim Backen nicht zusammenfällt und der Boden flach bleibt. Durch das Blindbacken bleibt der Boden knusprig, auch nachdem die Füllung zugegeben wurde.

Bouillabaisse Südfranzösische Spezialität, eine Fischsuppe, die neben Fisch auch Gemüse enthält.

Bouquet garni Kräutersträußchen, das gewöhnlich Petersilie, ein Lorbeerblatt und Thymian enthält und Suppen, Schmorgerichten und Brühen während des Garens zugefügt, vor dem Servieren jedoch entfernt wird.

Brandteig Leichter, zweimal erhitzter Teig für Spritzkuchen und Windbeutel, die nach dem Backen außen knusprig hart und innen hohl sind.

Bratensaft Aromatischer Fleischsaft, der beim Braten von Fleisch, Fisch oder Geflügel austritt.

Bratensauce Sauce aus Bratensaft und Brühe, Wein oder Milch, die mit Mehl angedickt wird.

Brühe Würzige, abgeseihte klare Flüssigkeit, die durch Kochen von Fleisch, Fisch, Geflügel oder Gemüse gewonnen und für Saucen, Suppen, Eintöpfe oder zum Braisieren verwendet wird. In konzentrierter Form auch als Instantbrühwürfel oder -pulver im Handel erhältlich.

Buttermilch Säuerliche Flüssigkeit, die bei der Buttergewinnung aus Sauerrahm entsteht. Sie enthält wertvolle Nährstoffe und wird oft für Scones und Sodabrot verwendet.

C

Calvados Apfelbranntwein aus Nordfrankreich, der aus destilliertem Cidre hergestellt und unter anderem zum Würzen von Fleischgerichten verwendet wird.

Canapés Pikant belegte kleine Appetithappen, die gern neben einem Getränk serviert werden.

Cayennepfeffer Sehr scharfes Gewürzpulver, das aus getrockneten Chillies hergestellt wird.

Chiffonade In feine Streifen geschnittenes Gemüse (in der Regel grünes Blattgemüse oder Kopfsalat), wird roh oder leicht sautiert gern als Garnierung verwendet.

Chili Kleine Paprikafrüchte mit außergewöhnlich scharfem Geschmack und leuchtend roter oder grüner Farbe. Ihre Schärfe kann durch vorsichtiges Entfernen der Samenkerne reduziert werden. Augen und empfindliche Hautpartien dürfen nicht mit den Chillies in Berührung kommen. Nach der Verarbeitung sollte man sich gründlich die Hände waschen.

Coulis Konzentrierter Saft oder Püree von Früchten und Gemüse oder auch Fleisch und Geflügel. Coulis kann als Sauce heiß oder kalt serviert werden.

Courtbouillon Würzige Brühe, hergestellt aus Wasser, Weißwein, Zwiebeln, Karotten und Gewürzen, die zum Kochen von Fisch, Meeresfrüchten oder Gemüse verwendet wird.

Crème fraîche Sahniges Sauermilchprodukt mit mindestens 30 % Fettgehalt, das aus Frankreich stammt.

Croûtons Kleine geröstete oder in Fett gebratene Brotwürfel, die als Garnierung für Salate und Suppen verwendet werden.

D

Dauphinekartoffeln Mit Brandteig verarbeitete gewürzte Kartoffelpüreemasse, die in Formen gespritzt und in Öl frittiert wird.

E

Eiercreme Masse aus Eiern und Milch, die als Basis für eine herzhafte oder süße Sauce oder Speise verwendet wird.

einkochen Eine Flüssigkeit wie Brühe, Wein oder Sauce wird gekocht, um durch Verdampfen ihr Volumen zu reduzieren, sie zu verdicken und geschmacklich zu konzentrieren.

emulgieren Fetthaltige und wasserlösliche Zutaten wie Öl, Essig, Zitronensaft oder Eigelb werden kräftig verrührt, um sie miteinander zu einer homogenen Masse (Salatdressing oder Mayonnaise) zu verbinden.

enthülsen Bezeichnung für das Auslösen der essbaren Samenkerne vieler Hülsenfrüchte wie Erbsen und dicke Bohnen aus der nicht genießbaren Hülse.

Entrecôte Etwa 400 g schweres, zartes Steak, das aus dem Zwischenrippenstück oder Rippenstück (Roastbeef) des Rindes geschnitten wird.

entschuppen Die Schuppen eines Fischs werden mit der stumpfen Seite eines Messers meistens vom Schwanz in Richtung Kopf abgeschabt.

Essenz oder Extrakt Stark konzentrierte Brühe oder gelöste Aromastoffe von Lebensmitteln wie beispielsweise Fisch, Geflügel und Gemüse oder Kräuter, Mandeln, Vanille und Kaffeebohnen, die zum Würzen verwendet werden.

F

Filo-Teig Sehr dünner Teig aus Mehl und Wasser, der als Teighülle für pikante Gerichte und süßes Gebäck verwendet wird.

Fines herbes Mischung fein gehackter Würzkräuter, die in der Regel Kerbel, Estragon, Petersilie und Schnittlauch enthält und für Suppen, Saucen, Eispeisen und Salate verwendet wird.

Fleischspieß Fleisch-, Fisch- und Gemüsestücke, die auf einem Bratspieß gegart werden.

Fond Aromatische Brühe, die beim Kochen, Dünsten oder Braten von Fleisch, Geflügel, Fisch und Gemüse gewonnen wird. Fond wird als Grundlage für Saucen und Suppen verwendet.

French Dressing Salatsauce aus Olivenöl und Weinessig, gewürzt mit Kräutern, Salz und Pfeffer.

Frikassee Ragout aus leicht angebratenem weißem Fleisch wie Huhn, das dann in einer weißen Sauce mit Gemüse gekocht wird.

Frischkäse Ungereifter oder wenig gereifter weicher Käse, wie Doppelrahmkäse, Schichtkäse, Hüttenkäse und Quark, mit leicht säuerlichem Geschmack.

G

Galgant Wurzel der Galgantpflanze, die in Südchina und Thailand beheimatet ist. Getrocknet und gemahlen wird sie als Galgantpulver zum Würzen verwendet. Galgant hat einen leicht bitteren, ingwerähnlichen Geschmack.

Garam masala Indische Gewürzmischung, die für Currys, Gemüse, Eier, Käse und Reis verwendet wird. Die Mischung variiert in ihren Bestandteilen, besteht aber meistens aus gemahlenem Kreuzkümmel, Koriander, Lorbeer, schwarzem Pfeffer, Gewürznelken, Zimt und grünem Kardamom. Garam masala wird den Speisen gegen Ende der Garzeit zugefügt, es verleiht ihnen einen eher herbwürzigen als scharfen Geschmack.

Gelatine Bindemittel in Blatt- oder Pulverform, das aus dem Protein von Tierknochen gewonnen wird. Aus Gelatine lassen sich süße oder herzhafte Gelees bzw. Aspiks herstellen oder Cremes verdicken oder festigen. Das aus der Rotalge gewonnene Agar-Agar ist eine vegetarische Alternative.

Ghee Geklärte Butter mit einem nussigen, karamelligen Geschmack. Zu seiner Herstellung wird Butter langsam erhitzt, sodass der Wasseranteil verdunstet und die Butter schäumt. Der aus Milcheiweiß bestehende Schaum wird abgeschöpft. Geklärte Butter kann – im Gegensatz zu ungeklärter Butter – ohne anzubrennen auf höhere Temperaturen erhitzt werden und wird deshalb auch zum Sautieren oder Braten verwendet.

Gluten Getreideeiweiß (Klebereiweiß), das dem Teig Elastizität und Stärke verleiht, wenn er mit Wasser angerührt und verknetet wird.

Granita Italienisches Sorbet aus Fruchtsaft und Früchten oder aus mit Kaffee oder Likör vermischtem Sirup. Die Granita wird als Erfrischung serviert.

Gratin Gericht, das mit Käse oder Paniermehl und Butterflöckchen bestreut im Ofen gebacken wird, bis es knusprig ist.

Grillpfanne Flache, gusseiserne Pfanne, oft mit geriffeltem Boden, zum Garen von Speisen auf dem Herd.

H

Harissa Sehr scharfe Paste aus Nordafrika, bestehend aus Chillies, Knoblauch, Kreuzkümmel, Koriander, Minze und Öl. Sie wird gewöhnlich zu Couscous gereicht und dient auch zum Würzen von Suppen und Eintöpfen.

Hefe Einzelliger Pilz, der bei Wärme Zucker in Kohlendioxid und Alkohol verwandelt und wegen dieser Eigenschaft als Backtriebmittel verwendet wird. Bei der Brotzubereitung lässt Hefe den Teig aufgehen und verleiht ihm einen charakteristischen Geschmack, beim Bierbrauen bildet er Alkohol.

Hoisin-Sauce Dickflüssige, rötlichbraune, süß-scharfe chinesische Sauce aus Sojabohnen, Knoblauch, Chili und Gewürzen. Sie wird oft als Tischgewürz verwendet.

J

Jambalaja Scharfes kreolisches Reisgericht. Traditionell enthält es Schinken, Würste, Chillies und Tomaten, oft auch Fleisch, Geflügel oder Schalentiere.

Julienne Sehr dünn geschnittene Gemüsestifte oder feine Stifte von Zitrusschalen, die meist als Garnierung verwendet werden.

Jus Entfetteter Bratensaft bzw. Obst- oder Gemüseextrakt.

K

Kapern Getrocknete, eingelegte Blütenknospen des im Mittelmeerraum und Asien heimischen Kapernstrauchs. Vor der Verwendung werden sie abgespült, um sie zu entsalzen. Die erbsengroßen grünbraunen Knospen verleihen Gewürzen und Saucen einen würzig-pikanten Geschmack und dienen auch als Garnierung.

karamellisieren Beim Karamellisieren wird Zucker vorsichtig unter Rühren erhitzt, bis er schmilzt und bräunt. Anschließend lässt man ihn zu einer harten Kruste erkalten oder überzieht Süßspeisen mit Karamellfäden. Man karamellisiert auch klein geschnittenes Obst oder Gemüse, indem man es in Wasser und Zucker erhitzt, bis es gebräunt und glasiert ist.

Kedgeree Traditionelle britische Frühstücksspeise, die ursprünglich aus Indien stammt. Es besteht aus Reis, Fischstücken (in der Regel geräuchertem Schellfisch) und hart gekochten Eiern, gewürzt mit Currypulver.

Klößchen Hackfleisch, Fisch oder zerkleinertes Gemüse wird gewürzt, mit Ei und anderen Zutaten gebunden, zu kleinen Kugeln geformt und meist in Brühe pochiert, gekocht oder gedämpft.

kneten Teig von Hand oder mithilfe von Küchengeräten bearbeiten, damit er weich und elastisch wird. Durch die kräftige Bewegung entwickelt sich das Gluten (Klebereiweiß) im Teig, sodass er Luft aufnimmt und beim Backen aufgeht.

Kompott Zu seiner Zubereitung wird ganzes Obst bei niedriger Temperatur, eventuell mit Zucker und Gewürzen, gekocht.

Kräuter der Provence Provenzalische Kräutermischung mit Basilikum, Lorbeer, Majoran, Oregano, Petersilie, Rosmarin, Estragon und Thymian.

Kurkuma Gewürzpulver, das aus der Wurzel einer mit dem Ingwer verwandten Pflanze gewonnen wird. Kurkuma, auch Gelbwurz genannt, wird wegen seiner gelben Farbe gern als preiswerter Safran-Ersatz verwendet. Das Gewürz ist leicht bitter im Geschmack und verleiht orientalischen Gerichten Farbe und Würze. Kurkuma ist auch wesentlicher Bestandteil von Currypulver.

L

Lorbeer Aromatische getrocknete Blätter vom Lorbeerbaum, der im Mittelmeer beheimatet ist. Es wird zum Würzen von Fleisch, Schmorgerichten und Suppen verwendet und ist auch Bestandteil eines Bouquet garni.

lyonnaise (à la) Bezeichnung für Speisen, die mit Zwiebelstücken zubereitet werden. Lyoner Sauce besteht aus in Weißwein sautierten Zwiebeln, die anschließend durch ein Sieb passiert werden. Sie wird gewöhnlich zu Fleisch oder Geflügel serviert.

M

Madeleine Französisches Biskuitgebäck aus Zucker, Mehl, Butter und Eiern, meist mit Zitrone oder Mandeln gewürzt.

marinière (à la) Der Zusatz „nach Seemannsart" meint die Zubereitung von Schalentieren oder anderen Meeresfrüchten in Weißwein und Kräutern. Es kann auch ein mit Muscheln garniertes Gericht bezeichnen.

marinieren Nahrungsmittel in eine flüssige Würzmischung (meist mit Öl, Zitrone oder Wein, Kräutern und Gewürzen) einlegen, damit sie zart werden und die Würzaromen aufnehmen.

Mascarpone Cremiger, süßlicher italienischer Weichkäse aus Kuhmilch mit einem Fettgehalt von 45–55 %. Mascarpone wird für süße und herzhafte Gerichte verwendet.

Mayonnaise Dicke, cremige kalte Sauce zubereitet aus Öl, Eigelb, Essig oder Zitronensaft und Würzmittel.

mazerieren Früchte oder Gebäck mit einer aromatischen Flüssigkeit wie Branntwein oder Likör oder einer Mischung aus Fruchtsaft und Alkohol tränken und gut durchziehen lassen, damit sie saftig und geschmacklich verfeinert werden.

Meerrettich Diese scharfe weiße Wurzel wird gerieben zum Würzen von Saucen, Mayonnaisen, Sahne und Butter verwendet.

Melasse Dickflüssiger, dunkelbrauner Sirup mit leichtem Bittergeschmack, der als Nebenprodukt bei der Zuckerraffinade entsteht.

meunière (à la) Nach „Müllerin Art" ist eine Garmethode, bei der die Speise – gewöhnlich Fisch – mit Mehl paniert und anschließend in Butter gebraten wird.

Millefeuille Bezeichnung für süßes Gebäck aus Blätterteig („tausend Blätter"), Schlagsahne, Konfitüre oder Früchten.

Miso Paste aus fermentierten und gekochten Sojabohnen, die in der japanischen Küche zum Würzen und Binden von Suppen, Saucen und Dressings verwendet wird.

Mornaysauce Eine Variante der Béchamelsauce, der geriebener Käse (in der Regel Gruyère oder Parmesan) zugegeben wird. Mornaysauce wird gern zu Fisch, Eiern oder Gemüsegerichten serviert oder zum Überkrusten von Speisen verwendet.

Mürbeteig Knetteig, der für süße oder herzhafte Torten, Kleingebäck und Pasteten verwendet wird.

Muskatblüte Feurig-aromatisches, süßlich duftendes Gewürzpulver, das aus dem Samenmantel der Muskatnuss gewonnen und für süße und herzhafte Gerichte verwendet wird.

N

Navarin Ragout mit Lamm- oder Hammelfleisch, Kartoffeln und anderem Gemüse.

Nudeln Verschieden geformte Teigwaren aus Mehl und Wasser; Eiernudeln enthalten zudem Eier oder Eigelb. Nudeln werden, frisch oder getrocknet, in kochendem Salzwasser gegart.

O

Olivenöl Fruchtiges, grünlich bis goldgelbes Öl, das aus gepressten Oliven gewonnen wird. Es wird zum Braten und Backen sowie für Dressings und Marinaden verwendet. Das qualitativ höchstwertige Olivenöl stammt aus der ersten Pressung und wird als natives Olivenöl extra bezeichnet.

P

Pancetta Italienischer Schinken, der mit Salz und Gewürzen gepökelt und zum Verfeinern von Nudel- und Reisgerichten sowie Suppen und Salaten verwendet wird.

Panna cotta Kalte Nachspeise aus einer festen Eiercreme aus Sahne und Gelatine, oft auch mit Vanille oder Karamell aromatisiert.

papillote (en) Eine Garmethode, bei der die Zutaten wie Fleisch, Fisch oder Gemüse in ein Paket aus Backpapier eingewickelt und im eigenen Saft gegart werden. So bleiben alle Geschmacks- und Duftstoffe erhalten.

Parmesan Berühmter italienischer Hartkäse aus entrahmter Kuhmilch mit vollem, würzigem Geschmack. Er muss 2–3 Jahre reifen und wird gewöhnlich als Würze auf fertig gegarte Speisen gerieben, insbesondere auf Nudelgerichte und Saucen.

Passata Durchpassierte italienische Tomatensauce.

Pasta Italienische Nudeln, die aus Hartweizengrieß und Wasser und manchmal auch Eiern hergestellt werden. Pasta gibt es in zahlreichen Formen und Größen, sie werden mit einer Sauce, als Auflauf oder als Einlage in Suppen serviert.

Pektin Natürliches Geliermittel, das aus reifem Obst wie Äpfel und Quitten gewonnen wird. Es wird für Konfitüren und Gelees verwendet.

Pesto Spezielle italienische grüne Sauce, die aus zerstoßenen Pinienkernen, frischem Basilikum, Parmesankäse, Knoblauch und Olivenöl hergestellt wird. Üblicherweise wird sie mit Pasta oder als Dressing serviert.

Pfeilwurzelmehl Ein aus der Wurzel der Maranta-Staude gewonnenes Stärkemehl. Es dient als Bindemittel für Saucen.

Pita-Brot Flaches, hohles Weizenbrot aus Auszugs- oder Vollkornmehl aus dem Nahen Osten, das mit Füllungen oder zu scharfen Gerichten und Dip-Saucen gereicht wird.

Polenta Italienischer Maismehlbrei, der heiß oder kalt serviert wird. Er kann auch nach dem Abkühlen in Stücke geschnitten und angebraten werden.

Prosciutto Italienische Bezeichnung für einen gewürzten, gesalzenen und luftgetrockneten Schinken. In sehr dünne Scheiben geschnitten, wird er als Vorspeise serviert.

pürieren Obst oder Gemüse wird zu einer sehr weichen Paste zerstampft oder zerdrückt, entweder mithilfe einer Küchenmaschine oder von Hand, indem die Zutat durch ein Sieb gepresst oder mit dem Kartoffelstampfer zerkleinert wird.

Q

Quiche Herzhafte Torte, die in der Regel mit einer Mischung aus Eiern, Milch und weiteren herzhaften Zutaten gefüllt wird.

Quinoa Körnerfrucht aus den zentralen Anden mit kleinen, perlenähnlichen Samen, die sehr proteinhaltig und mild sind und wie Reis gekocht und serviert werden.

R

Ragout Reichhaltiger, würziger Eintopf mit Fleisch-, Geflügel- oder Fischstücken, oft auch mit Gemüse. Ragout wird gern mit Wein abgeschmeckt.

Ratatouille Südfranzösischer Gemüseeintopf. Auberginen, Zucchini, Tomaten, Zwiebeln, Paprika und Knoblauch werden in Olivenöl geköchelt.

Ricotta Cremiger italienischer Frischkäse aus Schafs-, Büffel- oder Kuhmilch. Er wird für viele italienische Gerichte sowie als Füllung für Nudeln und Süßspeisen verwendet.

Rissolen Herzhafte, halbmondförmige Pasteten aus Blätter-, Hefe- oder Pastetenteig, die, mit Farcen von Krustentieren, Wild und Geflügel gefüllt, in Öl frittiert oder gebacken werden.

Rohkost Rohes Gemüse der Saison, in Scheiben oder Streifen geschnitten, in der Regel als Vorspeise mit einer Dip-Sauce serviert.

Rösti Schweizer Begriff, der knusprig gebratene geriebene Kartoffeln bezeichnet.

Roulade Herzhaft gefüllte Rollen aus Fleisch oder Kohlblättern, die im eigenen Saft oder in einer Sauce geschmort werden.

Roux (Mehlschwitze) Mischung aus zerlassener Butter und Mehl, wobei das Mehl bei niedriger Hitze in die Butter gerührt wird. Wird zum Andicken von Suppen und Saucen verwendet.

S

Safran Scharf-aromatisches gelbes Gewürz, das in Fäden oder als Pulver erhältlich ist und zum Würzen und Färben von Speisen verwendet wird. Das Gewürz stammt aus den Stempelfäden einer Krokusart und gehört zu den teuersten Gewürzen überhaupt.

Salsa Spanische und mexikanische Bezeichnung für „Sauce", insbesondere eine scharfe Würzsauce aus Chillies und Früchten. Salsa wird kalt serviert.

Salz Speisesalz ist Natriumchlorid, das zum Würzen und Konservieren von Lebensmitteln verwendet wird. Tafelsalz wird aus Meersalz und Steinsalz gewonnen.

Samosa Dreieckige indische Teigtaschen, die mit gewürztem Fleisch oder Gemüse gefüllt und frittiert werden.

Satay Indonesische Spezialität. Fleisch-, Fisch- oder Geflügelstücke werden auf einem Spieß gegrillt und mit einer scharfen Sauce serviert.

Sauce béarnaise Feine Buttersauce, bei der Essig, Weißwein, Estragon, schwarze Pfefferkörner und Schalotten eingekocht und verquirltes Eigelb und Butter untergehoben werden.

Sauce hollandaise Schwere, cremige Sauce aus Eigelb, Butter und Zitronensaft, die zu Gemüse, Fisch oder Eierspeisen serviert wird.

Schnitzel Dünne Fleischscheibe vom Kalb oder Schwein, die oft flach geklopft wird, damit sie schneller gart.

schwarze Butter Butter, die bei niedriger Hitze braun gekocht wird und mit Essig oder Zitronensaft, Kapern und Petersilie gewürzt wird.

Senf Pflanze, deren scharfe Körner zerstoßen oder gemahlen als Gewürz für Würzmittel, Dressings, Saucen und Beilagen verwendet werden.

Sojasauce Eine in der chinesischen und japanischen Küche beliebte Sauce aus gekochten und fermentierten Sojabohnen, die es in zahllosen Sorten gibt. Sie dient zum Würzen von Saucen, Suppen, Marinaden, Fleisch, Fisch und Gemüse.

Sorbet Weiches, halb gefrorenes Wassereis mit Fruchtsaft- oder Liköranteil, manchmal auch mit steif geschlagenem Eiweiß oder Gelatine. Wird oft als Dessert gereicht.

Speisestärke Feiner, weißer, gemahlener Stärkeextrakt aus Mais, der zum Verdicken von Saucen verwendet wird.

T

Tabascosauce Scharfe Würzsauce aus besonders scharfen Chillies, Essig und Salz. Sie wird zum Würzen von Saucen, Fleisch oder Cocktails verwendet.

Tapenade Dicke pikante Paste aus schwarzen Oliven, Kapern, Sardellenfilets, Zitronensaft und Kräutern, die zum Würzen von Saucen, Marinaden, Eintöpfen, Nudeln oder Fleisch verwendet wird.

Tarte Tatin Französische Apfeltorte, die in einer flachen Form zubereitet wird, indem Butter, Zucker und Äpfel mit einem Teigboden bedeckt gebacken werden, bis die Zutaten karamellisieren. Vor dem Servieren wird die Torte gestürzt.

Terrine Pastete ohne Teighülle aus Fisch oder Fleisch, die in einer kleinen, tiefen, gebutterten Form zubereitet wird.

Timbale Pastete, die in einer tiefen, ebenfalls Timbale genannten Form zubereitet wird und zum Beispiel aus mehreren Schichten Reis und Gemüse besteht.

Tofu Geronnene Sojamilch, die in feste Blöcke gepresst wird. Tofu besitzt recht wenig Eigengeschmack, ist aber reich an Eisen und Protein. Vor allem in der orientalischen Küche wird Tofu in Suppen, Pfannengerührtem, Schmorgerichten und Saucen verwendet.

U

übergießen Fleisch, Fisch und Geflügel werden während des Garens im Backofen mit Kochsud und austretendem Fett übergossen. So werden Geschmack und Farbe intensiviert, und das Gargut trocknet nicht aus.

V

Vanille Süß duftendes Aroma, das aus den getrockneten Früchten und Samen der Kletterorchidee Vanilla gewonnen und für süße und herzhafte Gerichte verwendet wird.

Vichyssoise Cremige Suppe aus Kartoffeln, Porree und Sahne, die mit gehacktem Schnittlauch garniert und kalt serviert wird.

Vinaigrette Würziges Dressing aus Essig, Öl und Gewürzen zum Verfeinern von Salaten und anderen kalten Gerichten.

W

Wasserbad (bain-marie) Mit Wasser gefüllter Behälter, in dem Speisen vorsichtig garen, ohne zu gerinnen oder anzubrennen. Das Gargut wird in hitzebeständigen Formen auf einen durchlöcherten Einsatz gestellt, damit es nicht mit dem heißen Topfboden in Berührung kommt. So wird auch Schokolade zum Schmelzen gebracht, ohne dass sie zu heiß wird und verdirbt.

Z

Zabaione Italienische Nachspeise. Eigelb, Wein und Zucker werden bei niedriger Hitze schaumig gerührt und lauwarm serviert.

Zeste In sehr dünnen Streifen abgeschälte aromatische Außenhaut von Zitrusfrüchten, die zum Verfeinern oder als Garnierung verwendet wird.

Zitronengras Subtropisches Gras, das in der Küche Südostasiens, insbesondere Thailands, süßen und herzhaften Gerichten einen Zitronengeschmack verleiht.

Register

ablöschen 24, 282
abschlagen 25, 251
abschöpfen 26
Agar-Agar 282
al dente 206, 282
Ananas 231
  Exotischer Obstsalat 236
  Glasierte Schinkensteaks 125
anbraten 31, 34
anreichern 27
anschwitzen 34, 282
Antipasto 282
Äpfel 228
  Apfelstrudel mit warmer Cidresauce 246
  Apple Pie 238
  Duftende Bratäpfel 239
  Duftender Apfelauflauf 242
  Ente mit Äpfeln und Aprikosen 148
  Geschmorter Rotkohl 178
  Ingwerbrot 276
  Salat mit Hähnchenstreifen und Orangendressing 183
Aprikosen 229
  Dattel-Aprikosen-Tarte 247
  Ente mit Äpfeln und Aprikosen 148
  Lamm-Tagine 202
Arborioreis 209, 282
Artischocken
  Gegrillter Seebarsch mit Artischockenherzen 85
Aspik 282
Auberginen 162
  Gebackenes Sommergemüse 172
  Gemüsegratin 176
  Gemüselasagne 212
  Moussaka 117
  Ratatouille 166
  Überbackene Auberginen 180
aufgießen 24, 282
aufschlagen 25
Augenbohnen 42, 208
Ausstechformen 17
Austern 78–79
Avocado 162
Azukibohnen 42, 208

backen 34
Backformen 18
Backöfen 23
Backofentemperaturen 23, 107, 134
Backpinsel 21
Backpulver 282
bain-marie 285
Balsamico-Essig 39, 282
Bananen 230
  Bananen-Orangen-Brot 259
  Tropisches Früchtedessert 244
bardieren 24
Basilikum 44, 190
  Pasta mit Pesto 196
Basmatireis 209, 282
Béchamelsauce 180, 282
Beeren, getrocknete 47
Beignet 282
bestäuben 29
beurre manié 282
Birnen 228
Biskuitteig 252
blanchieren 32, 282
Blattgemüse 159
Blattsalat 159
Blaubeeren 230
  Manhattan Cheesecake 274
blindbacken 35, 282
Blumenkohl 160
Bohnen 42, 162, 208
  Asiatische Gemüsepfanne mit Nudeln 174
  Cassoulet 222
  Chili con carne 224
  frische 162
  Gemüse-Couscous 220
  getrocknete 42, 208
Borlottibohnen 42, 208
Bouillabaisse 282
Bouquet garni 190, 282
braisieren 35, 132
braten 30–31, 106, 107
  Ente 135
  fettfrei 31
  Huhn 134
  im Backofen 35, 107
  in der Pfanne 31, 107
  Kalb 105
  Lamm 105, 106, 107
  Rind 105, 106, 107
  Schwein 105, 106, 107
  Truthahn (Puter) 134
Bratensaft 282
Bratensauce 282
bridieren 28
Brokkoli 160
Brombeeren 230
Brot 250–251
  Bananen-Orangen-Brot 259
  Brot mit Oliven und getrockneten Tomaten 258
  Croissants 260
  Ingwerbrot 276
  Knuspriges Weißbrot 254
  Mehrkornbrot 256
  Weizenvollkornbrot 255
Brühe 282
  Hühnerbrühe 134
  Würfel 47
Bulgur 41, 209
  Tabbouleh 221
Bunsenbrenner 37
Butter 54
  geklärte (Ghee) 25, 283
  Kauf/Lagerung 47, 54
  schwarze 285
Buttermilch 282

Calvados 282
Canapés 282
Cannellinibohnen 42, 208
Cashewkerne 43
Cayennepfeffer 192, 282
Chiffonade 26, 282
Chili 162, 282
Chilipulver 45, 192
Chinakohl 160
Cholesterin 11, 12
Clementinen 229
Coulis 282
Courtbouillon 282
Couscous 41, 231
  Gemüse-Couscous 220
  Lamm-Tagine 202
Crème brûlée 37
Crème double 55
Crème fraîche 55, 282
Crème légère 55
cremig rühren 28
Croûtons 282
Currypaste 46
Currypulver 45, 193

dämpfen 33
Datteln 231
  Dattel-Aprikosen-Tarte 247
Dauphinekartoffeln 282
Desserts
  Apfelstrudel mit warmer Cidresauce 246
  Apple Pie 238
  Cremiges Vanilleeis 70
  Duftende Bratäpfel 239
  Duftender Apfelauflauf 242
  Exotischer Obstsalat 236
  Joghurt-Beeren-Eis 232
  Orangensorbet 234
  Profiteroles 270
  Schoko-Karamell-Eis 71
  Tarte au citron 240
  Tiramisù 72
  Tropisches Früchtedessert 244
  Zitronentarte mit Baiser 69
Dill 44, 191
Dosenöffner 17
durchsieben 29

Eier 52–53
  Eier Florentiner Art 57
  Kauf/Lagerung 47, 52
  Kräuteromelett 198
  Œufs Bénédict mit schneller Sauce hollandaise 56
  trennen 53
  Zubereitungsmethoden 52–53
Eiercreme 282
Eiernudeln 41, 206
Eieruhr 21
einfetten 25
einkerben 28
einkneten 25
einkochen 282
Eintopf 36
einweichen 27
Eiscreme
  Cremiges Vanilleeis 70
  Joghurt-Beeren-Eis 232
  Orangensorbet 234
  Schoko-Karamell-Eis 71
Elektrogeräte 22
emulgieren 283
Entkerner 17
Ente 133, 135
  Ente mit Äpfeln und Aprikosen 148
  Entenbrust mit Limette 146
  Pekingente 147
enthülsen 29, 283
Entkerner 17
Entrecôte 283
entschuppen 283
Erbsen 162
  Erbsensuppe mit Minze 194
Erdbeeren 230
  Exotischer Obstsalat 236
  Joghurt-Beeren-Eis 232
Erdnüsse 43
  Erdnuss-Cookies 278
Essenz 283
Essig 39
Essiggemüse 47
Estragon 190
  Estragonhühnchen 197
  Kräuteromelett 198
Extrakt 283

Fasan 133
  Fasan mit Kräutern in Rotwein 152
Feigen 231
Fenchel 191, 192
Fertiggerichte 13
Fett, Ernährung 11, 12, 13
Filo-Teig 283
Fines herbes 283
Fisch 76–77
  Fischfrikadellen 80
  Fisch-Garnelen-Auflauf 94
  Fish & Chips 93
  frischer 77
  Frittierte Strömlinge nach Tempura-Art92
  Gebackener Fisch auf mediterrane Art 98
  Gegrillte Sardinen 84
  Gegrillter Seebarsch mit Artischockenherzen 85
  Gegrillter Thunfisch mit Chili-Salsa 96
  Gegrilltes Forellenfilet 82
  geräucherter 77
  Kauf/Lagerung 76
  Mediterraner Fischtopf 90
  Meeresfrüchte-Gratin 99
  Paniete Schollenfiletstreifen 100
  Pochierter Lachs 81
  Seezunge à la meunière 86
  Sorten 76–77
Flageoletbohnen 208
flambieren 34
Fleisch 104–107
  auftauen 14
  braten 106–107
  Fleischspieß 283
  Kauf/Lagerung 15, 104, 105
  zubereiten/zerlegen 104–107
  Zubereitungstechniken 104
Fond 283
Forelle 77
  Gegrilltes Forellenfilet 82
Förmchen, dekorative 21
French Dressing 283
Frikassee 283
Frischkäse 283
Fritteuse 22
frittieren 30
Frühlingszwiebeln 161
Fünf-Gewürze-Pulver 45, 193

Galgant 283
Gans 133
Garam masala 193, 283
Garmethoden 30–37
Garnelen 79
  Fisch-Garnelen-Auflauf 94
  Meeresfrüchte-Gratin 99
  Paella 88
Geflügel 132–135
  Arten 132–133
  auftauen 14
  entbeinen 28, 134
  Kauf/Lagerung 15, 132
  tranchieren 134
  zerlegen 135
  zubereiten/garen 134–135
Gelatine 47, 283
Gemüse 158–163
  Asiatische Gemüsepfanne mit Nudeln 174
  Gebackenes Sommergemüse 172
  Gefüllte Paprika 177
  gegrillt 36
  Gemüse-Couscous 220
  Gemüsegratin 176
  Gemüselasagne 212
  Gemüsestrudel 268
  Kauf/Lagerung 158
  Moussaka 117
  Pilaw mit braunem Reis 219
  Ratatouille 166
  Sorten 158–163
  Überbackene Auberginen 180
gesunde Ernährung 10–13

Gesundheit und Sicherheit 14–15, 20, 52, 55
Getreide 40–41, 209
  Sorten 40–41, 209
Gewürze 44–45, 192–193
Gewürznelken 44, 193
Ghee 25, 283
glasieren 27
Gluten 283
Granita 283
Grapefruits 229
Gratin 283
Graupen 209
grillen 36–37
  im Backofen 37
  in der Pfanne 36
  über Holzkohlen 37
Grillpfanne 36, 283
Grundausstattung 16–22
Gurke 163

hacken 27
Handrührgerät 22
Harissa 46, 283
Haselnüsse 43
Hefe 250, 283
Heidelbeeren siehe Blaubeeren
Heilbutt 77
Herdarten 23
Hering 77
  Frittierte Strömlinge nach Tempura-Art 92
Himbeeren 230
  Joghurt-Beeren-Eis 232
Hirse 209
hobeln 25
Hoisin-Sauce 46, 145, 283
Huhn 132, 134, 135
  Biryani-Hähnchen 140
  Brathähnchen auf englische Art 136
  Coq au vin 142
  Estragonhühnchen 197
  Gebratene Stubenküken 144
  Hühnerfrikassee 138
  Kauf/Lagerung 132
  Paella 88
  Rotes Hühnchen-Curry 141
  Salat mit Hähnchenstreifen und Orangendressing 183
Hülsenfrüchte 42, 47, 162, 208
  Sorten 42, 208
Hummer 78
  Paella 88
Hygiene 14–15

Ingwer 44, 193
  Ingwerbrot 276

Jakobsmuscheln 79
  Meeresfrüchte-Gratin 99
Jambalaja 283
Jasminreis 209
Joghurt 47, 54
  Joghurt-Beeren-Eis 232
Johannisbeeren 230
Julienne 27, 283
Jus 283

Kabeljau 77
  Fisch-Garnelen-Auflauf 94
  Fish & Chips 93
  Meeresfrüchte-Gratin 99
Kakaopulver 47
Kalbfleisch 105
  Kalbsbraten in Rotwein 126
  Ossobuco mit Zitrusschalen 128
Kaninchen 132, 133
Kapern 283
karamellisieren 33, 37, 283
Kardamom 192
Karotten 158
Kartoffeln 158
  Fish & Chips 93
  Gefüllte Kartoffeln aus dem Backofen 171
  Gefüllte Pasteten 269
  Gnocchi mit Tomatensauce 214
  Kartoffelgratin 170
  Kartoffel-Porree-Suppe 164
  Knoblauch-Kartoffelpüree 169
  lagern 15
  Pikante Kartoffeln vom Blech 168
  Shepherd's Pie 116
  Wachteln mit Weintrauben 153
Kartoffelstampfer 21
Käse 55
  Kauf/Lagerung 47, 55
  Sauce 214
  Sorten 55
Kastenreibe 17
Kedgeree 283
Kerbel 191
Kichererbsen 42, 208
Kidneybohnen 42, 208
Kirschen 229
Kiwi 231
  Tropisches Früchtedessert 244
klären 25
Klößchen 283
kneten 26, 250, 283
Knoblauch 161
  Knoblauch-Kartoffelpüree 169
Knoblauchpresse 21
Kohlenhydrate 10
Kohlgemüse 160
  Geschmorter Rotkohl 178
Kohlrübe 158
Kokosnussmilch 47
Kompott 283
Kopfsalat 159
Koriander 44, 191, 193
Kotelett 104
  Koteletts mit Wacholderbeeren 124
Kräuter 44, 190–191
  getrocknete 44
  Kauf/Lagerung 190
  Kräuter der Provence 284
  Kräutermischungen 44
  Sorten 190–191
Krebs 78
Kreuzkümmel 44, 193
Kuchen und Gebäck 252–253
  Apfelstrudel mit warmer Cidresauce 246
  Apple Pie 238
  Dattel-Aprikosen-Tarte 247
  Duftender Apfelauflauf 242
  Erdnuss-Cookies 278
  Ingwerbrot 276
  Mandel-Biscotti 279
  Manhattan Cheesecake 274
  Meringen 68
  Muffins mit Schokostücken 277
  Profiteroles 270
  Schokoladen-Brownies 280
  Sirup-Sahne-Kuchen 272
  Tarte au citron 240
Küchenmaschine 22
Kümmel 192
Kürbis 163
Kurkuma 44, 193, 284
kurzbraten 31
Lachs 77
  Lachsfilet mit Dill 200
  Pochierter Lachs 81
Lammfleisch 104–107
  Lammhaxen mit Röstzwiebeln 120
  Lammrücken mit Minzsauce 118
  Lamm-Tagine 202
  Rogan Josh 121
  Shepherd's Pie 116
Lauch siehe Porree
Lebensmittel
  Kauf/Lagerung 15
  Umgang mit 14
Lebkuchengewürz 215
Limabohnen 42, 208
Limetten 229
Linsen 42, 208
Litschis 231
Lorbeer 191, 284
lyonnaise, à la 284

Madeleine 284
mahlen 24
Mais 47, 163
Maismehl siehe Polenta
Majoran 191
Makrele 76, 77
Mandarinen 229
Mandeln 43
  Mandel-Biscotti 279
Mango 231
  Exotischer Obstsalat 236
  Tropisches Früchtedessert 244
Marinaden 144, 146, 154
marinière, à la 284
marinieren 24, 284
marmorieren 25
Mascarpone 55, 284
Mayonnaise 284
mazerieren 28, 284
Meeresfrüchte 78–79
  Fisch-Garnelen-Auflauf 94
  Kauf/Lagerung 78
  Meeresfrüchte-Gratin 99
  Paella 88
Meerrettich 46, 284
Mehl 40
Mehlschwitze (Roux) 285
Melasse 284
Melone 231
Meringen 68
Messer 16–17
meunière, à la 86, 284
  Seezunge à la meunière 86
Miesmuscheln 78
Milch 47, 54
Milchprodukte 54–55
  Kauf/Lagerung 47, 54–55
Millefeuille 284
Mineralstoffe 11
Minze 191
  Erbsensuppe mit Minze 194
  Lammrücken mit Minzsauce 118
Miso 46, 284
Mixgeräte 22
Mornaysauce 284
Müllerin Art 86, 284
  Seezunge à la meunière 86
Muskatblüte 45, 284
Muskatnuss 44, 193

Navarin 284
Nektarinen 228
Nudeln 41, 206–207, 284
  asiatische 41, 206
  Asiatische Gemüsepfanne mit Nudeln 174
  Gemüselasagne 212
  Glasnudeln 206
  herstellen 207
  Kauf/Lagerung 206
  kochen 206, 207
  Nudelmaschine 22
  Nudeln nach Kantoneser Art 225
  Pasta mit Pesto 196
  Penne mit Champignons und Dolcelatte-Gorgonzola 64
  Sorten 41, 206–207
  Spaghetti bolognese 210
Nüsse, Sorten 43

Obst 228–231
  Apfelstrudel mit warmer Cidresauce 246
  Apple Pie 238
  Duftende Bratäpfel 239
  Duftender Apfelauflauf 242
  Ernährung 12, 13
  Exotischer Obstsalat 236
  getrocknet 47
  Joghurt-Beeren-Eis 232
  Kauf/Lagerung 228
  Orangensorbet 234
  pochieren 34
  Sorten 228–231
  Tropisches Früchtedessert 244
Öle 38–39
Oliven 47
  Brot mit Oliven und getrockneten Tomaten 258
Olivenöl 38, 284
Omelett
  Kräuteromelett 198
Orangen 229
  Bananen-Orangen-Brot 259
  Exotischer Obstsalat 236
  Orangensorbet 234
  Salat mit Hähnchenstreifen und Orangendressing 183
Oregano 44, 191

Paella 88
Pak Choi 160
Pancetta 284
Panna cotta 284
Papaya 231
  Exotischer Obstsalat 236
papillote, en 284
Paprika 162
  Gebackenes Sommergemüse 172
  Gefüllte Paprika 177
  Gemüselasagne 212
  Gemüsestrudel 268
  häuten 37
  Ratatouille 166
Paprikapulver 45, 192
Parmesankäse 284
Passata 46, 284
passieren 29
Passionsfrucht 231
Pasta siehe Nudeln
Pasten, Sorten 46
Pasteten
  Fleischpastete mit Nierchen 265
  Gefüllte Pasteten 269
  Gemüsestrudel 268
  Pilz-Spinat-Taschen 266
Pastinake 158
  Gemüsegratin 176
Pekannüsse 43
Pektin 284
Perlbohnen 208
Perlhuhn 132

Pesto 46, 196, 284
Petersilie 191
pfannenrühren 31
Pfannkuchen
Blini 262
Crêpes 58
Kartoffelpfannkuchen 153
Pfeffer 45, 192
Pfeilwurzelmehl 284
Pfirsiche 229
Pflaumen 229
Pflaumensauce 46
pikieren 26
Pilze 163
Asiatische Gemüsepfanne mit Nudeln 174
Bœuf Stroganoff 112
Gemüselasagne 212
Gemüsestrudel 268
Pilz-Spinat-Taschen 266
Piment 192
Pinienkerne 43
Pistazien 43
Pita-Brot 284
plattieren 27, 104
pochieren 34, 53
poëlieren 36
Polenta 41, 209, 284
Goldgelbe Polenta 215
Porree 161
Gemüsestrudel 268
Kartoffel-Porree-Suppe 164
Porree-Zwiebel-Quiches 264
Preiselbeeren 230
Prosciutto 284
Proteine 10, 12
Puddingformen 19
pürieren 28, 284
Pürierstab 22
Puter siehe Truthahn

Quiche 284
Porree-Zwiebel-Quiches 264
Quiche Lorraine 60
Quinoa 285

Radieschen 158
Ragout 285
Ramennudeln 206
raspeln 25
Ratatouille 285
räuchern 28
Rebhuhn 133
reduzieren 32
reiben 29
Reis 41, 209
Gebratener Reis 216
Gefüllte Paprika 177
Kauf/Lagerung 209
kochen 209
Paella 88
Pilaw mit braunem Reis 219
Reismehl 40
Reisnudeln 206
Risotto milanese 218
Sorten 41, 209
Rhabarber 231
Ricotta 285
Rindfleisch 104–107
Bœuf bourguignon 110
Bœuf Stroganoff 112
Chili con carne 224
Fleischpastete mit Nierchen 265
Gefüllte Pasteten 269
Grillsteaks mit Tomaten und Knoblauch 114
Moussaka 117
Nudeln nach Kantoneser Art 225
Rinderbraten mit Yorkshire-Pudding 108
Rindfleisch-Fajitas 113
Shepherd's Pie 116
Spaghetti bolognese 210
Rissolen 285
Rohkost 285
Rosenkohl 160
Rosmarin 44, 191
rösten 34
Rösti 285
Rote Bete 158
Rotkohl 160
Geschmorter Rotkohl 178
Roulade 285
Roux 285
Rüben 158
Rühreier 52

Safran 44, 193, 285
Sahne 28, 55
Salat 159
Caesar Salad 182
Griechischer Salat 184
Pikanter Tomatensalat 186
Rucolasalat mit gratiniertem Ziegenkäse 66
Salat mit Hähnchenstreifen und Orangendressing 183
Tabbouleh 221
Salbei 44, 191
Salsa 96, 113, 285
Salz 12, 13, 45, 285
Salzwasser, legen in 29
Samosa 285
Sardinen 77, 84
Gegrillte Sardinen 84
Satay 285
Satsumas 229
Sauce 46
Aprikosensauce 148
béarnaise 285
béchamel 180, 282
Brotsauce 150
Cidresauce 246
hollandaise 56, 285
Käsesauce 212
Minzsauce 118
Mornaysauce 284
Schoko-Karamell-Sauce 71
Schoko-Weinbrand-Sauce 270
Sorten 46
Spaghetti bolognese 210
Tomatensauce 46, 180, 214, 215
saure Sahne 55
sautieren 33
schälen 29
Schälerbsen 42, 208
Schalotten 161
schaumig rühren 28
Schellfisch 77
Schmetterlingsfilet 26, 104
schmoren 36
Schneebesen 21
Schneidebrett 14, 21
Schnellkochtopf 22
schnippeln 29
Schnittlauch 191
Schnitzel 285
Schokolade
Muffins mit Schokostücken 277
Schoko-Karamell-Eis 71
Schokoladen-Brownies 280
Schoko-Weinbrand-Sauce 270
Scholle
Panierte Schollenfiletstreifen 100
Schüsseln 19
Schweinefleisch 104–107
Cassoulet 222
Glasierte Schinkensteaks 125
Kauf/Lagerung 104
Koteletts mit Wacholderbeeren 124
Schweinerollbraten 122
Seebarsch
Gegrillter Seebarsch mit Artischockenherzen 85
Seehecht 77
Seezunge 77
Seezunge à la meunière 86
Sellerie 158
Senf 46, 192, 285
Shortbread 253
sieben 29
Sirup 45
Slow Cooker 22
Sobanudeln 206
Sojabohnen 42, 208
Sojasauce 46, 285
Sorbet 285
Soufflés
Käse-Soufflé 63
Speisestärke 40, 285
spicken 27
Spinat 159
Eier Florentiner Art 57
Pilz-Spinat-Taschen 266
Salat mit Hähnchenstreifen und Orangendressing 183
Sprotte 77
Stachelbeeren 230
Standmixer 22
Steak 104
Glasierte Schinkensteaks 125
Grillsteaks mit Tomaten und Knoblauch 114
Hirschsteaks vom Grill 154
Zubereitung 27, 104, 107
Steinbutt 77
Sternanis 192
Sternfrucht 231
Stubenküken 132
Gebratene Stubenküken 144
Suppen
Erbsensuppe mit Minze194
Französische Zwiebelsuppe 165
Kartoffel-Porree-Suppe 164

Tabasco 46, 285
Tahini 46
Tangerinen 229
Tapenade 285
Tarte Tatin 285
Teig 250–253
Blätterteig 252, 284
Brandteig 252, 270, 282
Filo-Teig 252, 283
Mürbeteig 252, 284
Rührteig 253
Teigrolle 21
Terrine 285
Thermometer 21, 106
Thunfisch
Gegrillter Thunfisch mit Chili-Salsa 96
Thymian 44, 190
Tiefkühltruhe 28, 47
vorgefrieren 28
Vorräte 47
Timbale 285
Tintenfisch
Mediterraner Fischtopf 90
Tofu 47, 285
Tomaten 162
Brot mit Oliven und getrockneten Tomaten 258
Chili con carne 224
Gebackenes Sommergemüse 172
Gemüselasagne 212
getrocknete 47
Griechischer Salat 184
Pikanter Tomatensalat 186
Ratatouille 166
Spaghetti bolognese 210
Tomatenmark 46
Tomatensauce 46, 180, 214, 215
Töpfe und Pfannen 18
Tortillas
Rindfleisch-Fajitas 113
Trockenfrüchte 47
Truthahn (Puter) 133, 134
Truthahnbraten mit Brotsauce 150

übergießen 25, 285
Udonnudeln 206
unterheben 24
unterrühren 27

Vanille 47, 285
Venusmuscheln 79
verquirlen 26
Vichyssoise 285
Vinaigrette 285
Vitamine 11
vorgefrieren 28
Vorräte 38–47

Wacholderbeeren 122, 124, 192
Wachtel 133
Wachteln mit Weintrauben 153
Walnüsse 43
Wasserbad 285
Wasserkastanien 47
Weintrauben 230
Weißkohl 160
Wetzstahl 17
Wild 132, 133
Hirsch und Reh 132, 133
Hirschsteaks vom Grill 154
Kauf/Lagerung 132
Wildreis 41, 209
Worcestersauce 46
würfeln 29
Wurzelgemüse 158
Würzsaucen 46

Zabaione 285
zerlegen 106, 134–135
zerstampfen 27
zerstoßen 24
Zeste 26, 285
Zestenschneider 17
Zimt 45, 192
Zitrone 229
Tarte au citron 240
Zitronentarte mit Baiser 69
Zitronengras 285
Zitrusfrüchte, Sorten 229
Zitruspresse 21
Zubereitungstechniken 24–29
Zucchini 163
Asiatische Gemüsepfanne mit Nudeln 174
Gebackenes Sommergemüse 172
Gemüse-Couscous 220
Gemüselasagne 212
Ratatouille 166
Zucker, Sorten 45
Zwieback
Würzige arme Ritter 62